누구나
한 번은
꼭
읽어야 할
탈무드

누구나
한 번은
꼭
읽어야 할
탈무드

전재동 편역

북허브

이 스 라 엘 예 루 살 렘 의 모 습

▲ 통곡의 벽

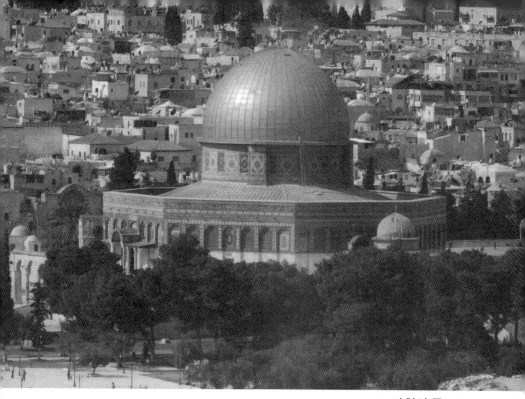

▲ 바위의 돔

▲ 예루살렘의 옛 시가지

머리말

　왜 탈무드일까? 유대인에 대해서 잘 알지도 못하고, 유대교는 더더욱 낯설기만 한데 왜 출판사마다 탈무드를 내놓는 것일까? 아무래도 탈무드만큼 오랫동안 독서계를 주름잡는 책이 없어서가 아닐까? 누구든지 한번 손에 들면 다 읽을 때까지 내려놓을 수 없는 책이 바로 탈무드이다. 책 속에 생활 전반에 관한 교육적 내용이 담겨 있어서뿐만 아니라, 노벨상 수상자를 가장 많이 배출한 민족이며 뉴욕 월가의 은행을 차지하고 있는 알부자들이 대부분 유대인이라는 현실 때문일지도 모른다. 세계 최고의 과학자, 금융인, 재벌을 이야기할 때 빼놓을 수 없는 유대인들이 태어나면서부터 죽을 때까지 꼭 쥐고 손에서 놓지 않는 것이 이 탈무드라고 하니 어찌 무관심할 수 있을까? 유대인들이 탈무드에서 무엇을 배우고 세계 최고가 될 수 있었는지 궁금하지 않을 수 있을까?

　이번에 편역 작업을 하면서 텍스트 문제로 고심하였으나 최선을 다해 집필하였음을 밝힌다. 부족하지만 독자 여러분의 이해와 조언을 기대하면서 탈무드의 진수라고 생각되는 핵심 내용을 선택하여 내놓는다. 어느 날엔가 원문을 입수한다면 목숨 다해 번역해 보리라 다짐한다. 감사한 마음으로 또 한 번 세상에 책을 내놓는다.

연구실에서
문학박사 전재동

Talmud

제1편

탈무드의
황금률

탈무드를 읽자

  유대민족은 책의 민족이다. 구약성경과 탈무드를 두고 하는 말이다. 탈무드는 제2의 성경이다. 그것이 유대교의 경전이기 때문이다. 필자가 목사가 되어야겠다는 사명감을 가졌던 10대 후반 무렵, 성경을 열심히 읽었지만 탈무드는 이단적인 내용이란 말을 듣고 멀리한 적이 있었다.

  나이 80이 넘어 은퇴를 하고 시간이 자유로워져 동양고전 12권을 선택하여 기독교 사상으로 조명하는 번역 작업을 해야겠다고 마음먹었다. 그때부터 낮에는 도서관에서, 밤에는 서재에서 동양고전에 매달렸고, 그렇게 몇 해를 고생한 끝에 채근담, 논어, 명심보감, 도덕경, 손자병법, 장자, 맹자, 중용, 대학, 시경, 서경, 한

비자, 이렇게 12권을 우리말로 번역하는 일을 끝낼 수 있었다. 그리고 또 이렇게 탈무드를 손에 잡게 되었다.

그리고 그동안 멀리했던 것이 한참 잘못된 것이었음을 깨달았다. 유대교의 경전, 구약성경같이 여기고 한 구절 한 구절 읽어 가면서 '참, 좋은 책이구나. 이단적인 것은 유대교의 것으로 보면 되지!' 하고 생각했다. 이런 깨달음 끝에 번역해야겠다고 생각했다.

탈무드는 유대인의 생활철학과 신앙적인 지혜의 원천으로 흥미 있고 깊이 있는 내용으로 인해 세계적인 책이 될 수 있었다. 성경이 영원한 베스트셀러이듯이 탈무드 또한 그런 가치가 있다. 탈무드는 히브리어와 아랍어로만 원전이 존재한다. 그 일부만이 영어로 번역되어 있고, 분량은 구약성경의 30배에 이른다.

탈무드는 기원전 500년부터 기원후 500년까지 1,000여 년간 구전되어 온 것을 위선 랍비들의 도움으로 집대성하여 예루살렘 히브리대학 도서관에 보관되었다. 이를 정리한 것이 12,000여 쪽의 큰 책으로 남았다. 그중 지극히 일부가 번역되어 지금 우리나라 서점에만도 수십 가지의 탈무드가 나와 있다. 대부분 그 내용은 비슷비슷한데 거의가 마빈 토케이어(Marvin Tokayer) 교수가 전한 것을 번역한 것들이라 그렇다.

필자는 탈무드 20권, 12,000여 쪽의 원문을 다 볼 수는 없고 편편의 자료가 중구난방이라 정말 난감했다. 그러나 탈무드를 꼭 번역하여 그 핵심이 되는 일부라도 한글판 탈무드를 만들겠다는 의지로 일을 시작했다. 탈무드는 하나의 경전이라기보다는 유대교의 실천 실행의 교훈집이요 토라(율법)의 해설집이라서 가르치는 랍비에 따라 내용이 다를 수도 있는 책이다. 위에서도 말했지만 탈무드가 생긴 기간이 1,000년인 데다가 규모도 너무 방대하여 간단히 처리될 수도 없는 책이다. 그러나 탈무드에 접근하는 방법에 따라 분명히 좋은 내용을 선택할 수 있다. 탈무드를 하나의 종교서로 보기보다는 유대민족이 살아가는 법, 사회적 관행, 실천도덕률로 볼 때 비슷한 내용이 중복되어 분량이 많아진 것이니 선별하기에 따라서 다를 수도 있는 것이다.

유대인들이 과거 예루살렘 성전에서 제사하던 의식이나 관습, 가정에서 어린이를 훈계하고 교육하는 부모의 가정교육법 등 다양한 유대인 쉐마 이스라엘(이스라엘아 들으라!)의 실제 내용이 다 탈무드에 기재되어 있다. 이 때문에 유럽의 기독교 사회에서는 탈무드의 유대교 내용이 이질적이고 이단성이라 보고 용납하지 않았던 것이다. 그래서 탈무드는 일반화되기가 어려웠다.

그럼에도 불구하고 왜 탈무드에 그토록 깊은 관심을 가지는 걸까? 성경 중심의 기독교에서는 탈무드가 필요 없었고, 유대인을 싫어하니 유대교 또한 싫었고, 유대교가 싫으니 유대교의 성경 중 하나인 탈무드 또한 싫었던 것이 사실이다.

유대교의 실제 가르침인 모세가 가장 존중하는 조상이 바로 아브라함이다. 유대인은 피부색이나 신체구조상 별다를 것 없는 유럽 백인의 한 종족으로 보인다. 엘로힘(하나님) 신앙의 유일신 사상을 강조했을 뿐 다 같은 인간 양상이다. 아브람이 하나님의 명으로 아브라함이 되었다. 이는 구약성경《창세기》에 잘 나타나 있다.

아브라함은 본래 팔레스타인 사람이 아니었다.《창세기》에 보면 갈대아 우르(이라크의 남부지방) 출신이라고 되어 있다. 이곳은 티그리스와 유프라테스, 두 강이 흐르고 있는 옛 메소포타미아이다. 메소포타미아는 '두 강물 사이에 있는 땅'이란 뜻이다. 오늘의 이라크를 중심으로 시리아족의 동남부 지역과 이란의 서남부 지역을 가리킨다. 고대문명의 발상지이기도 한 바로 그 메소포타미아 지방을 말한다. 필자가 이라크의 한 마을에 갔을 때 에덴동산이 바로 여기라며 선악과 나무토막이라는 검은 나무토막 하나를 유리관 속에 보관해 둔 박물관이 있었다. 필자가 보기에 긴가민가한데 현지 해설자는 에덴동산이 바로 이곳이라고 확신하고 있었다.

아브라함은 야훼 하나님과 독대하였고 하나님의 명령을 받아 그곳을 떠났다. 그는 하나님 신앙이 돈독해서 '갈 곳도 모르고 떠났다.' 그런 신앙의 바탕에서 하나님은 아브라함을 축복하여 큰 민족의 조상이 되게 하겠다는 약속을 하였고, 그 자손이 바로 유대인이다. 아브라함의 자손으로 아랍인도 있는데,《창세기》에 보면 적자 이삭 후손이 유대인이요 서자 이스마엘 후손은 아랍인이다.

그 후 아브라함의 손자 야곱시대에 팔레스타인에 큰 기근이 들었다. 야곱의 열두 아들은 나중에 열두 부족이 된다. 그들이 이집트로 건너간 뒤 노예 신세로 전락하여 400여 년간 이집트에서 종살이를 하게 된다. 여기서 위대한 하나님의 종, 모세가 등장한다.

모세가 하나님의 명령대로 유대인을 모두 인도하여 출애굽을 한다. 소위 엑소더스다. 그 뒤 기원전 1020년경 베냐민 지파의 사울왕의 나라가 세워진다. 그리고 그 뒤를 이어 다윗이 왕이 되어 이스라엘은 부국이 된다. 그 아들 솔로몬은 세계 군왕 중에 가장 부강하고 화려한 국왕이 된다. 솔로몬이 죽은 뒤로 나라는 남북으로 갈라지는데, 북에는 이스라엘 열 부족이 모이고 남에는 두 부족이 모여 유대왕국이 된다. 이 나라들은 기원전 538년, 바벨론 정복으로 강국이 된 페르시아에 의해 70년의 포로생활을 하게 된다. 그리고 유대인은 포로 귀환 이후 토라, 곧 모세 5경이 되는 《창세기》, 《출애굽기》, 《레위기》, 《민수기》, 《신명기》를 유대교의 신앙으로 받아 엄격히 교육한다.

토라(tōrāh)는 히브리어로 '가르침'을 의미한다. 그래서 《신명기》의 '쉐마 이스라엘'을 강조하게 된다. 이것이 유대인의 종교교육이요 가정교육이었다. 이런 내용이 구약성경에 상세히 기록되어 있다. 제2성전 시대에는 이스라엘 전국의 마을마다 어린이에게 토라를 가르치는 학교가 세워졌다. 그리고 토라 교육이 유대인 신앙이 되고 유대인 교육의 실제가 되었다.

마을공동체에는 성경을 해석하고 가르칠 교사가 당연히 필요했다. 이 교사들을 현자(하함)라고 했는데 나중에는 랍비라 부르게 되었다. 이 스승 가운데 에스라(Ezra)가 있었다. 에스라는 모세율법에 익숙한 스승이었다. 에스라는 최고회의를 창설 소집했다. 이는 학사들의 회의로, 학사들은 그때까지 보존되어 온 교리들을 이어받고 시대변화에 따라서 새로운 사회환경에 맞게 개발했다. 그리고 사회에 맞게 탈무드를 정리하여 랍비들 모임에 전달했다.

그때의 계보 순서는 이랬다. 모세는 시내 산에서 율법을 받고 여호수아에게 전했다. 여호수아가 장로들에게 전하면 장로들은 예언자들에게, 예언자들은 또 당시의 최고회의 모임에 전달했다.

회의가 소멸되자 '산헤드린'이라는 조직이 유대사회의 모든 일을 책임졌다. 산헤드린은 대제사장이 관장하는 정치기구로 평신도들의 복합체가 되었다. 이것이 회의 도중 두 파로 갈라졌다. 제사장들은 율법에는 별로 충실하지 못해도 헬레니즘 사상과는 타협을 잘했다. 이와 반대로 에스라와 랍비 모임인 스페림의 직계 후계자들인 평신도들은 율법의 다스림을 전적으로 따르기를 바랐다.

이 두 파 간의 분쟁은 마카비어스의 투쟁 기간에 잠시 그쳤다. 그 뒤 기원전 135년부터 기원전 105년 사이에 힐카누스가 다스렸다. 이들 투쟁은 공공연해졌고 이런 현실에서 사두개파와 바리새파가 등장하여 다투었다. 유대사를 집필했던 요세푸스에 따르면, 바리새파는 모세율법 토라에 없는 의식을 조상으로부터 받아서 백성에게 전달했고, 이에 사두개파가 이를 배격하였다. 그들은 성문화된 의식만 지켰고 구전된 의식은 지키지 않았다. 이 두 파는 심각한 논쟁을 벌였으나 견해 차이는 좁혀지지 않았다.

구전된 율법의 진위 논쟁으로 옹호자들은 성경을 새롭게 연구해야 했다. 구전율법은 성문율법의 중요 부분이었다. 둘은 옷감의 씨줄과 날줄 같은 것이어서 율법에서는 둘 다 중요했다. 이런 부분이 탈무드가 생기게 되는 동기가 되었다. 유대교 이해에서 중요한 것은 기록된 토라인 성경과 구전 토라인 구전율법이 있었다는 사실이다. 여기서 우리가 관심을 가져야 할 것은 기록된 토라 모세 5경에 추가된 구약성경 모두와 구전 토라가 바로 탈무드 형성의 동기로 이루어졌다는 사실이다. 이 구전 토라, 즉 구전율법이 대대손손 전해 온 그 맥을 이어 학자들, 특히 랍비들의 피나는 노력으로 기원전 500년에서 기원후 500년 사이, 즉 이 1,000년에 걸친 구전 토라를 기록하여 남긴 역사가 있었다. 힐렐과 샤마나이라는 대학자들, 랍비 유다 하나시 시대까지의 학자들, 특히 현자들의 피나는 노력으로 탈무드가 이 기간에 생기게 되었다. 소위 문장화된 구전 토라가 유대민족에게 전승된 또 하나의 성경으로 탈무드가 남게 된 것이다. 랍비 유다에 의해 이 구전율법이 미슈나로 정리된 것이다.

생각하자

    유대인이 탈무드를 공부하는 까닭은 무엇일까? 물론 탈무드는 유대인의 제2성경이니 하나님 신앙을 위한 말씀을 배우는 것은 두말할 것도 없다. 그런데 근본적으로 유대인은 어려서부터 탈무드를 배우면서 '생각하는 방법' 또한 배운다. 유대인은 지난 5,000년 역사 속에서 수많은 박해와 시련을 이겨 오면서 탈무드가 가르쳐 준 사고방식, 곧 생각하는 방법을 익히는 것이 진정한 유대인이 되는 길이요 하나님 신앙의 도리가 된다는 인생철학을 터득하였다. 그들이 터득한 진리, 사회적 인식, 민족 수호, 유일신 사상으로 신앙으로 통일된 의식을 무장하는 것, 이것이 바로 탈무드에서 배운 것이다. 탈무드는 그야말로 가장 좋은 인생학교인 셈이다. 지금도 미국이나 이스라엘에서 시행하고 있는 예시바(유대인 교육기관)를 통해서 탈무드를 배우고 사고방식을 밑바닥부터 배운다.

탈무드는 법전이 아니지만 온갖 법규와 법례, 율법적 해결을 가르쳐 준다. 탈무드는 역사책은 아니나 유대민족의 5,000년 역사를 고스란히 담고 있다. 탈무드를 읽으면 유대민족 역사를 모두 한 줄에 꿰고 알 수 있는 것이다. 탈무드는 인물사전적 전기책이 아니지만 수많은 현자와 학자들을 만날 수 있다. 탈무드는 인간의 본질, 근본, 행위규범, 생사의 문제, 이상, 삶의 목적 등 인간에 대한 모든 질문과 또 그 답을 찾을 수 있는 책이다. 뿐만 아니라 하나님 인식, 엘로힘의 존재, 야훼와 전쟁 등 신학적 해답도 얻을 수 있다.

그렇다면 탈무드는 철학책인가? 전혀 아니다. 철학에 대한 해설이나 체계를 말하는 책이 아니다. 백과사전적인 광범위한 내용을 담고 있지만 결코 철학책은 아니다. 제2의 성경이요 구약성경의 후편이라 하면 맞을 것이다.

탈무드는 선조로부터 전래된 유대의 삶과 신앙의 교과서이다. 하나님의 계시를 비롯하여 현실생활에 응용되는 여러 질문에 해답을 주고 있는 삶의 교과서이다. 여기에 도덕적 목적과 윤리적 가치관을 갖춘 책이다. 그러나 윤리 교과서는 아니다. 하나님의 율법 토라를 진리로 받아들여 과거를 알고 미래의 위대한 달성을 이어주는 가교 역할을 하는 책이다. 그리고 이 다리를 잘 건너가도록 손을 잡아 주는 존재가 바로 랍비이다.

탈무드는 63개 항목으로 구성되어 있다. 이는 어느 위대한 한 사람의 힘으로 이루어진 것이 아니다. 이스라엘의 국가적 생존을 위해서 성경이 가르치는 대로 단결해야 한다는 유대인의 민족정신과 그런 믿음을 유대인에게 철저히 가르치고 있다. 그 가르침이 곧 유대인 가정교육이요 학교교육이요 사회교육이다. 말하자면 교육 전반에 걸친 교육 목적이 바로 야훼신앙에 있는 것이다. 유대교에 무슨 교리가 있느냐 하지만 탈무드의 교육 내용이 바로 교리다. 토라의 가르침이 바로 교리다. 토라 속의 십계명이 바로 교리가 아니고 무엇이겠는가?

유대인 공동체에서는 랍비가 중심이 된 민족정신 앙양이 바로 하나님 신앙의 뿌리가 된다. 그것이 결코 없어지지 않고 만대가 되도록 그 종족이 살아남는 근거가 된다. 공부도 두셋씩 둘러앉아서 토라의 한 구절, 곧 탈무드의 한 구절을 두고 열정적으로 토론을 한다. 그 토론에서 율법, 경구, 우화, 속담, 격언, 논쟁, 유머도 다 살아나서 유대인들에게 유익한 교육이 된다. 유대인들은 하나같이 토론 전문가이다. 어려서부터 그렇게 배워 왔기 때문이다.

탈무드에는 악마의 기원을 이야기하는 흥미로운 부분이 있다. 하이에나 수컷 하나가 7년을 살면 박쥐가 된다. 박쥐가 7년을 살다가 흡혈귀가 된다. 흡혈귀가 7년 살면 쇄기풀이 된다. 쇄기풀이 7년 되면 가시 뱀이 된다. 그 가시 뱀이 7년이 지나면 악령이 된다는 이야기다. 이것은 힌두교의 윤회설이 흘러들어 온 것을 악령이 어떻게 생기느냐로 꾸며낸 이야기가 아닐까? 유대 땅에서 인도가 그리 멀지 않은 곳이니 말이다. 이런 사고는 토라의 창세기 천지창조설과는 전혀 맞지 않는 이단적 사고방식이라 할 수 있다. 이런 식의 이야기로 토론이 끝없이 계속되는 것이 유대인의 습성이 된 것이다. 자식에게 물고기를 잡아 주지 말고 물고기 잡는 법을 가르쳐 주라 했다. 이런 속담이 유대인의 의식구조를 형성하고 있다.

유대인은 아무리 천 갈래 만 갈래 찢어 놓아도 언젠가 한곳에 모이면 그냥 물같이 하나가 되어 버린다. 탈무드의 정신이 유대인을 그렇게 만드는 것이다. 유대인에게 성경은 더 큼의 지주요 탈무드는 지식의 지주로 삼아 늘 배우고 늘 유대인답게 살아가는 것이다.

랍비란 누구인가

 탈무드 집필에 참여하고 이를 지키고 가르치는 탈무드의 실제 주인은 누구인가? 이는 바로 랍비다. 그러면 랍비는 누구인가? 랍비의 처세훈이요 그들을 바로 말해 주는 것이 《아보트》이다. 《아보트》 1장 1절에 보면 "신중하면서도 판단을 정확히 하고 제자를 양성하고 꼭 말씀대로 하라" 했다.

 《아보트》의 핵심은 바로 여기 '토라의 말씀대로'에 있다. 토라는 유대교에서 '율법'을 이르는 말로 모세 5경, 즉 《창세기》, 《출애굽기》, 《레위기》, 《민수기》, 《신명기》를 뜻한다. 이 토라를 해석한 것이 바로 탈무드로, 랍비의 본래 의미는 바로 이 탈무드에 있다. 탈무드를 해석하고, 이것을 제자들에게 가르쳐 주고, 여기에 나와 있는 법대로 판결하는 일을 바로 랍비가 해야 한다. 말하자면 랍비는 탈무드를 법전 삼아 재판관 역할을 한다. 재판관으로서의 랍비는 법전 지식을 골고루 알아야 하고, 공정성과 정의로운 사고방식 아래 분쟁이 생길 때마다 이것을 해결해야 한다. 또한 랍비는 학자요 현자이다. 모여드는 제자들을 가르치고 지도하여 학문을 전승하고 지도자 직위를 이어 간다. 유대인 전통을 지키고 이어주며 신앙과 삶의 신실한 제도를 관리해야 하는 책임자가 바로 랍비이다.

토라, 곧 유대인 율법은 유대인 공동체의 지침서다. 랍비는 '토라의 말씀대로' 하고 주변 환경의 변화나 삶의 압박감에도 흔들리지 말아야 토라를 지킬 수가 있다. 율법은 인간성 향상으로 윤리와 정신적 목표를 달성하기 위한 법적 수단도 되어야 한다. 랍비는 모든 계율이나 율법이 사람을 더욱 인간답게 하는 가장 좋은 길이라고 믿고 있다. 율법이 있어서 인간정신을 올바로 성장시키며, 랍비가 가르치는 율법은 인간의 궁극적 목적에 관계된다고 믿는다. 세속적인 일에 매달려 살면서도 본질적으로는 영적인 인간성 개발을 촉구하는 일이 랍비의 사명이다. 랍비는 완성된 구조나 사상의 일관성이 구축된 완벽한 인물은 아니다.

랍비의 머리는 늘 하늘을 향해 있으나 동시대 다른 사람들과 같은 땅에 발을 딛고 살아간다. 랍비는 늘 공동체와 함께 있으며, 사회의 일원으로 살아간다. 랍비의 교육이나 판결에는 사회가 깊고 넓게 관계한다. 랍비의 철학은 단일화되어 있지 않고 다양한 사상을 일관성 있게 하나로 묶는 유기적 결합에 있다.

랍비는 늘 세속에 살면서 하늘을 우러러보고 하나님과 함께 살고 있다. 랍비는 사회 속에서 직업을 가지고 있다. 수공업자, 도예업자, 대장장이, 농부, 상인, 재봉사 등 모든 사람이 직업에 따라서 그 하나를 지니고 살아간다. 직업은 먹고사는 데 반드시 필요하다. 학문을 좋아하지만 일을 해서 수입이 있어야 한다. 세속적 삶이나 과학적 연구나 토라 해석 응용이 삶에 직결되는 것이기도 하다. 랍비는 모든 지식이 하나님의 위대함을 나타내는 계시가 되고, 하나님이 창조한 우주를 더 아름답게 바라보고, 경이로움으로 충만하게 한 동기라고 믿는다.

랍비는 공동체 생활을 가르치고 눈앞의 '토라의 가르침'을 통해 열어 주었다. 랍비 가운데 더러는 자기 힘을 과시하려는 이도 있었고, 화를 잘 내고 날카롭게 비판만 하는 이도 있었다. 부자이면서 지독한 노랑이 랍비도 있었고, 놀랍게도 이교도가 된 랍비도 있었다. 탈무드에는 이런 그릇된 랍비에 관한 기록도 있다. 다양한 모습에 관한 기록이 여기저기에 보인다는 것이 탈무드의 참모습이다. 그러니까 정직한 탈무드라는 것이다. 지도층인 랍비들의 다양한 모습이 탈무드에는 숨김없이 기록되어 있다.

현자의 양성기관으로 교육을 담당한 시설이 바로 학문의 집인 '베트미드라시'이다. 집회서인 《벤시라의 지혜》에 나와 있다. 이것은 고등교육기관이 일찍부터 있었다는 내용이다. 이미 기원전 2세기경에 학자와 제자가 모이는 곳인 '베이트 바아드 레하임'이란 말이 있었다. 당시 학생들이 여러 해 이런 학교에 다니면서 매일같이 교사의 가르침을 받았다. 여기서 지식을 얻고 강의 끝에 토론에 참가하는 일을 가슴 설레며 기다렸다. 이런 것을 준비하는 교육이 한동안 있었을 것으로 보인다.

랍비 아키바는 교육과 상관없는 가난한 가정 출신이었다. 그는 부잣집 양치기로 들어가 일을 했다. 그러다 주인집 딸과 서로 헤어질 수 없는 사이가 되었다. 집안의 반대를 무릅쓰고 둘은 결혼했고 아버지는 딸과 사위를 내쫓았다. 아내가 남편에게 말했다. "꼭 한 가지 소원이 있습니다. 제발 공부 좀 하십시오!" 이 말에 아키바는 자기보다 훨씬 어린 아이들과 함께 학교에서 공부를 했다. 그는 가난하게 자란 것도 서러운데 이 배우지 못함이 가슴에 한으로 맺혔다. 그래서 죽어라 학문에 매달려 공부했다. 그 결과 의학, 천문학, 외국어에 능하게 되었다. 아내의 사랑이 아키바를 새로운 인물로 태어나게 했다. 13년간 스승의 가르침을 받아 철저한 연구자가 된 것이다. 아키바는 학문을 통해 성경 본문에 근거하여 유대인의 관습을 체계화하고 학문을 조직화하는 작업을 시작했다. 이 노력의 결과로 훗날 《미슈나》가 발간되었다.

서기 132년, 바르 코크바가 로마에서 반란을 일으켜 독립하고자 했을 때 아키바가 이에 깊이 관여하여 투쟁했다. 아키바는 반란자 바르 코크바를 메시아로 믿었기에 투쟁했다. 당시 랍비들 중 이런 믿음을 조롱하는 이가 많았다. 랍비들은 그를 공개적으로 무시하였고 더러는 그의 공부를 아까워하기도 했다. 반란 실패로 바르 코크바가 죽고 아키바도 체포되어 로마에서 처형당했다. 135년 반란이 진압되자 로마 정부는 학문하는 유대인을 처형한다는 포고문을 발표했다. 로마인들은 유대인들이 토라를 공부하여 민족 동질

성을 알게 되고 뭉치게 되면 독립을 도모하여 반란을 일으킬 것이라 보았다.

아키바는 이 반란에 참여하는 동안 이런 말을 남겼다. "어느 날 시냇가를 거닐던 여우가 물고기들이 바쁘게 헤엄치는 것을 보며 말했다. '너희는 왜 그리 바쁘게 헤엄치니?' 그러자 물고기가 답했다. '우리를 잡기 위해 쳐 놓은 그물을 피하려고 그러지!' 여우가 말했다. '그럼 뭍으로 나와서 언덕으로 오르면 걱정 없잖아!' 이 말에 물고기는 버럭 화를 내며 말했다. '여우야! 너는 영리한 줄 알았는데 지금 말을 들으니 어리석기가 짝이 없네. 우리는 늘 물속에 살면서도 이토록 무서워하고 있는데 한 번도 가 보지 못한 언덕에 올라가면 어떤 해를 당할지 어떻게 알겠니?'"

유대인이 학문하는 것은 물과 같아서, 물고기가 물을 떠나면 못 살듯 유대인은 어떻게 해서라도 배우고 연구해서 거기서 살 길을 찾았다. 그래서 예부터 유대인이 사는 곳이면 어디든 토라연구학교가 반드시 있었다.

랍비는 토라를 가르치고 토라를 실행하고 재판관 역할도 하는 토라 토론의 인도자다. 그래서 아키바와 같이 토라를 위해서 순교한 사람들이 많았다. 당시에 9명의 유대교 지도자들이 유대교 신앙을 금지한 하드리아누스 황제에 저항했다. 그들 다 처형되었으나 한 명이 간신히 도망쳐서 산속으로 숨었다. 바로 랍비 유다 벤 바바였다. 멀리 산 속에 숨어서 5명의 랍비를 교육시켰다. 그 5명 제자는 성직자로 모두 랍비가 되었다. 그들의 이름은 매일, 유다, 시매온, 요셉, 엘레아자르 벤 사무아였다. 당시 로마 황제는 유대인 랍비 교육을 금지시켰고, 제자에게 랍비 칭호를 주는 것 또한 금지시켰다. 유대인의 이런 교육 전통을 없애려는 뜻에서였다. 랍비 유다 벤 바바는 체포되어 처형당하기 전 제자가 벌벌 떨며 "스승님! 우리는 어찌 됩니까?" 하고 묻자 "우리에게는 다음 목표가 있다. 정의와 평화를 사랑하는 것이다. 아직 희망은 있다."라고 대답했다 한다.

지금도 현자들의 순교 이야기는 속죄일 예배에서 빠지지 않는다. 유대 역사 중 가장 비참한 고난의 시대를 살아온 현자들의 영웅적 행동과 신앙의 증언은 랍비들의 지도력 발휘에 있어 교과서가 되어 왔다. 그 전통은 수 세기를 계속 이어 왔다. 중세기 이후 유대인 학교나 회당에서 중요한 위치가 된 랍비 공동체의 중심에 서 있는 확실한 기둥이 된 것이다.

유대인에게 있어서 교육은 칼보다 강했다. 로마군 포위 때 예루살렘 최후의 순간에도 랍비 요한나 벤 자카이는 어떻게 하면 승리할까를 생각했다. 군사적으로 승리하기는 가망이 없어 보였다. 그래서 벤 자카이는 유대인이 로마인을 상대로 최종적으로 승리를 거두려면 로마인의 칼보다 더 강한 무기를 유대인이 가져야 한다고 생각했다.

벤 자카이는 말했다. "로마인의 예루살렘 성전 파괴는 막지 못해도 결코 로마인이 파괴할 수 없는 무언가가 있어야 한다. 그것이 바로 교육이다. 교육은 칼보다 강하다. 로마인은 자손에게 칼을 전해 주겠지만 유대인은 칼보다 더 강한 '교육'을 대대로 전해 줄 것이다. 그러면 언젠가는 유대인이 로마인을 이길 것이다."

벤 자카이는 교육의 실제는 성경을 가르치는 것이라 믿었다. 성경은 유대인의 신앙이자 지혜의 원천이다. 벤 자카이는 당시 로마군의 화톳불을 보면서 "이제 유대인의 패배가 눈앞으로 왔다. 그러나 이 현실을 직시할 필요가 있다!"라고 외쳤다.

당시 로마군은 예루살렘을 포위하고 쥐새끼 한 마리도 드나들지 못하게 철통같이 수비했다. 또 성 안에서는 카나인이라는 과격파들이 유대인이 성 밖으로 탈출하지 못하도록 삼엄하게 지켰다. 그러던 중에 벤 자카이는 유대인의 미래를 위하여 한 톨의 씨앗을 남기기 위해 로마군 사령관을 만날 필요가 있다는 생각에 이르렀다. 하인들에게 자신이 중병에 들었다는 소문을 내게 했다. 그리고 다음 날은 그가 죽었다는 소문을 퍼뜨리게 했다. 하인들이 다 충신이라 그의 말대로 했다. 묘지는 마을에서 떨어져 있었다. 과격파도 시체를 성 밖에 묻는 것을 허락했다. 벤 자카이는 관 속으로 들어갔고 하인들은 관을 메고 성 밖으로 나갔다. 관이 예루살렘에서 먼 곳에 이르자 관이 열렸다. 벤 자카이는 관 밖으로 나와서 병사들에게 사령관을 만나야 한다고 부탁했다.

로마군 사령관 베스타시아누스는 벤 자카이가 위대한 학자임을 잘 알고 있었다. 벤 자카이가 사령관을 만나자마자 그 앞에 무릎을 꿇고 "황제여!" 하고 외쳤다. 주변도 사령관도 놀라서 어리둥절했다. 마주 앉아 이야기하는 도중에 로마에서 사신이 달려와 숨 가쁘게 "황제가 죽고 원로원에서 베스타시아누스를 황제로 선출하였다"고 고했다. 사령관은 놀랐고 기뻤다. 벤 자카이의 예언하는 능력에 탄복했다. 그 순간부터 황제가 된 사령관 베스타시아누스는 벤 자카이의 말을 그대로 믿었다. 그리고 벤 자카이는 예루살렘을 파괴하지 말아 달라고 간청하고 싶었으나 이미 어쩔 수 없게 된 것을 알았다. 당시 로마군은 어느 곳을 점령하든지 군대의 사기를 위해 점령지를 완전히 파괴해 왔었다. 황제가 되어 로마로 갔을 때 점령지 예루살렘을 파괴하지 않고 왔다고 비난받을까 겁냈다. 그것을 눈치챈 벤 자카이는 지중해 연안의 작은 마을 아브네를 그냥 두어 달라 했다. 황제는 좀 이상히 여기긴 했으나 그대로 했다. 아브네라는 무명의 작은 마을 하나 남겨 두는 일쯤이야 그에게 아무 문제 없었다.

곧 로마군이 예루살렘에 들어가자 마을을 불바다로 만들었다. 약탈도 계속되었다. 그러나 아브네는 건드리지 않았다. 벤 자카이는 로마를 이기는 길은 아브네에 있다고 믿었다. 예루살렘이 완전히 파괴되고 있을 때 벤 자카이는 아브네에서 성경을 읽었고 학교 안의 교수와 학생들은 모두 상복을 입고 있었다. 상복을 입는 기간에는 늘 슬퍼해야 했다. 그래서 유대인이 상복을 입는 기간은 다른 민족에 비해 짧았다. 슬픔에 빠져 있는 동안은 현실 파악이 제대로 안 되기 때문이었다.

벤 자카이는 늘 유연한 태도로 정신을 안정시키는 사람이었다. 그는 아브네로 옮겨 가서 예루살렘 복구는 생각하지 않고 거기에 유대인 최고 재판소를 재건했다. 사실 최고 재판소는 예루살렘에만 둘 수 있다는 규정이 있었다. 그전에는 모든 제물은 성전에만 바쳐 왔지만 파괴되었으니 별 수 없이 아브네에 그런 성별한 곳을 만든 것이다. 벤 자카이는 이때부터 성전에서 제물을 바치고 기도

하던 것을 아브네에서 그냥 기도하는 것으로 제사가 이루어지는 법을 만들었다.

기도는 겸손한 자세다. 인간보다 위대한 하나님께 삶의 목표를 정하고 마음으로 그 진실을 지키는 것이 제사가 된다고 여겼다. 그러나 삶이 위협받지 않을 때의 신앙은 쉬우나 역경에서의 삶은 어려웠다. 그런 때 용기가 곧 믿음임을 알았다. 유대인은 역경의 고통이 주는 삶이 신앙과 일치할 때 능히 잘 이겨 낼 수 있음을 알았다. 유대인이 다른 민족과 다른 점은 그들이 나라의 영토 확장에 혈안이 되어 전쟁을 일삼을 때 유대인은 마음을 정복하고 영혼의 생명을 추구하는 신앙 유일신 하나님 야훼를 믿는 일에 열중해 왔다는 점이다. 그것이 현실적인 절망을 거뜬히 이기고 영토 없이 민족만으로도 2,000년을 잘 견디어 이스라엘 국가를 세울 수 있었던 힘이다. 그만큼 그들의 정신세계가 강함을 보여 주는 것이다.

예루살렘은 파괴되었지만 지중해 해안의 평야 마을 아브네에는 유대교의 학원을 지을 수 있었다. 아브네에서는 이 무렵부터 훌륭한 랍비들이 많이 배출되었다. 이래서 미슈나가 생긴 것이다. 미슈나가 생긴 뒤 현자들은 구전율법을 연구하고 발전시켜 미슈나 내용에 토론과 주석을 더하였다. 미슈나와 그 주해 게마라를 합친 것이 바로 탈무드이다. 미슈나는 히브리어, 게마라는 아랍어로 되어 있으며, 완성된 연대도 300년의 차이가 있다. 지은이도 다르다. 그래도 주제는 똑같이 구전율법이다.

탈무드는 히브리어로 배움이란 뜻이다. 유대인 학습의 근간이 바로 탈무드이다. 탈무드를 배우면 토라에 정통한 자가 된다. 이들은 랍비의 자격을 얻었다. 탈무드는 두 가지 판이 있다. 게마라가 편찬된 곳이 바로 팔레스타인과 바빌로니아다. 팔레스타인 탈무드는 4세기, 바벨론 탈무드는 6세기에 성립되었다. 탈무드는 내용에 따라 할라카와 학가다가 그 요소이다. 할라카는 율법의 법규적인 부분이다. 학가다는 비법규적인 부분이다. 즉 전승, 설화, 이야기, 콩트 등이 그 내용이다.

유대인 현자는 여러 활동을 통해 탈무드뿐 아니라 다양한 문헌을 남겼다. 이 모든 것이 랍비문학이다. 탈무드 이외에 랍비문학에서 중요한 것이 미드라시 문학 양식이다. 성경 본문의 주해로 성경 텍스트를 문자 그대로 읽는 법에서 나아가 더 숨겨진 의미를 연구한 것에서 비롯되었다. 주해는 자의적 해석이 허용되지 않으며 랍비는 해석학의 법칙을 두고 있다. 토라에는 70가지 얼굴이 있다는 현자의 말이 상징하듯 그것은 유연성 있는 세계이다. 유대교는 미드라시를 통해서 토라에서 항상 새로운 통찰과 질문에 대한 해답을 찾는다.

'책장을 펼쳐라! 다시 읽어라! 모든 것이 거기에 다 들어 있다.' 이 말은 소페림의 사고방식이다. 성경을 대하는 전제가 이것이다. 그런데 성경 말씀을 실천하는 동안 그들은 어려움에 부딪힌다. 성경은 하나님께서 주신 것인데도 여기저기에 애매한 것이 있다. 어떤 것은 말씀을 행동에 옮길 때의 확실한 방향이 제시되어 있지 않다. 의미를 알 수 없는 난해한 것이나 분명치 않은 것도 있다. 법적 제도만 있지 세세한 부분의 기록이 없는 것도 있다. 말씀의 계명은 주셨지만 지키는 방법이 없는 것도 있다. 경전의 경우 애매함과 어려움을 기록자의 탓으로만 볼 수는 없다. 읽는 자의 연구 이해가 미치지 못하기 때문인 것도 있다. 창조의 기록은 자연의 운행 법칙이 이해 못할 것도 있다. 성경도 문자와 의미가 달리 이해되는 것이 있다. 알맞은 해석이나 의미를 밝힐 수 있는가 없는가에 따라 이해가 다를 수 있다. 이럴 때 바른 해석이 바로 미드라시다. 소페림은 이런 해석의 선구자다. 성문화된 구전율법이 보충되어 모세에게 전해진 것으로 보인다.

성경은 처음부터 부록과 주해가 첨부되어 있었다. 토라는 기록된 법률로 그 가르침과 언어를 충분히 이해하도록 잘 나타나 있다. 그래서 소페림과 그 추종자들이 성경에 새 의미를 더하였다고 보지 않았다. 성경의 참 의미를 설명하는 것으로 여길 뿐이다.

토라에는 상징도 있고 해석법도 있었다. 언어만으로는 분명치 않을 때 정확한 의미를 찾는 것은 해석자들의 몫이다. 그러나 그들이 새로운 것을 만들어 내는 것이 아니라 구전에 대한 해석이 없으면 토라가 공동체 생활 모든 면에서 의미가 없다고 생각했다. 그래서 단순한 해석이 아니라 공동체 생활에 부여할 수 있게 주해를 다는 것이 바로 소페림의 임무였다.

입으로 전하면 진리를 더 얻으리라. 구전율법이 성문화된다는 학자들의 좀 다른 주장이다. 구전에 따른 것으로는 토론, 법적 해석, 역사 자료, 교의와 실천, 자구 해석 등이 다 포함되어 있다.

수 세기 동안 구전율법을 성문화함에 반대가 있었다. 랍비 요하난 벤나파라는 한 현자인데 3세기 이후에도 율법의 성문화 금지를 고수했다. 그는 구전율법을 기록하는 것은 토라를 태워 버리는 것이라고 했다. 말로 가르치게 된 것을 기록하는 것은 토라를 불태우는 것과 마찬가지라고도 했다. 그만큼 구전을 권위 있게 본 것이다. 성문화를 왜 그토록 거부했을까? 당시 인식으로 구전은 구전으로 전해야 한다는 인식 때문이다. 유대인은 성문화된 토라, 곧 모세 5경을 완벽한 경전으로 믿었기 때문에 다른 기록 성경이 있을 수 없었다. 성경의 권위에 도전하는 듯한 구전율법의 성문화를 싫어했던 것이다. 기록되면 구전율법도 성경과 동일해질 것이라 보고 그것이 토라의 권위를 파괴한다고 본 것이다. 유대인 최고의 권위, 토라가 손상된다는 인식이었다.

구전율법으로 가르침과 배움의 대화는 매우 중요했다. 또 문제는 구전율법을 성문화하면 표현 기법에 법률문의 간결성, 절대성으로 토론이 없어지고 무조건 순종만 있게 된다고 여겼다. 사실 법조문은 딱 부러지게 간결하고 확실한 명령문구로 성문화된다. 무미건조하고 해석의 여지 없이 순종과 불순종이 있을 뿐인 것이다.

탈무드가 완성된 지 수 세기 뒤에 한 학자는 말했다. "가르치는 교수 앞에 학생이 앉아 있을 때 교사는 학생 마음의 움직임을 볼 수 있다. 율법이 성문화되면 이런 일은 도저히 불가능하다. 문자화되는 것에 한계가 있어서다. 말로 하던 것을 글로 쓰면 교육이 간결해진다. 의사전달 작용이 효과를 약화시킨다."

랍비들은 기도책 읽듯, 외우는 것은 안 된다 했다. 어떤 현자는 기도를 일상행사로 해치우면 안 된다 했고, 매일 새로운 기도를 해야 한다는 현자도 있었다. 유대인은 성문화된 탈무드에 의존하는 것의 위험성을 알고 교사와 학생 사이 가장 좋은 대화 방법은 구두에 의한 것이라 보았다. 교사와 학생의 생생한 대화는 구두로 이어지는 전통을 지킬 때 생긴다고 여겼다.

탈무드는 5,000년 동안 유대인들이 찾아가는 지적·사회적·민족적·종교적 삶의 규범이다. 예시바의 랍비 교육이 끝없이 진행되고 있는 것이다. 수천 년 역사 속에서 우국에 퍼진 하나님의 율법을 진리로 믿고 따르는 숭고한 삶이 바로 유대인다운 점이라 볼 수 있다.

탈무드란 무엇인가

유대인 사회가 적대적 상황에서 살아남아 흩어져 살면서도 탄탄한 유대를 이루고 개인과 집단에 생명력을 불어넣는 일을 이 탈무드가 해냈다는 사실은 정말 놀라운 일이다. 유대인을 파멸의 궁지에 몰아넣는 무력이 아무리 강해도 그 시대가 지나가면 그 세력은 사라지고 여전히 기적처럼 유대인이 살아남아 있었다. 이것은 생의 기적이라 유대인 신앙으로는 전능하신 유일신 야훼 하나님의 보호라고 믿었다. 그 믿음이 바로 탈무드에서 받은 축복이라고 여겼다.

탈무드는 에스라시대부터 기독교시대에 이르기까지 약 1,000년에 걸쳐서 형성되었다. 구전율법을 수집하여 처음 모세가 시내

산에서 하나님의 계명을 받을 때부터 문서화된 것은 모세 5경인 토라뿐이었다. 즉 구약성경만 문자화된 책이었다. 그 외에 일반적인 토라는 구전율법으로만 남아 있었다. 이 구전율법은 회당과 학교에서 필수과목으로서 철저한 교육이 이루어져 왔다. 유대인에게는 일종의 생존조건과도 같았다. 단순한 교육이 아니라 구전율법, 곧 탈무드에서 살아남느냐, 죽고 사라지느냐가 결정되는 일이어서 눈에 불을 켜고 탈무드를 읽고 심령골수에 새기는 배움을 가졌다. 그 교육만이 내가 살아남고 유대민족이 존재하는 조건처럼 소중하게 다루어졌다.

이 구전율법의 기능은 이중적이었다. 첫째로 문서화된 율법규정을 해석하고 그 내용을 받아 적용범위는 한정되었다. 구전율법은 성문율법과 같이 반드시 배우고 실천해야 하는 율법으로 평가받았다. 둘째로 구전율법은 환경과 상황의 변화에 따라서 사회적·가정적·경제적 변화에 성문화된 율법들을 수정하여 적용했다. 이것은 토라를 쓸모없게 할 단순한 성문율법에서부터 시대에 따라 주어진 계속된 계시로 바꾸는 역할을 했다. 권위 있는 랍비들과 그때그때의 종교지도자(제사장)들에 의해 율법의 울타리(안식일 지키기)로 신앙적 헌신과 충성 표현으로 도입된 수많은 일과 법이 포함되었다.

탈무드의 기틀은 미드라시와 미슈나였다. 구전율법을 가르치는 맨 처음 방식은 성경 본문에 대한 주석, 즉 미드라시다. 주석이 율법적 교훈일 때 이것을 미드라시 할라카라 했다. 그 주석이 비율법이고 윤리나 신앙적 교훈일 때는 미드라시 학가다라 했다. 이 미드라시 방법은 토라가 유대인의 새로운 공동체를 만들 때 최고의 자리에 올랐다. 에스라는 기원전 444년에 개최된 기념식에서 대중 앞에서 율법을 낭독할 때 채택되었다. 미드라시 방법은 에스라를 오랫동안 계승한 교사들인 소페림(서기관)에 의해 계속되었다. 이들 소페림의 활동은 기원전 270년에 중단되었다.

미드라시 방법에 필적할 것으로 구전율법을 성경 언급 없이 가르쳤던 것이 훗날 사두개파 태조였다. 사두개파는 토라의 본문을 인용하여 구전율법을 공격하여 구전율법을 약화시키려 하였다. 이것이 새로운 교수법인 미슈나(반복이란 뜻)이다. 이 미슈나 방법이 과거 미드라시 방법을 추방하지는 못했다. 미슈나이든 미드라시든 할라카를 가르치는 방법으로 병행했다. 학자들의 이런 활동은 5세기경까지 이어졌다. 미슈나를 해석하고 모호한 점들을 해명했다.

율법 자료와 함께 할라카와 학가다가 있다. 할라카는 탈무드의 율법 자료이다. 학가다는 윤리와 종교의 모든 분야를 포괄한다. 도덕적 성찰, 설교문, 변증문, 세속 지혜, 격언, 형이상학적 사색, 이스라엘 미래 환상, 기하학, 화학, 의학, 천문학, 물리학, 박물학에 관찰력을 보여 준 기록들이 학가다를 구성하고 있다.

탈무드의 두 가지 기록인 팔레스타인 탈무드(예루살렘 탈무드)와 바벨론 탈무드는 주제, 기록방식, 문장형식, 사용언어가 서로 다르나 공통된 기본 본문은 랍비 유다의 미슈나에까지 이어진다. 둘 다 랍비 유다들에 의해 만들어진 미슈나의 두 정본을 나타내고 있음이 확실하다. 이런 개정본들은 이미 바벨론 게마라에서 암시되어 있었다.

팔레스타인 탈무드

티베리스, 가이사랴, 셉포리스 등의 학파들이 낳은 생산물로 서방 아이들의 탈무드라고도 한다. 3~4세기 로마 통치하의 박해 때문에 서둘러 편집되었다. 그렇다 보니 불안정하고 통일성, 일관성, 전문성이 결여되어 있다. 팔레스타인 탈무드는 바벨론 것보다 분량은 3분의 1이고 기록언어는 서아람어였다. 이것을 편집한 이는 랍비 요하난 바르 나파하였다 한다. 군주이자 랍비인 유다의 제자였던 그는 지적 재능이 뛰어나 당시 모든 지성인들을 능가했다. 그는 티베리아스 아카데미를 창립했다. 이것이 팔레스타인 사람들의 주된 배움터였고 팔레스타인 탈무드 공부의 중심지였다. 그러나 랍비 요하난보다 훨씬 후대 좌표들이 많이 포함되었다. 따라서 랍비 요하난이 팔레스타인 탈무드의 기초를 세운 것은 사실이나 본질적으로 지금의 모습을 갖추게 된 것은 티베리우스 학당이 문을 닫고 족장시대가 끝나는 5세기 초엽이라는 관점이 마땅하다.

보통 팔레스타인 탈무드는 바벨론 탈무드에 종속된 것으로 보았다. 그 이후 나온 모든 율법서가 이것을 기반으로 하고 있다. 팔레스타인 탈무드는 할라카 연구를 위해서 빼놓을 수 없는 것이다. 이것이 미슈나의 보고장이기 때문이다. 또 학가다 자료를 지녔기 때문에 더욱 중요하다. 팔레스타인 탈무드의 학가다는 팔레스타인에 살고 있는 유대인의 모든 내적 정보의 진정한 광맥 같은 것이었다.

바벨론 탈무드

　　　　　동부아람어로 기록된 이 번역본은 바빌로니아 학파를 수행한 랍비 유다의 미슈나에 대한 토론을 기록한 것이다. 이것 역시 팔레스타인 탈무드와 같이 학가다를 많이 지니고 있다. 그 내용의 3분의 1이 그 시대의 세속적이고 종교적인 랍비들에 대한 지식을 반영하고 있다. 계속된 지적 교류로 할라카와 학가다의 영역에서 마찬가지로 존재했다. 팔레스타인 탈무드 사이에 있었던 것이다. 바벨론 탈무드가 생긴 지적 책임자는 압바 아리아였다. 그는 바벨론 태생이나 팔레스타인에서 여러 해 지내면서 랍비 유다의 문하생이었다. 219년에 고향으로 가서 유프라테스 강변 수파에 학당을 세웠다. 그가 팔레스타인에서 가져온 스승의 미슈나를 가르쳤다. 인기가 높아지면서 그의 강의를 들으러 수천 명이나 모여들었다. 그의 명성이 하도 높아 '랍', 곧 뛰어난 교사로 알려졌다. 그의 통역자 메르 사무엘이 같은 랍비 유다의 제자였다. 그가 바빌로니아에 돌아오자마자 바로 네라르디아에서 학당의 지도자가 되었다. 그는 민법 권위자로 그의 판결은 후대에도 여전히 유효했다. 또한 그는 유명한 격언, "땅의 법이 법이다."를 남겼는데 이는 유대의 민법 발전에 영향을 주었다.

　바빌로니아의 아모라임의 큰 활동은 아바예와 그의 동료로 할라카의 반대자인 라바의 지도 아래서 그 절정에 달했다. 그들은 고급 변증자들이었다. 그들의 활달한 통찰력은 바빌로니아 게마라의 많은 지면을 차지했다. 학가다와 할라카의 자료층은 아바예와 라바

이후 여러 세대를 거치면서 계속 쌓여 왔다. 수 세기를 쌓여 온 구전 전승과 가르침은 양이 너무 많아 편집할 필요가 있었고 이러한 작업은 라브 아쉬가 수행했다. 그는 23세에 수라 아카데미의 지도자로 선출되어 52년간 뛰어난 지도력으로 업무를 수행했다. 이런 시기에 바빌로니아 학파의 교사와 제자들의 마음을 사로잡은 방대한 분량의 할라카와 학가다를 수집하고 정리하여 배열한 엄청난 사업에 몰두했다. 그의 엄청난 노력으로 바벨론 탈무드의 기본 골격이 이루어졌다.

라브 아쉬의 편집 작업은 후계자들 중 특히 라비나 2세로 알려진 나비 나바르 후나가 수행했다. 그는 라브 아쉬가 죽은 뒤에 쌓인 새 자료들을 편집했다. 라비나 2세는 구두 전승에 근거해서 토라를 가르친 아모라임의 마지막 인물이었다. 탈무드는 실질적으로 그에게서 종결되었다. 최종 마무리 작업은 사라임(반성하다)에 의해 이루어졌다. 이들은 5세기 말에서 6세기 중엽까지 왕성한 활동을 했다. 이들은 탈무드 속에 아모라임의 업적을 반성하고 비판하여 간추린 해설적인 첨가물을 만들기로 했다.

탈무드는 어떤 영향을 미쳤을까? 기록된 탈무드는 암흑시대가 되자 곧 닫혔다. 이스라엘인들이 흩어진 그 당시 탈무드가 가장 큰 영향력을 발휘했다. 탈무드가 시대와 장소를 불문하고 어떠한 사회 상황이나 문명 속에서든 적용할 수 있었던 것이 유대인의 종교적·민족적 보존에 막강하게 공헌했다. 억압과 위기에서 탈무드는 유대인들에게 영적인 안식처가 되었다. 세상 모든 악의와 잔인함과 고통을 말끔히 잊을 수 있는 마음의 안식처가 되어 주었다. 아마도 유대인이 받았던 극악한 상황을 다른 민족이 받았다면 그 민족은 남아 있지 못했을 것이다. 탈무드가 있어서 역사적 기록을 이루었다.

펠릭스 멜즈는 말했다. "적대적 세계 속에서 흩어진 유대인들에게 거듭 다 할 수 있는 생명력을 불어넣어 주고 동시에 모든 와해시키는 세력들이 난무하는데도 불구하고 오늘날까지 보존된 무한의 성격을 지닌 역사적 기적이라 할 수 있다." 탈무드는 중세에서 새로운 사상의 통로로 나아가게 했다. 르네상스로 가는 길을 예비했고 현대 문명에도 큰 영향을 끼쳤다.

탈무드는 유대민족과 함께 심한 박해를 받았다. 그것은 문서화되기 전부터 시작되었다. 하드리아누스(117~38), 안토니우스 피우스(138~61), 페르샤왕 야즈데 게르트 2세(438~57), 페로즈(459~84) 등은 아예 유대 율법 연구를 금지시켰다. 중세에도 탈무드 박해와 분서 사건이 빈번하게 일어났다. 이런 일들은 유대인의 기독교 개종을 선동하면서 자주 벌어졌다.

탈무드를 헐뜯는 말을 마구 하기도 했다. 이들 중에는 탈무드 학자였던 니콜라우스도닌이 있었다. 그는 35조항의 탈무드 반대 선언문을 작성했다. 그의 주장으로 교황 그레고리우스 2세는 탈무드를 몰수하라는 명을 내렸다. 그래서 탈무드는 24대의 마차에 실려 1242년 6월 파리에서 군중들이 보는 앞에서 불살라졌다. 이런 탈무드 분서 사건은 그 뒤 류클린(1453~1522)과 그의 동료 인본주의자 시대까지 계속되었다.

바벨론 탈무드는 중세기에 교회의 검열을 받았고 기독교에 반대하는 구절을 삭제당했다. 유대인은 교회를 노엽게 하지 않으려고 사본과 인쇄본을 검열했다. 이렇게 삭제된 부분은 많은 출판물에 부분적으로 보존되어 출판되었다. 이 가운데 가장 주목할 것은 《탈무드의 탈문》이란 책이었다. 현대에 와서 탈무드를 공격하는 반셈족주의자들, 곧 반유대인의 손에서 유대교를 공격하는 무기로 탈무드를 역이용하는 이들이 생겼다. 유대인에 대한 이방인들의 반감을 일으키는 유대인의 탈무드가 절도, 강도, 살인, 약탈 등의 범죄 측 비유대인들에게 허락되는 가르침으로 보았던 것이다. 그것이 유대인들의 삶의 지침서라고 믿는 오해가 생기면서 유대인 학살과 핍박의 동기가 되었다. 그래서 탈무드를 왜곡하고 편향적 해석을 했던 것이다. 그런 반유대인이나 탈무드에 대한 잘못된 인식은 탈무드 번역본이 많이 나오면서 달라졌다.

바벨론 탈무드 중에 현존하는 것은 한 가지뿐이다. 1343년에 기록된 헤르만 L. 쉬트락(1912년)이 기초한 뮤니히 사본이 바로 그것이다. 라이든 사본에 기초한 최초의 팔레스타인 탈무드의 편집본은 1520~24년에 최초로 편집되었다. 둘 다 비유대인인 다니엘 봄베르크에 의해 베니스에서 발행되었다. 이때부터 두 탈무드가 수많은 편집본으로 발행되었다. 그 가운데 가장 유명한 것은 1886년에 초판이 나왔으며, 그 뒤 여러 번 인쇄되었다. 추가 발행본은 바벨론 탈무드의 빛나롬 편집본이다. 이것이 최초의 영인본으로 미국에서 제작되었다.

탈무드 연구는 쉬운 일이 아니다. 간결문체이면서도 장절문체,

질문과 답변의 교차, 제시 방법 등은 탈무드의 지침서나 주석서 없이는 알기가 어렵다. 탈무드 주석 책은 많다. 벤후시엘이 탈무드 전체 주석으로는 가장 오래되었으며 지금은 부분적으로만 남아 있다. 가장 고전적 안내서는 트로이의 랍비 솔로몬 이츠카키, 곧 라쉬(1040~1105년)의 것이다. 이 안내는 모든 편집본의 탈무드 본문 옆에 실려 있다. 다른 것으로는 주석서로 토사포트(부록)로 알려진 12~13세기 프랑스 랍비들의 것이 있다. 이 토사포트는 상세한 비평적 연구 가운데에서 뛰어난 것이다. 이런 연구를 통해서 탈무드는 깊이 있고 광범위한 기반을 다지게 되었다. 주석서도 많지만, 주목받는 것으로 사무엘 에델스의 마르샤아(1612년)와 인기 높은 추불린의 메이르 벤 게갈리아는 다윗 프랭겔 코르반하에다(1743)가 있고, 모세마르골리오트의 페네마쉐(1750)가 있다. 요즘 연구는 예루살렘 탈무드의 해설에 공헌했고, 루이스 긴스버그의 3권으로 된 팔레스타인 탈무드의 주석서(1941년)가 있다. 그는 현재 할라카학의 거장으로 칭송된다.

탈무드는 유대인의 교육서적이요 구약성경과 동등한 유대교의 성경이다. 교육문제가 나오면 세계 어느 나라 어느 민족에서든 유대인 교육이 최고라고 말한다. 그 내용은 바로 탈무드에 근거한 교육이라 할 수 있다. 탈무드 교육은 일찍이 초등학교에서부터 시행되었다. 이것은 예시바에서 계속되었다. 진보된 연구 도입으로 필풀이라는 분석방법을 위해 연구했다. 유대인이 이스라엘국을 세운 뒤로 유대문화가 폭넓게 되고 탈무드는 다른 과목으로 바뀌어 갔다. 그래도 탈무드는 유대인 교육에서 주된 역할을 했다. 유대인 어린이는 탈무드 이야기로 마음이 양육된다. 그 학가다는 어린이의 마음속에 고도의 윤리와 유대의 전통, 이상형에 대한 충성심도 길러냈다. 탈무드를 무시하던 진영에서도 탈무드에 대한 관심이 고조되어 갔다. 유대인 학교는 탈무드 교육 비중이 컸다. 탈무드 연구 열기도 뜨거웠다. 탈무드의 중요성은 유대 문화를 고집하는 유대인이라면 누구도 거부 못할 헤브라이즘의 인간성을 형성시키는 것으로 인정했다. 그만큼 유대인에게 있어서 교육의 실체는 바로 탈무드가 절대적이고 실무현장의 주인공이 바로 탈무드인 것을 인정할 수밖에 없다.

2세기 말 랍비 유다 하나시는 최고법원 산헤드린의 최고 지도자였다. 그는 사람들을 모아 구전율법 편찬에 착수했다. 이것이 바로 미슈나다. 미슈나는 곧 성경을 주해하고 해설하는 권위를 인정받는다. 유다 하나시가 편집자란 기록은 미슈나 어디에도 없다. 유다 하나시는 랍비 아키바가 순교한 날(135년)에 태어났다. 끝없는 공격과 억압 속에서도 태양은 다시 떠오른다는 믿음으로 유대인의 진실과 믿음의 증명 같은 인물이었다. 유다 하나시는 힐렐의 후손으로 뛰어난 교사 랍비 유다 벤 이라이 밑에서 학문에 힘썼다. 유복한 가정배경과 풍부한 재능으로 당시 로마 황제 안토니우스와도 친교가 있었다. 유다 하나시가 편집한 책은 당시 최고의 종합적이고 다른 수집서를 대신하는 권위가 있었다. 당시 예시바 원장들은 개인이 수집 편집한 것을 교재 삼아 학생들을 가르쳤다. 유다 하나시가 편찬한 역작을 지도한 네 가지 이유가 있었다. 첫째, 구전율법 발달이 각지로 흩어져 권위서가 하나쯤 있어야 했다. 둘째, 법 해석의 통일성을 주는 척도가 필요했다. 셋째, 유대인 교육 기초가 되는 교재가 필요했다. 넷째, 정치적 출판, 핍박이 되풀이되어 구전 율법을 한 권으로 보존하여 후손에게 전해야 한다는 의식이 있었다.

미슈나는 한 사람의 저술도 아니며 독창적인 것도 아니다. 구전 율법이 발달해 온 수 세기 동안 이어진 사상과 교육의 집대성이 바로 미슈나다. 미슈나는 본래 '되풀이해서 말하다'라는 의미의 히브리어로 배운다는 뜻도 포함한다. 랍비들이 쓴 미드라시는 성경 말씀에 수식이나 해석을 덧붙인 것이다. 미드라시의 예를 보면 이렇다.

아가(雅歌)에 '나는 사랑하여 병이 났다'를 인용하고 이렇게 해석한다. 이스라엘 백성은 하나님께 말한다. "'창조적 하나님' 제물에 내리신 병은 모두 제가 당신을 사랑하기 때문입니다. 많은 나라가 저에게 가져다준 병은 모두 주님을 사랑하기 때문입니다." '너희는 재판할 때 불의를 행하지 말며 가난한 자의 편을 들지 말고 세력자라고 두둔하지 말며 공의로 사람을 재판하라.' (레위기 19:15)

그러나 미슈나는 성경 본문과는 독립되어 있다. 미슈나 역시 성경과 중복되어 성경을 기본으로 한다. 성경 말씀이 증거로 인용되지만 랍비들에 의한 성경 말씀과는 독립된 하나의 할라카(법규)로 되어 있다. 미슈나는 주제에 대해 성경에 입각해서 최고권위를 충분히 인정하지만 반드시 성경의 어떤 구절과 관련이 있지는 않다. 미슈나는 명확한 법과 지식의 체계로 토라의 기초 위에 서 있다. 권위는 성경을 따르고 그 자주성을 가지고 성경을 보완하는 법전이다. 미슈나의 예를 보자.

반은 노예, 반은 자유몸이라면 하루는 주인을 위해 일하고 하루는 자신을 위해 일한다. 이것은 힐렐학파의 견해다. 힐렐학파에게 샤마이학파가 말했다. '당신들은 주인을 배려하니 이 사람을 위해 아무 배려도 않는다. 왜냐? 이 사람은 반은 자유몸이나 노예하고 결혼할 수 없고, 반은 노예로 자유신분의 여성과는 결혼을 못한다. 그러면 이 남자는 결혼을 못하는가? 이 세상은 자손을 낳아 번성하라고 만든 것이 아닌가? 성경에 하나님은 땅을 만드신 분, 땅을 다지신 분, 땅을 황무지로 만들지 않고 사람을 만드신 분이라 했다.' (이사야 45:18) 세상 번영을 위해 주인은 그 사람을 자유몸으로 해야 한다. 힐렐학파는 생각을 바꾸어 샤마이학파의 견해에 따라 가르쳤다.

미슈나는 히브리어로 기록되었으나 아랍어, 희랍어, 라틴어도 미슈나 속에 들어와 유대 문화와 다른 문화의 교류가 상당히 활발했음을 엿볼 수 있다. 미슈나 문체는 간결하고 수사적 과장이나 수식어는 볼 수 없다.

미슈나의 6가지-시샤 세다림

미슈나는 여섯 가지로 구성되어 있다. 여섯 가지는 히브리어로 시샤 세다림이다. 엄청 많은 양의 구전율법을 이런 모양으로 세운 사람은 랍비 아키바였다. 63개의 마세흐톳

(소항목)으로 나뉘어 있다. 또 소항목은 '페레크'인데 장절로 나뉜다. 5장은 바벨론 탈무드에서는 '미슈나'라는 구분으로 나뉘어 있다. 팔레스타인 탈무드에서는 각 장을 '할라카'라 한다. 미슈나의 여섯 가지 내용은 간단하게 보면 이렇다.

1. 제라임[씨앗] : 축도와 기도의 내용, 농업과 농작물에 대한 율법 11가지

2. 모에드[축제] : 안식일(미슈나에서 가장 길다), 높은 성일(聖日: 신년에서 속죄일), 유월절, 초막절, 금식일, 부림제, 제삿날 해야 할 일과 하지 말아야 할 일, 의식법 12항

3. 나쉼[여자] : 결혼, 약혼, 이혼, 과부가 죽은 남편 형제와 결혼, 결혼서약, 아내부정재판 등 7항

4. 네지킨[손상] : 형법, 민법, 상해보상, 재산, 상거래, 고용관계, 부동산, 상속, 법정수속, 증언, 증거, 법리형발, 선서법, 우상, 이교도적 관행 등 10항

5. 코다쉼[거룩한 것들] : 신전, 제물, 제사, 희생동물, 음식, 동물 도살법, 사람과 동물의 첫 자식 방법, 서약과 성물, 성전집기, 관행 등 11항

6. 토호표트[정결법] : 의식에 쓸 그릇, 사체 닿은 그릇 등, 나병, 정화법, 생리, 피부병 등 12항

미슈나는 원래 예시바 학생을 가르치는 텍스트였으나 의견 충돌 재정 요청, 바른 관행을 가르치는 교사 지침서로 삼을 의도였다. 미슈나는 견해차이 때문에 양쪽 다 기록하고 바람직한 것, 권위 등을 기록했다. 지지자나 교사 이름 없는 의견도 규범으로 보았다. 현자의 의견에 반대의견도 있다. 성전 파괴, 제물운용 등도 미슈나에서 제외한 것은 없다. 구전율법의 궁극적 기초는 성경이다. 기록된 규칙 법령은 다 신성하고 시대를 초월하여 믿었다. 율법이 포함된 것은 교의뿐만은 아니다. 랍비들은 성전과 희생제물과 정치적 독립을 찾을 수 있다고 믿어 왔다. 희생 율법 위반의 처벌, 정화, 제사의식의 율법 등 신앙 깊은 유대인이 터득해야 할 지식으로 생각했다. 이런 기록들은 미슈나《바바 매치아》에 있다. 분실물은 먼저 집는 사람에게 우선권이 있다. 다리 다친 사슴이 내 땅에 누웠으면 '내 땅이 내게 소유권을 준다' 하면 유효하고 자기 소유가 된다. 그 짐승이 내 땅에서 달아나면 내 것이 아니다. 하나님의 율법을 따르라. 그러면 누구나 부자가 된다.

미슈나는 성경의 몇 배가 되는 분량이다. 미슈나의 의미와 응용을 확대한 게마라는 미슈나의 몇 배나 되는 분량이다. 랍비들은 토라-성문율법-와 구전율법을 따로 있는 법 제도로 여기지 않는다. 이 둘은 근본적으로 하나이다. 구전율법이 성문화되어 성문율법에 흡수되었다. 마이모니데스는 미슈나(재검토된 토라) 책의 서문에서 '시내 산에서 하나님의 모든 율법이 그 주해와 함께 모세에게 전해졌다' 했다. 구전율법도 하나님과 이스라엘 민족 간의 계약에 처음부터 있었다고 믿었다. '여호와께서 모세에게 이르시되 너는 내 말을 기록하라 내가 이 말뜻대로 너와 이스라엘과 언약을 세웠음이라.'(출애굽기 34:27) 이 구절의 '뜻대로'에서 성문율법에 따르는 구전 주해가 있었다는 것을 알 수 있다.

토라를 간절히 찾은 결과로 미슈나가 생겼다. 미슈나를 필사적으로 찾은 결과로 게마라가 생겼다. 미슈나는 토라같이 신성한 것은 아니다. 미슈나는 문헌상의 출처가 분명하고 상징적 의미에서 신성한 원서에 주해를 단 것이니 신성하다고 볼 수 있다. 미슈나는 간결하다. 다양한 학파나 여러 의론이 기록되었으나 간결함이 확실하다. 이에 비해 게마라는 예시바에서 주고받는 토론을 다 기록해 놓아서 여러 의견이 서로 부딪히고 생생한 표현이 있다. 질문과 논쟁이 넘친다. 게마라의 대부분은 법적인 것이 아니다. 게마라에는 법률이란 말로 폭넓게 해석해도 포함 안 될 듯한 주제가 있다. 비유한 이야기는 그 자리가 중요치 않고 가볍게 봐서도 안 된다고 현자들은 말한다. 다만 토라 이해에 귀중한 것이 있기 때문이다. 귀중한 진주를 잃은 여왕이 값싼 촛불로 찾는 이야기와 같은 것이라고 하겠다. 이런 현실도 역사도 있다. 현대 과학도 전승도 있다. 성경 주해, 전기, 설교, 신학도 있다. 탈무드에는 적은 일이나 에피소드도 있다. 법이 발달해 온 수 세기 동안 생활을 비쳐 주는 거울이 되고 있다. 유대 율법 연구에 단순한 기초적 텍스트가 아니다. 약 500년간 하나의 사회가 탄생시킨 인간의 염원과 요구, 대응방법을 밝힌 기록이다. 탈무드가 보여 주는 것은 둑 넘어 도도히 흐르는 생명의 물결이었다.

게마라에도 두 종류가 있다. 팔레스타인 탈무드와 바벨론 탈무드가 그것이다. 팔레스타인 예쉬바에는 수많은 바벨론 현자들이 있었다. 두 사회는 밀접한 관계가 있었다. 두 탈무드에 같은 선생 이름이 나오는 경우도 있다. 둘 다 같은 미슈나를 기초하고 있다. 게마라만이 다르다. 바벨론 탈무드는 분량이 많고 충실하다. 그리고 권위가 있다. 많은 예시바에서 이것을 연구했다. 팔레스타인 탈무드는 예시바 학생을 위해 만든 것이 아니라 선생과 재판관을 상대로 한 것이다. 그래서 팔레스타인 탈무드는 간결하다. 이것은 팔레스타인에서 번창했던 몇 학파가 만들었다. 실제 편찬 작업은 티베리아스에서 했다. 바벨론 탈무드는 민속 전승과 당시 조로아스터교 영향으로 악령학에 관한 이야기도 있다. 이에 반하여 팔레스타인 탈무드는 천사나 악마에 관한 이야기는 없다.

황금률 편찬시대 4세기 중엽에 유대인과 로마 사이에 생겼던 격앙한 소란으로 유대민족의 학문 중심이 파괴되었다. 티베리스, 셉포리스, 리다 등에 있었던 예시바는 아주 사라졌다. 이 때문에 2세기 전 하드리아누스 황제의 박해로 수많은 유대인이 팔레스타인에서 바빌로니아로 피난 갔다. 바빌로니아 유대인들은 티그리스강과 유프라테스강 사이 오늘의 이라크 영토에 큰 공동체를 이루었다. 단 네파르디아에는 훌륭한 예시바가 세워졌다. 그것이 서기 260년 파괴되었다. 거기서 품베디타로 옮겨 수라에 있던 예시바와 함께 오랫동안 바빌로니아 유대인의 지식과 종교적 삶에 큰 의미를 주었다.

이때 초기 스승으로 라브와 사무엘로가 유명했다. 이 둘은 랍비 유다 하나시의 제자였다. 라브는 팔레스타인에서 공부한 뒤 219년 학문증진을 위해 바빌로니아로 갔다. 라브가 수라에서 창설한 예시바는 그 지역 유대인의 학문 중심이 되었다. 그의 업적은 넓은 땅을 비옥하게 만들었고 많은 결실을 냈다. 사무엘은 유대 지식과 천문학자로도 유명했다. 그리고 네파르디아 학교장이었다. 유월절 전달 아다르(태음력 2~3월)와 큰 성일 전달인 엘룰(태음력 8~9월)의 두 달은 학문 집회의 달로 특별히 정했다. 일을 쉬고 농민과 기술자, 상인 등이 모였다. 학문 존중, 지식 열의가 공동체에 만연하여 수천 명이 모여들었다. 주해, 토론으로 미슈나의 의미가 확실했다. 미슈나의 글 속은 법률, 종교 판결이 주해와 토론으로 행해졌기 때문이었다. 5세기경 유대인에게 불리한 제한 조치와 법률이 만들어졌다.

페르시아 황제는 조로아스터교를 국교로 삼았다. 백성은 모두 국교를 믿어야 했고, 유대인 아이들을 강제로 개종시키려 했다. 시나고규를 태워 버리고 유대교 계율을 금지했다. 그때 대부분 유대인들은 다른 나라로 피했다. 몇 세기 동안 연구와 토론이 쌓였다. 자료 수집과 계통을 찾아 편집하려 노력했으나 곤경에 빠졌던 때 선구자는 랍비 아시였다. 그는 50년 이상 자료 수집과 정리에 헌신했다. 랍비가 죽자 제자들이 이어받았다. 편집, 교정, 마지막 작업은 라비나가 했다. 서기 500년에 라비나가 죽고 탈무드 시대가 종결되었다.

미슈나를 주해하여 게마라가 나왔다. 탈무드를 만든 학자들을 아모라임이라 했다. 미슈나 편찬 이후 2세기부터 탈무드 성립기 6세기까지 활약한 랍비들이었다. 팔레스타인 탈무드와 바벨론 탈무드에 있는 게마라는 완전한 모습을 갖춘 미슈나 주해가 아니다. 미슈나 초판은 1492년 나폴리의 손시노사에서 발행되었다. 탈무드 완전본을 최초로 낸 이는 기독교인 다니엘 볼베르그이다.

수많은 고전 가운데 탈무드만의 독특한 특징은 쪽수를 붙인 방법이다. 초판에 쓰던 이 방법이 이후에도 그대로 사용되었다. 그래서 탈무드 인용 때는 몇 년도 판이라 하지 않고 쪽수만 밝히면 된다. 출판된 곳이 어디든지 쪽수는 똑같다. 예로 산헤드린 720쪽을 찾으면 4세기 이후 인쇄된 어느 책이든 720쪽만 찾아보면 된다. 그 내용이 같기 때문이다. 탈무드 가운데서 가장 유명하고 널리 알려진 것은 빌뉴스에서 간행된 판이다. 아름다운 인쇄 대형본 12권에 미슈나와 게마라 원문 외에 중세기에서 근대에 이르기까지 추가된 논평이 여럿 붙어 있다.

길을 걸을 때나 누웠을 때나 일어났을 때나 또는 일터에서나 집에서나 항상 사고방식은 적극적인 사람이 되어야 성공의 길이 열린다. 소극적인 사람은 방어적이고 적극적인 사람은 공격적이기 때문이다. 그래서 적극적 사고방식의 소유자는 그만큼 실력을 길러야 한다. 탈무드라는 바다 속에는 두 개의 강한 조류가 있다. 구전 율법의 드넓은 바다 밑에는 할라카와 학가다라는 강한 두 개의 조류가 있다. 할라카는 법으로 의무와 권위적 행위를 정한다. 학가다는 비법규적 요소이다. 선생의 자유로운 발상이나 전승으로 시작된 것이다. 할라카는 히브리어로 '법'이다. 성경에는 이 용어가 없다. 이 말의 출처는 미슈나다. '걸어간다' 또는 '간다'는 의미의 어원에서 '사는 법'이라는 파생적 의미가 있는 용어이다.

랍비는 신학자가 아니다. 율법교사이다. 신앙이나 성경을 해설

하나 그것을 학문적으로 체계화시키지는 않았다. 랍비는 사람이 하나님의 뜻에 따라 행동하는 데 가장 큰 관심이 있다. 행동이란 감정의 발로이다. 관습적으로 하나님에 대한 의무감을 가지는 일이 중요했다. 하나님의 존재감을 가정, 사회, 일터에서도 의식해야 한다고 가르친다. 랍비의 최대 목표는 사람들이 법의 노예가 아니라 자유인으로서 도리의 하나님을 섬기는 데 중요성을 둔다. 랍비들의 기본 원칙은 법을 가리키는 용어, 하르트가 자유라는 의미의 헤르트와 같은 어근임을 가르친다.

랍비들은 때맞추어 거행하는 제사의식에서는 하나님 예배 때의 마음을 유지한다. 그래서 자신을 다스린다. 하나님 예배는 랍비를 찬양하는 때에만 외치는 것이 아니고 일상생활의 의지자가 되는 신앙을 노력으로 보여 준다. 종교는 보통 사람들이 일상의 수준을 높은 정신적 깨달음과 윤리 의식으로 이끄는 것을 의미한다. 이기주의와 탐욕을 극복하는 마음이 삶의 에너지와 의지와 행동을 통해 밖으로 향하는 훈련을 해야 한다. 연구와 학문을 닦는 것이 종교활동의 일부가 되어야 한다. 그러니 율법은 유대인에게 무의미하거나 거추장스러운 짐이 아니고 기회이자 특권이 되는 것이다. 율법 지킴이 성취의 기쁨을 말해 준다. 하나님은 이스라엘에 대한 사랑으로 율법을 정해 주신 것이다. 율법은 이스라엘인과 하나님을 이어 주고 공동체 안의 유대인을 하나로 만들어 준다. 율법 때문에 유대인은 축제의 기로와 기쁨의 순간을 만끽한다. 매일이 단조로움을 초월하는 속려와 축복의 방법이 된다.

할라카는 그 기본이 유대교 계시로 하나님은 창조주요 주권자라는 것이다. 하나님의 뜻은 토라에 구체적으로 다 나와 있다. 토라는 인간의 삶을 지배하는 모든 의식과 법률을 끌어낸다. 할라카는 하나님과 인간 사이의 가교이다. 유대인에게는 종교와 도덕이 분리되지 않는다. 유대인의 율법은 종교와 도덕이 한 방법이다. 할라카는 유대인 공동체의 법이요 종교이다. 어떤 때이든 '그것이 법에 위반되는가?'와 '그것이 옳은가?'와 동일시된다.

토라의 법은 목적보다 좋은 인간 만들기에 있다. 행실보다 지혜가 뛰어난 사람은 무엇에 비유할까? 가지는 많아도 뿌리가 뻗지 않는 나무에 비유한다. 그런 나무는 바람 불면 곧 뽑혀 나간다. 행실이 지혜보다 나은 사람은 무엇에 비유할까? 가지는 적어도 뿌리가 많은 나무에 비유한다. 아무리 바람이 불어도 뽑히지 않는다.

필자가 아는 어떤 형제가 있다. 3남2녀의 5남매인데 맏이, 둘째, 넷째가 아들이고 셋째와 다섯째가 딸이다. 가난한 집안이라 일찍부터 맏이가 대도시로 와서 고학을 했다. 그리고 돈 버는 일이 아니라 가르치는 삶을 살았다. 어렸을 때는 맏이가 남동생과 나이 차이가 크니까 부모가 들일을 나가면 어린 동생을 업어 키웠다. 죽을 먹어도 동생을 먼저 먹였다. 자라서 천신만고로 동생이 의과대학에 다녔다. 방학 때면 형이 있는 곳에 와 학비를 기대했다. 그러나 박봉에 겨우 사는 형편이라 넉넉히 주지도 못했다. 형이 80세 넘어 어머니가 돌아가셨다. 고향 인근에서 병원을 하던 동생이 도맡아 어머니 장례를 치렀다. 형은 그냥 참석만 할 뿐이었다. 다 지내고 몇 달 뒤 형의 아들이 청산을 하는 모임에 갔다 왔다. 그런데 어머니 산소에 새긴 비석에 아주 중요한 어머니 성씨의 본관이 엉터리로 되어 있었다. 형은 이 사실을 알았지만 그냥 넘어갔다. 이런 경우 랍비라면 어떻게 할까? 형의 잘못이 더 크다고 지적할 것이다. 율법은 역시 법이니까!

율법의 바다에 또 하나의 조류는 학가다이다. 학가다는 상상의 자유에서 나온 것이다. 율법이 걷는다면 민간전승은 날아간다. 근대 유대학의 아버지로 불리는 춘츠는 학가다를 이렇게 말했다. "학가다의 목적은 천국을 인간에게 접근시켜 인간을 천국으로 끌어 올리는 것이다. 이런 사명에서 학가다는 하나님의 영광을 가져와 이스라엘에 위안을 준다. 그 결과 종교적 진실, 도덕적 교훈, 정당한 보답과 죄와 벌에 대한 해석, 율법을 가르치는 일, 과거와 미래의 위대함, 유대 역사, 제도, 성지찬사, 사람을 고무시키는 이야기, 위로 등이 시나고규에서 행해지는 설교의 태가 된다."

영원한 물음에는 아직 대답이 없다. 하나님과 우주의 신비에 대한 경이, 이단자와의 논쟁, 이 모든 것이 바로 학가다의 넓은 바다에 뜨는 테마이다. 거기 온갖 문학이 있다. 시적 이미지, 설화, 사색, 경구, 예원, 우화, 설교 등이 다 들어 있다. 학가다의 세계에는 모든 것이 살아 있다. 동물뿐 아니라 언덕, 바다, 하늘, 나무, 대지, 돌도 말할 수 있다. 학가다는 모든 것을 의인화하고 모든 자연에게 의식을 불어넣는다. 천국에도 하나님께도 학가다의 손길이 닿는다. 학가다에는 민화 속의 미신과 악령 적요까지 들어 있다.

학가다는 무엇인가? 하나님의 연민이 노여움을 가라앉혀 정의와 심판에 나타나기를, 그러면 자녀들에게 자비심을 가지고 대할 수 있으리라 하신다. 중상모략은 세 사람을 죽인다. 입에 담는 사람, 들은 사람, 당한 사람이다. 자선은 거지라도 해야 한다. 거지가 문 앞에 섰을 때 거룩하신 하나님, 경배받으실 분이 바로 그 옆에서 계신다. 하나님 모습대로 만들어진 인간의 사랑스러움이여! 한 인간은 모든 창조물보다 귀하다.

할라카의 역할은 성경에 쓰인 율법의 기초에 시간이 흘러도 무너지지 않는 법체계를 세우는 것이다. 한편 학가다에는 고통에 신음하면서 정신적 구덩이에 빠져서 시달리는 국민을 위로하고 교화하는 고도의 윤리적 사명이 있다. 할라카를 모든 유대인이 최후의 피 한 방울까지 바쳐서 지킬 각오를 한 이스라엘의 예루살렘 성전을 둘러싼 성벽에 비유한다면 학가다는 성전 벽 안에 있는 이국적 색채와 매혹적 향기를 지닌 꽃의 미로라 할 수 있다.

유대인 하면 세계 다른 민족은 선입견이 있다. 머리가 좋다, 돈을 잘 번다, 유일신을 믿는다, 민족정신이 세계 최고다 등 상당히 많은 생각이 떠오른다. 필자는 이스라엘을 열서너 번 갔으나 갈 때마다 그들을 만나면 '당신의 직업이 무엇이냐?', '어느 나라에서 살다가 왔느냐?' 물어본다. 그러면 그들은 전혀 이상하게 여기지 않고 묻는 대로 대답한다. 그러고는 끝에 가서 그것을 왜 묻느냐 하고 다그친다. 필자는 서슴없이 당신들의 민족정신이 너무도 위대해서 감탄하기 때문에 호기심이 많다고 답한다. 그러면 대개 멋쩍은 미소를 던지고 만다. 대체로 현재 이 지구 상에는 유대인이 1,300만 명이나 된다. 전 세계 인구의 0.2%다. 수적으로는 적지만 이들이 세계를 좌지우지하고 있음은 사실이다. 노벨상의 권위와 명예는 그 상금도 크지만 세계에서 최고다. 노벨상을 받은 사람을 1901년을 예로 들면 그 이후 20세기 후반에 이르기까지 경제 65%, 의학 23%, 물리학 22%, 화학 12%, 문학 8%가 유대인 수상자였다. 민족별로 국가별로 세계 최고다. 인구가 더 많고 국토가 몇천 배나 되는 큰 나라보다도 유대인, 이스라엘 민족의 사람이 최고로 많다. 놀라운 사실이다. 어느 해는 마치 노벨상이 유대인을 위해 만든 상인가 할 정도였다. 왜 그렇게 많을까?

미국에는 부자가 많다. 이 부자 상위 40가정 중에 40%가 유대인 가정이다. 성공한 유대인을 보면 뉴욕타임즈의 실권자 슐츠버거 집안, 로이터통신의 창립자 파울 율리우스 로이터, 자동차회사 시트로앵의 앙드레 시트로앵, 백화점 왕 S. 굿먼, J.슈트라우스 등 다 열거할 수 없을 정도로 많다.

유대인 하면 소수정예로 살아남을 수밖에 없는 역사적인 배경이 있다. 예수님 당시 유대국은 선진 문명국의 하나였다. 예수가 탄생한 해 유대국에 300만 유대인이 살았다 한다. 그들 중에는 사마리아인 등 일부 이방인도 있었다. 전 세계 최대 강국인 로마제국에는 유대인이 400만 명, 바빌로니아에 100만 명이 살았다 한다. 유대인 이산가족을 디아스포라라고 했다. 이들이 유대 땅에서보다 더 많았다. 알렉산드리아는 로마 다음가는 대도시인데 인구 과반수가 유대인이었다는 기록이 있다. 그렇게 중동, 북아프리카, 에스파냐 등지에 유대인이 많이 살았다 한다. 서기 1년도는 유대인 총수가 800만이나 되었다. 천주교 예수회 파송선교사로 중국에 왔던 마테오 리치는 16세기에 28년간 선교했다. 그가 카이봉(開封)을 갔을 때 그곳에 유대인 사회가 있었음을 보았다. 이것은 20세기 중반까지 계속 있었다 한다. 이곳 유대인들은 중국어를 사용했고 중국인과 비슷하게 살았다 한다. 이 유대인 사회는 광저우(廣州)나 항저우(杭州)에도 있었다 한다.

유럽에서는 유대인 중 기독교로 개종한 사람도 많았다. 이전 유대인은 유대인이 아니라고 했다. 자기 나라를 잃어 외국에서 살고 있는 유대인은 성경과 탈무드가 그들의 조국이었다. 그래서 탈무드를 특별히 공부하고 가르치고 전하는 것이 유대인의 사명이었다. 유대인은 셈족혈통이 확실하다. 그러나 핏줄로 종족을 유지한다기보다 유대교라는 사상과 신앙으로 유대인을 지키고 있다. 그래서 유대인은 구약성경과 탈무드라는 제2성경을 배우고 실천하고 믿는 것으로 유대인이라는 칭호를 유지하고 있음이 확실하다. 그래서 세계 각지에 흩어져 있어도 이 성경으로 유대인이 결속되고 있는 것이다. 동포의식이나 민족감정보다 유대교신의 정신으로 동족의식을 강하게 느끼고 있다. 예멘의 유대인, 페르시아의 유대인, 에티오피아의 유대인, 이들은 다 현지인의 풍속과 삶을 누린다. 그러나 유대교로 인해 하나로 연결되어 있다.

특히 에티오피아인은 흑인이다. 솔로몬 후손으로 자처하는 이들은 현지에서 만나 보면 흑인이다. 흑인 이스라엘인 것이다. 이스라엘 국민은 물론 백인 유대인이다. 그러나 에티오피아 흑인 유대인에 대해 그들은 분명히 흑인 이스라엘인, 유대인으로 동포의식을 가지고 있다. 유대교 신앙이 있느냐 없느냐, 탈무드를 믿고 실천하고 배우려고 애쓰느냐가 중요한 것이다.

필자가 수십 년 전 홍콩에서 만난 유대인 여성이 있다. 아시아기독교연합회 총무일을 하는 직원이었다. 대화 도중 토요일 안식일에는 회당에 가서 하나님께 예배하는 유대교인이라 했다. 탈무드의 어느 부분은 줄줄이 외우고 있었다. 유대인의 정신이 강하다는 것은 이미 천하가 다 아는 사실이다. 구약성경이 유대인의 성경이라 했다. 그리고 그 성경 해설로 탈무드가 있다는 것이다.

1868년 영국 최초의 유대인 총리가 된 벤자민 디즈레일리는 두 번이나 총리직을 역임한 바 있는 정치가였다. 디즈레일리는 13세 때 아버지의 주선으로 영국 교체인 앵그리칸 교회에서 세례를 받았다. 당시는 극단적인 종교차별이 있었다. 그런 상황에서 출세하기 위해서는 유대교를 버리고 영국 교회로 개종할 수밖에 없었다. 한 번은 의회에서 한 의원의 공격을 받았다. "유대인! 입 닥쳐!" 이 소리에 총리는 즉석에서 "그래. 확실히 나는 유대인이다. 그런데 지금 야유를 하는 저 신사의 조상은 기억에도 없는 벽지에서 야만인이었을 때 내 조상은 이미 솔로몬왕 성전의 신관이었다."라고 외쳤다. 이것은 궁지에 몰린 유대인의 독자성을 지킨 것이다. 총리의 말대로 유대인은 수천 년에 걸쳐 유대인 가슴속에 간직해 온 목소리임에는 틀림없다.

유대인을 가장 유대인답게 만든 계율이 바로 이 토라요 탈무드였다. 음식 계율도 철저했다. 물고기는 지느러미와 비늘 있는 것만 먹는다. 육식에도 까다로운 법이 있다. 계율을 지킨 도살자의 고기만 먹는다. 랍비는 냇물이나 호수에 담가서 씻은 접시만 사용한다. 이교도가 경영하는 식당에서는 식사하지 않는다.

기초 없는 실력은 잠시 반짝하는 이슬빛이다. 해가 뜨면 곧 사라지고 만다. 그러나 기초가 튼튼하면 평생을 안전하게 기반을 가지고 살아간다. 유대인은 바로 이러한 기초주의자들이다. 성공의 비결은 끈질기게 기초를 다지고 단련하여 든든한 산성 같은 실력을 가지는 것이다. 기초를 위해서 얼마나 전심전력을 다하느냐에 그 사람의 성공 여부가 달린 것이다. 고등학교 때 기초를 잘 다지면 자기가 가고 싶은 대학에 갈 수 있다. 그러나 고등학교 때 건들거리고 공부는 안 하고 놀던 사람은 평생을 기초 있는 사람 밑에서 심부름이나 하여 밥을 먹을 것이다. 타고난 재능에 피땀으로 기초를 단단히 하면 아무리 큰 빌딩이라도 지을 수가 있다. 그러나 기초 없는 모래땅이면 홍수나 태풍에 다 무너지고 마는 것이다.

탈무드교육은 단순한 지식소유가 목적이 아니라 생존을 위한 중요한 수단이라 할 수 있다. 유대인 두 사람이 모이면 의견은 세 가지가 나온다는 말이 있다. 유대인은 하나를 주장하는 말을 하면서도 머릿속에는 다른 가능성을 찾고 있다는 것이다. 이런 식의 사고방식이 유대인 전체에 공통적이다. 유대인은 먼저 젊은이부터 발언하게 하는 구조로 되어 있어서 발언이 많아지는 것이 당연한 것이다. 노인의 권위보다 젊은이의 생기발랄한 사고방식이 우선적이라 그런 것이다. 그래서 유대인은 다른 민족보다 늘 앞서고, 생의 약동적인 의식이 강하게 흐른다. 고대 유대인의 대법원이라 할수 있는 산헤드린이 그렇다. 산헤드린에서 사건 심리할 때 젊은 법관부터 순서대로 발언하게 되어 있는 것이 관례이다. 젊은이는 선배인 장로들 앞에서 주눅이 들거나 말을 잘 못하거나 하지 않는다. 당당하게 자기 견해를 서슴없이 발언한다. 연령 때문에 양보나 배려 같은 것은 없다.

탈무드에서는 누구든지 경멸해서는 안 된다 했다. 개인의 인격 존엄성을 박탈하거나 침해해서는 안 된다. 유대교에서는 악연의 죽음도 슬퍼하시는 하나님이라 믿는다. 악인은 나쁜 짓에 책임을 져야 한다. 이 책임지는 것이 존경하는 마음의 한 표현이기 때문이다. 이런 존경에서 자유로운 경쟁이 있는 것이다. 일하는 데서도 남의 영역에 접촉되는 경우가 생긴다. 이런 경우에도 상대가 시장 관리를 소홀하게 한 결과이며, 결코 이쪽 책임이 아니라 파괴는 스스로 부주의한 데서 생긴다. 계속 창조활동을 하는 사람에게는 파괴란 없는 것이다.

경영학은 1920년 이전에는 없는 학문이었다. 체스터 버나드의 경영자로서의 역할론이 경영이론의 기초가 되었다. 제2차 세계대전 이후에 경영자에게 인격적 관리의 중요함을 일깨운 이는 피터 드러커다. 드러커는 1909년 교수 아들로 태어났다. 어머니는 프로이트의 제자인 의사였고, 할아버지는 은행가, 할머니는 슈만의 피아노 제자였다. 쟁쟁한 명문가의 자손이다. 18세 때 함부르크대학 입학 논문 "파나마 운하의 세계무역의 역할"이 당시 경제잡지에 실렸다. 그만큼 조숙한 학자 기질이 있었다. 법학부 학생이면서 투자은행의 증권 투자를 했고 프랑크푸르트 경제기자도 했다. 1931년 대학 졸업 때 박사학위를 받았다.

1933년 봄, 위기의식에서 책 출판 전에 영국에서 투자은행에 근무했다. 다시 1937년 미국으로 이주했고 1939년 경제인의 증언을 발표하여 나치정권을 정면으로 비판했다. 대다수의 미국인들은 드러커가 히스테릭츠 유대인이라 보았다. 유대인 대학살계획, 히틀러와 스탈린과의 제휴로 아무도 생각 못한 것에 대해 예언적 발언을 했다. 다 그대로였다. 1942년《산업인의 미래》에서는 개인 사업 경영은 19세기로 끝나고 20세기 후반은 대기업 중심으로 산업 조직이 새롭고 자유롭게 나타날 것이라 했다. 드러커는 경영학의 선구자였다.

기업의 목적은 이윤확보에 있다. 최대 이윤 추구는 기업의 존속에 방해가 될 수 있다. 이 말은 드러커의 혜안을 엿보게 하는 말이다. 돈을 좋아하는 사람은 결코 돈으로 만족할 수 없다는 유대인 속담이 있다. 최대 이윤 추구는 스스로 파국을 초래할 수 있다. 노동자를 돈벌이 수단으로 부리지 말고 인간 존엄의 자세로 대해야 한다. 종업원을 교육시켜서 노동의 질적 향상을 꾀해야 한다. 생산 증대의 길도 교육에 있다.

랍비는 지식 외에 얻을 것이 없다, 지식만 있으면 잃을 것이 없다 생각한다. 드러커는 21세기를 바라보며 '변화를 이용해서 기술혁신을 해야 한다' 했다. 드러커의 회고록《방관자의 시대》에서 자신을 방관자라 했다. 세상 모든 일을 나와는 상관없는 일로 그냥 내버려 두는 게 아니라 현실 경영에 한 발 다가가서 거기 사람들과 함께 살고 현장 제안을 실제로 감당하는 것이 중요하다. 21세기 사람들은 밖으로 나가서 필요한 정보를 찾고 서로 도우면서 함께 시야를 넓히며 기성 관념에 의문을 품고 조언해야 한다고 강조한다.

유대인 상도는 정직을 기본으로 한다. 장사에는 반드시 고객이 있어야 거래가 있다. 그래서 고객제일주의라야 한다. 판매 상품이 합당치 않으면 철회할 수도 있다. 철회란 말은 히브리말로 '라하 졸'인데 '돌아가라'란 뜻이다. 계약철회가 계약파기는 아니다. 원점으로 돌린다는 뜻이다. 언제나 원래의 계약이행을 목표로 해야 한다는 말이다. 랍비 데이비드 배런은《모세의 경영》에서 말했다. 모세 십계명만이 아니라 인간적 애정이 담긴 613개의 계율을 여호와께서 모세에게 주셨다. 이 계율은 모세 5경에 있는 하나님의 명령이다. 사람은 그때 그 계율을 순종하여 지키면 된다. 고난의 때에 백성을 인도하면서 모세의 원칙을 열 가지로 간추릴 수 있었다.

1. 진단하라.

경영자는 직원들과 현황, 환경, 회사사정, 조직의 목표를 간단히 진단해야 한다. 현실에 익숙해야 한다. 경영인이 해야 할 중요한 일의 하나는 회사 재정의 목표와 사회적 역할 사이의 균형 유지이다.

2. 수용하라.

리더는 달갑지 않아도 마음 내키지 않아도 준비가 덜 되어도 자기 역할을 수용해야 한다. 누군가 리더가 있어 할 때 혁신 아이디어 소유자를 찾아서 리더로서의 역할을 받아들여야 한다.

3. 접촉하라.

모세가 이스라엘인과 맺은 약속은 성공이 필수 요인이었
다. 모세는 '하나님의 사람'이라 불렀다. 그러나 백성의
사람이었다. 모세는 하나님의 말씀을 백성에게 전달했다.
모세와 나란히 생존을 위한 투쟁에 나섰던 이들이 바로 이
스라엘인들이었다. 일상 업무에서 회사의 업무를 순전히
혼자 처리하면 안 된다. 다른 사람들과 함께 처리하고 그
들과 만나는 것이 중요한 것이다.

4. 전달하라.

전달은 성경에서 많은 의미를 가진다. 모세는 단순한 하
나님 말씀 전달자는 아니었다. 노예 상태를 해방시킨 놀
라운 일을 했다. 관리자로 회사를 이끌고 상급 경영진과
중간에 위치한 마치 양방향의 배관과도 같았다. 직원들의
불공정한 대우, 열악한 조건, 비합리적 요구 조건 등을 해
결해야 한다. 그리고 설정된 목표를 달성해야 한다. 그 목
표는 직원들의 행복과 맞아야 한다.

5. 인내하라.

열 가지 재앙을 당했던 바로가 이스라엘인을 자유롭게 놓
아주기까지 모세는 기다렸다. 그리고 자기 백성을 인도하
여 이집트를 지나 광야 40년을 지냈다. 모세는 이스라엘

인의 타락도 견디었고, 천신만고의 고난도 다 이기고 찾아서 약속의 땅으로 인도했다. 경영자 또한 모세같이 인내하면서 인도해야 한다. 어려움을 겪으면서 당신의 팀은 더해지고 확신을 잃지 않아야 한다.

6. 해결하라.

비즈니스 세계는 끝없이 문제 해결을 해야 한다. 문제가 사라지지 않고 연이어 문제가 생겨도 그때마다 잘 풀어 나가야 한다. 모세는 지속적으로 문제를 해결해 냈다. 생존법을 익혀서 살아남아야 한다. 겨레의 진로를 안내하고 이끌어 갔다.

7. 탐색하라.

견해를 넓혀 가도록 도움 될 이들은 만나고 협력하며 일했다. 모세는 다양한 경로로 정보입수와 대책을 간구했다. 사막 광야 40년은 정말 지옥 생활이었으니 불평과 반대가 쉴 새 없었다. 그러나 모세는 탐색하고 기도하고 실천해 갔다. 유망한 모든 방법을 다 찾고 구했던 것이다.

8. 시행하라.

경영자의 규칙을 시행해야 한다. 자기 멋대로 하고 규칙을 어기면 결과는 난관에 떨어진다. 그 어떤 유혹도 편의주의도 때로는 다 접어 두고 원리원칙대로 하나님의 명령대로 시행했다. 살인, 도적질, 간통 등 십계명을 어긴 죄도 늘 일어났지만 모세는 강한 믿음으로 하나님 명령을 순종하며 일관성 있게 시행했다. 경영인도 마찬가지다.

9. 전수하라.

모세는 이스라엘인을 이집트에서 데리고 나오는 것으로 끝나지 않았다. 여호수아를 통해서 바통을 이었고 자유인으로 살도록 해방시킨 일을 이루었다. 약속의 땅으로 생존법을 전수했다. 회사 경영도 전수해야 할 것을 염두에 두고 꾸려 나가야 한다. 이율배분, 직원복지, 미래희망 등을 전수시켜야 한다.

10. 떠나라.

모세는 떠나야 할 시기를 알고 있었다. 그리고 그 순간까지 묵묵히 이스라엘을 인도했다. 요단강 건너 약속한 땅을 바라보던 느보산에서 모세는 최후를 맞는다. 그러나 백성은 그곳을 떠나 젖과 꿀이 흐르는 가나안 땅으로 들어가도록 했다.

회사를 더 잘, 더 오래, 더 크게 할 수 있도록 해야 한다. 여호수아를 뽑아 맡기고 자기의 사명을 인계했다. 그리고 느보산에서 최후를 맞았다. 경영자도 마찬가지다. 나보다 더 잘할 사람을 찾아라, 내가 아직도 회사에 도움이 되는가? 이제 나 하고픈 일이나 하고 회사를 떠날 수 있을까? 이런 CEO는 성공한 사람이다. 아집에 갇혀서 죽을 때까지 붙들고 있겠다는 생각은 회사도 그 자신도 망치게 되는 것이다.

유대인은 경험으로 교섭에 자기 감정이 들어가면 자신에게 손해가 됨을 알고 있다. 억울해도 감정을 보이면 안 된다. 손해되어도 감정처리를 잘해야 한다. 유대인은 그것을 잘한다. 어른도 잘 이용해야 한다. 사고 때는 최고의 위자료를 내놓는다. 그러면 회사원은 실적에도 신경 쓴다. 소송처리도 지혜롭게 처리해야 한다. 교섭처리에서 유대인만의 상술의 비결을 알 수 있다. 유대인 5,000년 동안 유대인에게 불리한 교섭조건이 많았다. 그러나 유대인은 세련된 외교관처럼 모든 교섭을 잘 처리해 온 것이다. 실상파악을 정확히 하고, 상대가 바라는 것이 무엇인지 정확히 알고 교섭에 나선다. 아주 불리한 조건의 교섭은 이렇게 진행했다.

1. 교섭 분위기를 좋게 한다.
처음 만나면 취미나 잡담으로 분위기를 좋게 한다. 신뢰감을 주는 말과 정중한 자세로 대하며 화기애애한 분위기를 지속하며 타협조로 대화를 한다. 상대방이 이 교섭이 깨지면 큰 부담과 손실이 생긴다는 것을 알게 하고 대화를 진행해야 한다.

2. 관련정보를 많이, 정확하게 알고 대한다.

정보 입수가 뒤지면 교섭의 절반이 실패한다. 그러나 정보를 구체적으로 파악하고 있으면 절반은 성공한 협상의 힘이 약할수록 정보는 깊이 있게 알아야 한다. 그러면 역전이 될 수도 있게 교섭이 해결된다.

3. 때로는 도박이다.

아무리 확실한 정보를 가지고 교섭을 해도 유종의 미를 거둘 수 없는 상대가 있다. 그럴 때는 교섭결렬을 각오하고 도박을 할 필요가 있다. 상대편의 작은 실수라도 재빨리 알아내고 강하게 물고 늘어지는 수법이다. 상대편이 '거짓말이다!' 할 때 그것을 꼬투리를 잡고 늘어진다. '거짓말이라니 이런 무례가 어디 있느냐?' 인간성 모독을 들먹이며 강렬하게 '사과하라고!' 되받아친다. 이로써 헝클어진 대화가 잘될 수도 있는 것이다.

4. 교섭은 서서히 진행한다.

조급함을 보이면 그것이 약점이 될 수 있다. 술수를 쓰면서 열세를 만회해야 한다. 대화 중에 작은 합의라도 반드시 기록해 둔다. 그것이 성취감을 주고 회의를 성과 있게 매듭짓는다고 믿게 하고 노력을 계속한다. 유대인 교섭을 정리해 보자. (1) 정보를 소중히 여긴다. (2) 대국적 견해를 가진다. (3) 부드럽게 상대를 대한다. (4) 깨어 있는 눈, 마음으로 한다. (5) 농담을 잘 활용한다.

그리고 상황은 고정관념을 버리고 늘 변하고 있음을 알아야 한다. 교섭 대응책이 하나뿐이면 안 된다. 대상이 바뀌고 주제가 다르면 그에 적절한 방법을 찾아서 대응해야 한다. 한 번 승리한 전술은 상대에 따라서 다시 쓰면 상대방이 눈치챈다. 교섭 때 최초의 계획만 계속 고집하면 생각이 궁한 사람으로 찍힌다.

유대인 하면 첫째로 떠오르는 것이 돈 문제다. 셰익스피어의 《베니스의 상인》에 나오는 피 한 방울 나지 않을 고리대금업자 유대인 '샤일록'이 대표적이다. 그것은 작가가 유대인에 대한 감정이 커서 유럽 전역에 만연되어 있는 기독교인들의 유대인 경멸의 한 모습일 뿐이다.

토라를 보면 유대인 조상은 유목민이었다. 뒤에 팔레스타인에 정착하면서 농경생활을 했다. 유대인들은 가나안 사람이란 말을 외국이란 뜻으로 쓴다. 한편 이 말은 장사꾼이란 뜻도 있다. 그러고 보면 유대인은 상인이 아니었고 농경인이었다. 장사는 외국인들 손에 맡긴 것으로 볼 수 있다. 그러다가 유대인은 팔레스타인에서 쫓겨나 국토 없이 세계에 흩어져 살았다. 토지도 가질 수 없으니 하는 수 없이 장사꾼이 될 수밖에 없었다. 그래서 상인이 되었고 돈놀이를 해야 하는 처지가 된 것이다. 유대인은 상술에 능한 장사꾼이었다. 오해 말아야 할 것은 상술이 선천적이 아니라는 것이다. 교양, 지식, 탈무드의 생활원칙에서 생긴 후천적 상술의 천재가 된 것이다. 그러니 유대인 상술은 생존을 위해 터득한 삶의 필수조건인 것이다.

유대인들은 세계 어느 곳에 살든지, 어느 시대에 살든지 유대교의 가르침대로 살고, 교육 수준이 높고 문화생활은 물론 계산이나 사물을 생각하는 능력이 다른 민족보다 뛰어나다. 그들의 기본 지식이 상인으로서 성공할 수 있는 재질을 갖도록 되어 있었다. 개인 재능 말고도 흩어져 살면서도 동일 민족의 강한 연대의식을 가지고 살았다. 어느 나라에 살든지 단결된 하나의 민족으로 똘똘 뭉칠 수 있었다. 이를테면 프랑스와 독일이 전쟁할 때도 두 나라에 살고 있던 유대인들은 긴밀한 삶의 정보를 교환하였고 국제통상조직을 만들어 서로 긴밀하게 연락했다. 이런 조직과 유대의식은 유대인이 살아남는 사회적·경제적 기반이 되었다.

중세 유대인들은 활동의 제한을 받았다. 유대인 거리가 아니면 자유롭게 활동할 수가 없었다. 그러니 그들의 힘은 오로지 돈에 의존할 수밖에 없었다. 중세시대 전반기는 경제활동이 그리 발달하지 못했다. 유럽사회의 봉건적 영주들은 자신들에게는 없는 교양, 재능을 갖춘 유대인 상인들을 중요시했다. 십자군이 일어나기 전에는 유럽에서는 유대인 중심으로 그리스인, 아르메니아인 등의 통상이 크게 행해졌다. 특히 중앙유럽의 영주들은 계리(計理)와 무역을 유대인에게 맡겼다. 그래서 당시 군주들 연로 사이에는 유대인이 통상 기초를 쥐고 있었다. 그 당시 유럽의 통상은 지중해를 중심으로 편성되어 있었다. 그래서 지중해 중심으로 외국 상인 활동이 많았다. 통상이 활발하지 못한 지역은 문화가 뒤처졌다. 그래서 유대인 중심의 외국 상인 활동은 중요한 의미를 가졌다. 아무리 하나 되어 오래 살아왔어도 유대인은 외국인일 뿐이었다. 중세의 경제는 길드가 지배했으나 유대인 규제가 엄격해서 유대인은 이 조합에 가입 자격이 없었고 늘 제외되었다.

그러나 19세기에 끝난 산업혁명은 유대인에게 해방을 의미했고, 이로써 새로운 활동무대가 열렸다. 신용과 금융의 확보가 산업계의 아주 중요한 문제가 되었다. 대량생산에는 큰돈이 필요했고, 산업 활동을 비약적으로 증대시키고 금융업, 은행업도 급속도로 발전했다. 중앙유럽에서 큰 역할은 독일의 대은행들이 했다. 독일은행, 드레스디너, 담슈타나, 독일국민은행, 기나한첼 게젤샤프트 등 이런 유대인 은행이 발전한 것들이었다. 산업혁명으로 유대인 은행이 급속 발전했던 것은 유럽 전통 은행들이 투기에 과감하지 못했기 때문이다. 유대인들은 산업혁명 당시 장래를 잘 내다보았다. 이전까지 괄시받은 유대인들이 눈부신 활동을 했다. 산업혁명으로 유대인들이 여러 분야에 진출하면서 반유대주의가 생겨났다. 오랜 세월 동안 차등 민족 대우를 받던 유대인들이 부자가 되는 것을 보면서 유럽인들은 겁이 나고 그냥 둘 수가 없다는 생각이었다. 그래서 유대인 학대가 서서히 생긴 것이다.

근세에는 유럽인들이 식민지를 만들었다. 유대인들은 식민지 무역이란 새로운 투자 분야가 생겼다. 그런데 무역이 커지자 다시 다

수가 장악했다. 영국에 산업혁명이 일어나자 유럽 금융 중심이 런던으로 옮겨 갔다. 철도건설, 새로운 산업발전 등에 돈이 많이 필요했다. 1811년부터 6년간 당시 돈으로 4,250만 파운드가 대출에 성공했다. 러일전쟁 때는 일본 외채의 반 이상을 유대인 은행가가 인수했다. 로스차일드가 19세기에 계속 프로이센을 비롯해 유럽 여러 나라와 브라질에 거액의 차관을 제공했다. 이것은 유럽 내의 유대인 은행가들과 긴밀한 연락으로 돈을 모으고 신용을 제공하여 정보를 수집하기가 쉬웠기 때문이다.

런던에서는 유대인 함브르 집안이 세운 함브르 은행이 막강했다. 그 외에도 쉬스터 캠프, 데이비드와 헬만 스탄 형제, 그리고 프랑크푸르트에서 런던으로 와 은행을 연 사무엘 몬테뉴가 19세기 런던의 금융시장에서 크게 활동했다. 슈파이어 은행과 제리크만 은행 등은 미국의 유대인 은행과 손잡고 발전한 은행들로, 동유럽과 남미 국가들에 차관을 주고 외채를 인수하여 큰 기적을 보였다.

19세기 와서 에어량커, 나시, 필튼, 아이젠 하임, 레이라 집안이 프랑스에 은행을 세웠다. 시민 예금으로 투자하여 금융의 새로운 혁명을 일으켰고 프랑스와 스페인의 철도건설에 큰 역할을 했다. 1817년 로스 차일드도 프랑스로 건너왔다. 1823년 프랑스 주해를 독점 취급하여 큰 은행이 되었다. 독일이나 오스트리아에서도 마찬가지였다. 마이어 은행은 19세기에 독일에서 창립했다. 독일과 미국 두 시간을 합하는 역할을 했다. 18세기 창립한 요에프 멘델스즈 은행은 베를린을 중앙유럽금융시장 중심지로 끌어 올렸다. 블라이히리어 은행 창설자는 무엘 블라이리쿼더였다. 그 아들

가슨이 비스마르크 재상의 금융고문을 했다. MM. 라보트 은행은 18세기에 함브르크에서 개점하여 성공했다. 18세기에는 쾰른에서 오펜하임은행이 창점되었다. 히틀러시대에는 유대인 은행가들이 추방되는 형편이었지만 1932년 세 유대인 은행이 당시 독일 기업 대출의 반 이상을 담당했다. 이렇게 유럽 경제에 영향을 끼친 유대인 은행가들은 많았지만 유대인 차별은 심했다. 로스차일드가 빈에서 은행을 창립할 때 오스트리아에서 유대인의 집 소유를 금지해서 로스차일드는 호텔에 머물러야 했다.

정보는 모든 비즈니스의 기회를 알려 준다. 그리고 부가가치를 갖는데 정보나 데이터를 그대로 받는 것은 위험하다. 정보는 그 순간이 지나면 과거가 된다. 카우프만은 경제학자로 대차대조표도 그대로 믿지 않았다. 숫자를 그대로 믿지 말도록 했다. 정보란 정세보고의 약자다. 사회 변화, 시장 변화를 정확히 알아야 된다. 로스차일드 집안의 성공 비결은 이 정보의 정확성에 있었다. 광범위한 정보 수집을 했다. 남의 정보만 따르면 늘 남의 뒤만 쫓아간다. 물건을 팔기 위해서는 시장 밑바닥부터 잘 알아야 한다. 유대인은 고객이 원하는 것이 무엇인지 재빨리 알아 대처한다. 상품 제공 때는 적은 자본으로 많은 이익을 내야 한다.

유대 속담에 '양쪽 귀를 거리로 기울여라!' 했다. 밖에서 사물 관찰, 분위기 변화, 비즈니스 기회 등을 잡아야 한다. 유대의 수수께끼, 사람은 귀와 눈은 두 갠데 입은 왜 하나일까? 소리를 내는 데 쓰이는 입은 하나로 족하지만 귀는 두 개라야 소리를 입체적으로 듣고, 눈도 두 개라야 사물 위치를 정확히 알 수 있다. 입으로 말하기 전에 귀로 두 배나 듣고, 눈도 두 배로 잘 보라는 것이다.

　판매자는 고객한테 배워야 한다. 유대인 최고의 비즈니스맨들은 늘 고객한테서 배운다. 유대인 과학자 A. 팬자이스는 자신의 발상 비밀에 대해 "난 외부에서 사물을 보는 습관이 있다" 했다. 거리를 두고 관찰하고 분석한다는 것이다. E. 데보스는 창조공학자로 구 발상법을 '수평사고'라고 했다. 사물과 거리를 두고 전체를 본다는 것이다. 전체를 보면서 샛길로 빠져나간다는 뜻이다. 무슨 일에 열중하면 전체를 못 본다. 유대인은 냉철하게 거리를 두고 살핀다. 그래서 유사시에 냉정하게 사태를 파악한다. 반드시 길이 열린다. 앞뒤나 왼쪽, 오른쪽, 위아래에 길이 남아 있을 것이다. 랍비 요하난 벤 나파하는 이렇게 말했다. "사람의 다리가 그 사람의 운명이다. 다리는 가고 싶어 하는 곳으로 가게 할 것이다." 절망하면 사람의 다리는 절망으로 간다. 성공하려면 성공을 빌고 헤쳐 나가야 한다. 1948년 이스라엘 독립전쟁에서 아랍대군이 사방 주위를 포위했을 때 대수상 벤 구리온은 말했다. "군대 힘의 3분의 2는 정신력이다." 승리에 대한 집념이 승리를 가져온다.

　이런 정신력을 가진 유대인에게 투자자가 많을 수밖에 없었다. 정보와 경제는 밀접한 관계다. 가치란 사물에 대한 이야기를 어떤 식으로 전하는 것이다. 어떤 모양의 상품이나 무형의 서비스까지도 포함하는 사물을 설명하는 기능으로 말이 바로 최대의 상품이 되는 것이다. 가치 창조의 재료가 되는 귀중한 정보는 돈 이상의 부가가치 자원이 된다. 유대 사회 안에는 정보산업의 높은 지위에 오른 이가 많다. 정보는 단편적인 것이라도 모으면 체계적인 관찰을 통해 진리의 세계가 될 수 있다. 유대 법률에 관계되는 모든 논의와 판례, 여러 이야기를 모은 탈무드는 좋은 예이다. 성경 주석학자로 이름 높은 라시, 이븐 에르라, 나크마이데스 등의 해설을 보면, 의학, 경제활동 등 여러 일상생활에 대한 기술이 있다. 철학, 신학, 법학 등은 현실적 사고 없이 있을 수 없다. 더욱이 변화하는 정보 없이 비즈니스란 있을 수 없다. 정보 감수성이 비즈니스를 좌우한다. 이것이 유대인의 생활법인 것이다.

사실 돈은 많을수록 좋다. 그러나 많으면 가치가 떨어진다. 빈부차가 있어야 돈의 가치가 있다. 부자가 되고 싶다는 것은 가난한 사람이 그 대상이다. 다 부자라면 부자의 가치가 없다. 이스라엘의 키부츠 주민은 동등한 부를 지니고 있다. 그 가운데 누가 좋은 선물을 받으면 부러워도 하고 질투도 받는다. 평등사회는 유복한 특별대우를 미워한다. 사회주의, 공산주의가 그런 표본이다. 이 세상에는 늘 부자는 적고 가난한 자들이 대부분이다. 늘 어디서나 그랬다. 역설적이긴 하나 가난한 사람들이 부의 원천이다. 잘살고 싶은 의욕의 원천이 가난에 있기 때문이다. 구매자는 자기에게 없는 것을 사들인다. 시장이나 백화점에 오는 모든 손님은 없기 때문에 구입하려고 오는 것이다. 그런 점에서 고객은 다 가난한 자이다. 유대인은 이자 금지법이 있다. 일종의 약자 보호법이다. 영리활동은 부정도 아니고 범죄도 아니다. 빌리면 원금을 반드시 갚아야 한다. 빌린 사람이 잘 갚을 수 있도록 도와야 한다. 채무자가 자금운용을 착실하게 하도록 채권자는 윤리적 책임을 다해야 한다.

러시아는 정말 광대한 농경국가다. 독일에서 이주한 유대인 형제 니콜라스와 시투리크가 페테르부르크에 처음 은행을 열자 서방 금융과 연결되었다. 당시 예카테리아 여황제가 집권했다. 19세기 초 알렉산드로 1세가 시테어 크리츠 상사를 통해서 거액을 외국으로 송금했다. 1826년에 시테이크 크리츠는 남작 작위를 받았고 상사는 황실전속은행이었다. 1841년 1,500만 루블의 외채를 모집했다. 당시 러시아에는 요셉 긴즈버그가 유대인 은행으로 긴즈버그 은행을 1859년 창립하였고 역시 남작 작위를 받았다. 당시 러시아 철도 건설에 큰 몫을 한 모리 야곱 형제, 야곱, 라자르, 사무엘 등이 차관을 주었다.

폴란드에서는 1768년 암스테르담에 온 시몬이 브레트에서 은행을 설립했다. 그는 폴란드의 영주인 포르키와 포츠난과 손잡고 크게 되었다. 유대인이 러시아령 폴란드에서 철도와 여러 산업에서 크게 활약했다. 그들 유대인은 허만 에프슈타인, 레오폴즈 크로인버그, 이스라엘 고프만, 포트반, 나텐선 등이 유명했다. 루마니아에서도 큰 은행은 유대인이 경영하고 있었다. 마츠 말라시 프랭크 은행으로 모리스 프랭크가 창립했다. 헝가리, 체코, 스웨덴, 덴마크 등에서도 큰 은행은 다 유대인 은행이었다. 에델란드 헤이 2세 1809년 리자안트 칸이 유대인 금융회사를 세웠다. 1895년에도 암스테르담에 오디크만 로젠탈 회사가 설립되어 국제적 활동을 했다. 벨기에에도 유대인 이름의 은행이나 금융회사가 많았다. 필립슨 은행, 세테 망티 란버 상사, 페르상사 등이다. 스위스 바젤에는 드라이브스나 상사가 있고 취리히에도 줄리어스바 상사가 있었다.

북미 대서양 연안 뉴암스테르담에 1654년 유대인 23명이 도착했다. 그곳은 오늘의 뉴욕이다. 이들은 가난하여 뱃삯을 못 냈다. 일행인 다윗 이스라엘과 모세즈 암부르셔즈, 두 사람 짐을 모두 팔아서 겨우 일행 여비를 물었다. 그런데 다음 해 맨해튼섬 외벽을 쌓는 모금에 이들 23명 중 5명이 1,000플로린을 기부했다. 이 외벽이 월가이다. 이것은 유대인의 뛰어난 산술을 보여 준 일이었다. 월가 조성에 유대인 자본이 들어갔다는 데 의미가 크다. 이 3명 중 금융업자로 유명한 이는 다윗이었다. 다윗은 유럽에서는 식육점을 했다. 신대륙에 오자 곧 대금업을 했다.

미국인들은 유대인에게 우호적이었다. 유럽에서 박해받던 청교도나 개신교인들이었기 때문이다. 솔로몬은 미국 역사에 남는 인물이었다. 1740년 프로이센에서 태어나 미국에 갔다. 미국 독립전쟁의 자금줄인 로버트 모리스의 배후로 돈을 빌려 주었다. 그는 미국에 있던 프랑스 돈의 재정을 장악했다. 프랑스는 미국 독립전쟁이 일어나자 미국을 도왔다. 모리스가 북미 은행을 세우자 솔로몬이 최대 예금주였다. 솔로몬은 미국 독립을 도운 애국자로 기록되었다. 그는 미국 의회에 65만 달러를 독립전쟁 자금으로 내놓았다. 1782년 솔로몬이 죽자 미국 대통령 제임스 메디슨이 그를 위해 말했다. "만일 솔로몬이 없었다면 미국 독립전쟁에서 끝까지 싸우지 못했을 것이다. 그의 공로는 그만큼 큰 것이다."

탈무드에 보면 랍비 라바가 한 말이 있다. "너는 거래를 정직하게 했느냐?" 사람이 죽어서 하늘나라에 가면 그 문간에서 이렇게 묻는다고 한다. 죽은 뒤에 받는 첫 질문이다. "기도를 얼마나 했느냐? 자선을 얼마나 베풀었느냐? 얼마나 남을 도왔느냐?"라고 묻지 않고 상업적인 질문을 한다고 생각하니 좀 색다르다. 그만큼 유대인 사회에서는 거래가 중요하고 거기에는 반드시 정직해야 함을 강조한 것이다. 랍비는 상거래를 정직하게 하는가를 돌아본다. 그래서 무게, 크기, 품질, 가격 등을 조사했다. 일종의 소비자운동의 선구자들이다. 미드차시에서는 상거래의 정직함 관철이 성경세계 실현인 것처럼 생각했으며 상거래의 부정은 성경을 파괴한다고 경고한다. 13세기의 랍비 모세 이삭은 "양복을 만들고 남은 천을 고객에게 돌려주는 양복점, 품질 좋은 가죽으로 구두를 만드는 양화점, 무게와 값을 속이지 않는 고깃간, 이런 이들이 하늘나라에서 랍비보다 큰 복을 누린다"고 가르친 것이다.

중세의 정부들이 상술을 발전시키려고 유대인을 일부러 데려오기도 했다. 폴란드가 그랬다. 폴란드의 왕은 유대인에게 문호를 개방했다. 그래서 경제부흥을 크게 일으켰다. 유대인이 폴란드 경제를 부흥시켰고 폴란드 최초의 주조된 화폐 은화에는 히브리어가 씌어 있었다. 그러다 유대인이 지나치게 성공하면 유대인 박해가 시작된다. 유대인이 박해받는 것은 그들의 상술적 재능 때문이었다. 그러면 유대인은 다른 곳으로 옮겨 가서 재출발했다. 거기서 성공하면 또 박해를 받았다. 원을 그리듯 테두리를 돌았다. 이런 중세 정책에서 유대인은 강한 인내심이 생기고 결코 중도에 단념하지 않았다.

유대인 가족은 단결력이 강했다. 사업도 가족끼리 한다. 로스차일드 야곱 시프가 지배인이 된 쿤롭 상회는 혈연으로 이루어진 회사였다. 월가에 있던 리먼브라더스 은행도 이름 그대로다. 리먼 집

안 사람이 뉴욕 주지사가 되었고 루스벨트 때는 정계의 중진이 되었다. 유대인은 한 사람이 사업에 성공하면 형제들을 끌어들인다. 가장 믿을 수 있는 이는 혈연이기 때문이다. 가족끼리는 신뢰와 충성이 철저한 단결로 나타나기 때문이다. 유대인은 그 민족 자체가 하나의 대가족이다. 이런 생각이 세계 유대인을 하나로 뭉치게 하고 있어서 바로 조직이 가능하다.

뉴욕에 사는 유대인은 두 가족이 있다. 하나는 혈연관계의 직계가족이고 다른 하나는 유대민족이라는 가족이다. 가는 곳마다 유대인은 시나고규를 찾고 거기서 유대인을 만난다. 처음 만나도 바로 유대교를 통한 자기 가족을 찾은 것이다. 시나고규에 유대인 여행자가 오면 누군가 자기 집으로 그를 초대한다. 이것은 유대인 특유의 요리가 아니면 식사를 안 하기 때문이다. 예를 들면 로마의 시나고규에서 골드바그 씨 집에 초대되어 그 집에 가 보면 세계 각지에서 유대인을 만난다. 유대인은 다 경제활동 사업가이다. 자연스럽게 세계경제계의 뉴스를 접한다. 이 자리에서 이야기하는 모든 것이 세계경제를 이끌어 가는 새 소식이 된다. 여행에서 얻는 정보가 사업의 열쇠가 되기도 하고 방향모색의 길이 되기도 한다. 이런 모든 정황이 유대인의 성공 비결일 수도 있는 것이다.

부자가 되자

유대인은 생존 자체를 위협당하면서 교묘하게 그 상황에서 빠져 나왔다. 그들은 '공기인간'이란 말같이 작은 틈새라도 생기면 공기가 스며들듯이 그 안으로 비집고 들어가 자리 잡는다. 맨손 맨주먹으로 삶의 터전을 잡아 그 지역에서 최고의 부자로 일어선다. 그러기 위해서는 상황파악을 철저히 하고 대처해 나가야 한다. 적응성이 필승의 길이다.

예루살렘 시가지의 성벽 동북쪽 모퉁이 빈터에 새벽이면 양을 팔고 사는 장이 선다. 양을 몰고 오는 베루인족 남자들이 모여든다. 어느 여름날 거기서 심한 말다툼이 벌어졌다. 파는 사람과 사는 사람 사이의 언쟁이었다. 새끼 양 값을 두고 180세겔(약 10만 원)

과 190세겔 사이에서 절충이 안 되어 큰소리가 났다. 두 사람 다 허리에 찬 단도에 손이 갔다. 이때 노인 한 분이 나섰다. 185세겔로 타결했다. 그러자 그들은 다 웃으며 어깨를 안고 인사하고 떠났다. 언쟁 뒤는 깨끗했다. 격렬한 주장, 의견, 상쾌한 결말, 이것은 중동의 자연환경인 사막성과 관계가 있지 않을까?

약속은 아무리 보잘것없어도 꼭 지켜야 한다. 작은 약속을 못 지키는 사람은 큰 약속도 못 지킨다. 약속 못 지키는 사람은 대개 끝판에 가서 배신하고 만다. 아이에게 주말에 어디 가자고 약속하면 꼭 지켜야 한다. 그런데 우리의 경우는 어른이 아이에게 한 약속은 안 지켜도 된다고 믿는 사람이 많다. 그게 그 사람의 약점이고 일생에 그늘이 된다. 유대인은 아이와의 약속은 더 성의껏 지키려고 애쓴다. 약속은 빚이다. 안 지키면 빚진 것이다. 이 빚이 많은 사람은 큰 부자가 못 된다. 약속을 취소하거나 안 지키면 고생하는 사람이 생긴다. 유대인은 약속하면 반드시 지킨다. 그것이 유대인 정신 자본이다. 박해를 이겨 온 유대인은 더욱 평소의 약속이행이 생의 자본이 됨을 깨닫는다. 이래서 얻은 소득은 '평판은 최고의 소개장'이란 말이다.

유대인은 어느 곳에서나 어느 시대에나 그 현장에서 최악의 조건에서 살게 된다. 거기서 일어서기 위해서는 남보다 몇 배의 노력과 정렬을 쏟아야 한다. 유대인은 성공이란 살아남는 것이라 믿는다. 그래서 모든 사업에서 살아남기 위해 최선을 기울이는 것이 유대인의 생에 대한 태도이다.

할리우드는 영화의 중심지다. 흥행성패의 기복이 심한 곳이다.

실패하면 영화 제작비, 홍보비 등이 다 빚으로 돌아온다. 그러나 한 번 히트 치면 큰 이익이 생긴다. 그래서 제작자의 판단 여하에 따라 부자가 되기도 하고 거지가 되기도 한다는 사실이 도박판 같다. 그런데 이 위험천만한 곳을 지배하는 사람들이 유대인이다. 이곳의 영웅들인 20세기폭스사의 폭스, 워너브라더스의 워너 형제, MGM의 샤무엘 골드윈 등 기라성 같은 제작자들이 유대인이다.

유대인이 돈 버는 철학은 바로 이것이다. "돈이 돈을 낳는다." 그러나 성경에는 돈 이자를 금했다. 예수 그리스도 시대는 은행금리를 타당하게 보았다. 예수님 비유에, 한 주인이 먼 여행을 떠나며 종들에게 1달란트씩 주었다. 여행에서 돌아와서 종들을 만났다. 한 종은 10달란트를 만들어 바쳤고, 또 다른 이들도 각각 이자를 남겨서 바쳤다. 그러나 한 종은 그 돈을 땅에 묻었다가 그대로 돌려드렸다. 주인이 "게으른 자여! 이 돈을 은행에 맡겨서 이자라도 보태야지, 그냥 원금만 가져왔느냐" 하고 그 종을 밖으로 내쫓았다는 이야기다. 예수님도 은행이자는 당연하게 보신 것이다. 짐승도 새끼를 낳고 곡식도 씨 뿌리는 대로 소득을 내는데 원금이 그대로인 종은 게으른 자로 낙인찍었던 것이 이해가 간다.

유럽인들이 유대인을 경제적 동물이라 칭하는 데는 그럴만한 이유가 있었다. 현자는 돈 가치를 알아도 부자는 지혜 가치를 모른다. 그것이 차이점이다. 이런 말도 있다. 필요한 물건을 파는 것은 사업이 아니다. 필요치 않은 사람에게 파는 것이 사업이다. 사업의 길은 험하고 돈 버는 일은 길 없는 데를 가는 것이다. 가난하고 어렵고 살기 힘든 때에 유대인들은 사업하여 큰돈을 벌었다. 재산을 그냥 갖고 있으면 걱정거리가 된다. 그러나 재산이 없으면 걱정은 없다. 일부 그리스도교인 중에는 물질을 더러운 것으로 여기는 이도 있었다. 그러나 존 웨슬리는 "힘껏 돈을 벌어라, 그것으로 하나님의 영광을 위해서 쓰라"고 했다. 그것이 정당한 돈에 대한 의식이다. 탈무드는 "해변에 나가서 있어도 발을 단단히 디디고 있으면 물결이 아무리 세차도 휩쓸려 가지 않는다."라고 했다. 가난해도 수치는 아니나 명예는 더욱 아니다. 유대인은 돈이 기회를 제공한다고 믿었다.

유대인은 살던 곳에 속박되지 않고 언젠가 일이 생기면 바람처럼 낙엽처럼 떠난다. 무슨 일에도 고정관념이 없다. 그것이 유목민의 철학이다. 그리고 중요한 것은 남과 자기를 비교 평가하지 않는 것이다. 평가란 겉치레일 뿐이니까! 내가 남에게 바라는 대로 나도 남에게 준다. 황금률은 인간 도덕률 가운데 최고의 원리다. 남자의 관계는 오늘 중심이 자신에 있다. 서툰 말은 걸리지 말고 차라리 가만히 있는 것이 낫다. 상대의 기분을 살피지도 자신의 고집을 부리지도 말아야 한다. 형편 되는 대로 적응하면서 목적의식을 잃지 말고 대인관계를 유지하면 된다. "남이 내게 하지 않기를 바라는 대로 나도 남에게 하지 말라." 예수님이 말씀하신 산상수훈은 인류 최고의 황금률이요 인간도덕의 최고의 말씀으로 세상 사람들은 받아들인다.

토라의 중심이 되는 십계명은 출애굽기 20:2~17인데 셋은 긍정, 일곱은 부정형이라는 의식이다. 특히 대인관계 조문 6~10계명은 다 부정형이다. 그것이 유대인의 의식구조를 이루고 있다.

그래서 유대인은 부정형의 의식을 많이 갖고 있다. 구약성경 외전 《토비트서》는 "자기가 싫어하는 것을 누구에게라도 해서는 안 된다."라고 했다. 유대인으로서의 나와 너의 관계는 '해서는 안 된다'가 2인칭으로 원문이 되어 있다. 이런 표현은 법령이 하는 일정하고 집단에 적용하는 것이 일반적이다. 십계명도 단수형이요 2인칭의 표현으로 되었다. 이것은 남을 상관하지 말고 하라는 것이다. 계명 수행은 당신 개인의 인격 문제인 것이다. '모두가 하니 너도 해라'가 아니다. 남 의식 말고 '너는 행하라'이다.

노아가 산꼭대기에서 처음에 배를 만들었다. 배를 바다나 강물에 띄울 셈이면 어디든 물가에서 만들어야 한다. 그런데 노아는 산 위에서 배를 지었다. 얼마나 우스꽝스러운 짓이냐? 그러나 그것이 하나님의 뜻이었다. 그리고 때가 되니 산꼭대기가 바다가 되었다. 가장 어리석게 보였던 일이 가장 슬기로운 일이 된 것이다. 집단의식이 중요하지 않았다. 노아는 오로지 하나님의 대화로 산 위에서 배를 만들었다. 지금도 그렇게 해야 할 때가 있다. 유대인은 인생이 짧은데 집단적인 삶이 개인에게 유익함을 줄 때나 개인이 집단에 유익을 줄 때를 잘 알고 행동한다. 정체가 분명치 않을 때는 거기에 휘둘릴 까닭이 없는 것이다. 사람은 누구나 늙는다. 육체의 노화는 자연현상이다. 누구도 멈추지 못한다. 자연적 현상인 늙어 감을 감수하는 데 어떻게 하는 것이 최선일까? 민족에게, 역사 앞에서, 나아가서 인류 앞에 무엇인가를 공헌할 수는 없을까? 하나님의 뜻은 바로 여기에 있다. 노력으로 될 일은 최고의 노력을 다한다. 기도를 할 수 있으면 무릎에 못이 박히도록 기도할 것이다. 세

가지 방법을 생각해 보자.

첫째는 모든 일에 흥미를 가지고 일한다. 나이 들면 새로운 것에 관심 없다. 새 것을 흡수하고자 하나 거기까지 갈 수가 없다. 흥미의 폭을 넓혀서 우리 자신이 분발하면 되는가? 랍비는 묻는다. 현자는 어떤 사람인가? 모든 사람으로부터 배우는 사람이다. 자신에게 질문부터 해야 한다. 배우기를 즐기면 늙지 않는다.

둘째로 마음 가볍게 행동한다. 마음이 늙으면 몸에 곧 나타난다. 마음 내키지 않는데 마지못해 행동하면 이것이 몸에 가장 나쁘다. 무슨 일이든 몸을 움직여야 한다. 취미를 가진다든가 말벗을 찾는다든가 하는 일이 중요하다. 가까운 것을 받아들여 내가 움직이는 것이 좋다.

셋째로 자기만의 시간을 가진다. 주위 눈치가 아니라 자기 자신 속의 진실을 따르고 혼자 즐길 줄 아는 시간을 가지는 것이 참으로 중요하다. 고정관념을 벗어 버리고 굳어지는 자기 생각에서 일어나야 한다. 평소 침착하던 이도 자제심을 잃고 허덕이는 사람이 많아진다. 상황은 자기 안에 있고 흔들리는 시계추가 한쪽에 고정되는 사람이 된다. 예언자의 말에 마음을 진정하라! 구원의 길이 된다. 고이 믿고 의지하는 것이 힘을 얻는 길이다.

유대인은 계약의 민족이다. 하나님과의 계약의 책이 바로 구약성경이다. 탈무드는 그 계약을 알아듣게 설명한 책이다. 성경의 무대는 티그리스와 유프라테스강 유역 그 비옥한 땅인 '초승달 지대' 라고 하는 데서 5,000년 전부터 모든 학문이 발달되고 상업의 활동이 활발하던 데서 이루어진 역사다. 유대민족은 여기서 반유목

생활을 하면서 떠돌던 유대민족이 토착민과 정확한 약속을 해야 안심할 수 있었다. 이동할 때마다 우물싸움이 생기고 소소한 다툼이 끊이지 않아서 정확한 계약이 아니면 하루도 편치 않았다. 그래서 유대인은 흥정과 계약에 능숙했다. 성경 속에는 이런 계약이 많이 나온다.

한번은 하나님이 배반한 인간을 멸망하기로 하여 비를 내렸다. 세상이 다 물에 잠겼다. 오직 노아 가족만 살려서 새 민족의 조상이 되게 하셨다. 40일 장마에 육지는 사라지고 땅의 모든 인간, 모든 짐승, 식물까지도 죽음으로 잠겨 버렸다. 그때 하나님은 무지개로 계약하여 다시 세상을 주셨다. 노아는 물 빠진 땅에 제단을 쌓고 제물을 드렸다. 여호와 하나님은 노아의 제물을 받으시고 계약의 표시로 무지개를 하늘에 펼치셨다. "내가 무지개를 구름에 두었으니 이것이 나와 세상과의 언약하는 증거이라!" 하나님이 노여움을 푸시고 인간에게 축복을 내리셨다. 유대인은 이러한 계약을 생존의 기본으로 믿었다. 그리고 계약에는 권리와 의무가 주어졌다. 유대인은 이렇게 합리적인 조건으로 하나님 신앙을 가지고 살아왔다. 유대민족이 깨달은 인생의 조건이었다.

노아의 10대 후손 아브라함은 유대인 믿음의 조상이다. 그는 하나님을 상대로 여러 차례 계약을 맺었다. 하나님께서 그를 유대인의 지도자요 조상이 되게 하시려고 이름을 아브람에서 아브라함이라고 고쳤다. 그 뜻은 많은 백성의 아버지라는 뜻이다. 성경에 이런 구절이 있다. "내가 너와 언약을 세우리니 너는 열국의 아비가 될 것이다. 이후로는 네 이름을 아브라함이라 할 것이다. 이는 내

가 너를 열국의 아비가 되게 함이라!" 이때 아브라함은 계약의 표
시로 3년 된 암소, 암산양, 산비둘기 등을 두 동강 내어 제물로 바
쳤다. 동물을 죽여 제물로 바치는 의식은 계약을 어겼을 때 그렇게
찢겨도 좋다는 뜻이었다. 이것으로 하나님과 아브라함 간에 전면
적 계약이 이루어졌다. 그 뒤 하나님은 소돔과 고모라에 사는 파들
이 계약을 어기고 타락하며 하나님을 떠났을 때 크게 노하여 멸망
시키겠다고 했다. 계약위반의 벌이었다. 이때 아브라함은 엎드려
간청했다. "그곳에 착한 사람 10명이 있으면 어찌하시겠습니까?"
하나님은 양보하여 파괴하지 않겠다 하셨다. 그러나 의인 10명이
없었다. 결국 소돔과 고모라는 멸망되고 아브라함의 조카 롯의 가
족만 피신했다. 그러나 롯의 아내가 불타는 도시를 뒤돌아보다가
그 자리에서 죽어 소금 기둥이 되었다. 그렇게 하나님의 정의는 무
서웠다. 이렇게 성경에는 하나님과의 계약을 어기면 엄벌받았다는
기록이 있다.

그러나 약속을 잘 지키면 하나님의 보호와 축복을 받는다고 유
대인은 굳게 믿었다. 그래서 유대인을 계약의 민족이라 했다. 인
간끼리의 계약은 깨뜨리면 안 된다고 했다. 상거래도 채무 불이행
은 절대 안 된다고 강조한다. 경제를 다루는 사고방식은 토지 소유
권은 점유, 점령에 있고 노동은 다르다. 유대 율법에는 정의의 결
정에 있고, 소유권이 정해지지 않은 토지는 점유자가 유효하다 했
다. 히브리말로 '키누얀'은 만든다는 뜻으로 노동도 소유권에 중요
한 요소라 했다. 다툼과 조화를 위해 사유재산권에는 제한이 있다.
재산권보다는 인권이 늘 우선한다. 여호수아시대에 이미 사유재산

에 제한이 있었다. 우물을 발견하면 마을의 모든 사람이 이용할 수 있다 했다. 갈릴리 호수는 납탈리족 영내에 있지만 이 바다의 고기 잡이는 모든 부족이 함께할 수 있었다. 낚시질만 허용했고 그물질은 금지했다. 랍비는 상거래에도 원칙을 적용했다. 사기업도 공공적인 측면이 있었다. 랍비들은 수익 제한을 말한다. 예상 수익은 6분의 1을 넘어서는 안 된다. 후대에 와서는 이 제한은 필수품에만 적용했다. 필수품이 아닐 때는 높은 수익을 얻어도 된다는 것이다. 사치품에는 이익의 제한이 없다.

자녀가 일찍 돈에 눈 뜨게 해야 한다. 그러기 위해서 다음 몇 가지를 가르쳐야 한다. (1) 어려서부터 돈에 죄의식을 갖지 않게 한다. (2) 성취감, 만족감을 가르친다. (3) 일을 시킨다. (4) 통제를 지나치게 하지 않는다. (5) 자기 꿈을 이루게 한다. (6) 실험적 활동을 하게 한다. (7) 예의 바르게 가르친다. (8) 필요한 선물을 한다. (9) 돈에 대해 가르친다. (10) 공짜로 주지 않는다. 유대인 백만장자도 유산을 공짜로 주지 않는다. 성공하도록 충분히 교육한다. 부자 양육 원칙을 보자.

1. 아무리 바빠도 위탁 양육을 하지 말라.
부모는 제 손으로 자녀를 키워라. 부유하고 자기 세계를 이룬 부모는 아무리 바빠도 남의 손에 자식을 맡기지 말라. 아이들은 어버이의 분신이다.

2. 자기 생계는 스스로 책임지게 하라.

부자 자녀도 생계비를 벌게 하라. 꼭 내가 벌어야 한다는 의무를 심어야 한다. 자신이 벌어서 생계비를 대면 큰 행복감을 가진다. 같이 일하는 동안 인생철학을 배운다.

3. 지나치게 간섭하지 말라.

규칙을 정하고 목표를 정하여 스스로 해결하도록 가르쳐라. 시켜 놓고 간섭을 말라. 독립심을 길러 주어라. "네가 원하면 무엇이든지 도와주마!" 하면 자녀는 최선을 다한다.

4. 교육은 최고의 선물이다.

자녀 교육에는 돈을 아끼지 말라. 유용한 선택으로 장래 직업을 스스로 개척하게 하라. 10세 때 사 준 장난감 컴퓨터는 전산학을 전공하게 만든다. 이렇게 돈에 대해 가르치고 돈을 다룰 줄 알게 하라. 돈 교육은 일찍 할수록 좋다. 투자하는 법도 가르쳐라. 투자해서 수익도 알고 즐거움도 느끼게 해 주어라.

하나님의 능력은 일하는 자에게

먼저 일을 배워야 한다. 노동을 가장 신성한 행동으로 생각한다. 노동은 고통을 동반하지만 일하는 것이 하나님에 대한 충성의 표시다. 유대인은 하나님이 천지창조의 노동을 하시므로 그 존재 가치가 살아 있다. 유대교에서는 노동이 가장 신성한 행동으로 높이 평가되고 있다. 히브리대학 학장을 역임한 후고 베르그만은 말한다. 히브리말로 '아보타'는 노동인데 이 말이 하나님께 예배함을 의미한다. 이런 생각이 도로 의욕을 높이는 것이다. 2세기의 랍비 탈폰은 "하나님의 엄청난 능력은 노동하는 사람에게서 배운다"고 했다. 유대인들은 다 이런 생각에 투철했다. 기독교에서도 종교개혁 이후에는 직업을 가지고 노동하는 것이 하나님께 대한 의무요 놀라운 사명이라 생각했다. 유럽사회도 17세기 이후부터 노동에 대한 인식이 적극적이었다. 베버가 지적노동인식과 루터나 개혁자들이 성직자들이 자활해야 살 수 있음을 보인 것이다. 탈무드에는 손으로 일하는 사람이 종교가보다 훌륭하다 했다.

예루살렘 성전시대에는 제사장 세습제와 레위인이라는 직업 종교인이 있었다. 그들은 국민소득 십일조를 세금으로 받아 생활했다. 랍비는 그런 것이 없었다. 그래서 직업이 따로 있었다. 그래도 유대교 연구에 온 힘을 쓴 것이다. 랍비 아키바는 양치기, 랍비 매일은 경전 베끼는 일, 랍비 힐렐은 땔나무 장사로 생활했다. 기독교에서도 자활 방식이었고 예수님도 직업이 목수였다. 예수님 제자 중에는 어부가 많았다. 바울사도도 역시 천막 만드는 직업이 있었다. 노동해야 하나님의 천지창조가 얼마나 힘드셨는지 공감하는 마음이 생긴다. 율법을 배워 하나님의 규정을 알면 생활이 윤택해진다. 실생활의 경험이 뒷받침 안 되면 관념적 공부가 학자를 오만하게 만들어 위험하다. 누구든지 자유는 경제적 독립에 있다. 유대인은 남에게 의존함은 이집트의 노예생활로 돌아가는 것이라 경계했다. 남의 자비에 의존하면 빚이 생기고 상대에게 속박된다. 인격적 자유는 확실히 경제적 독립에 있다. 이런 생각이 유대인을 상승지향으로 이끌었다.

20세기 초에 팔레스타인으로 돌아간 유대인 시오니스트 개척자들은 노동에 힘썼다. 이스라엘 건국자 다비드 벤구리온은 말한다. "팔레스타인에서 생길 진짜 기록은 유대인이 과수원 재배, 정원 관리, 농지 개척, 포도 재배, 돌 깨기, 돌 가공, 항만 노동, 물 관리, 전력설비, 공장노동, 생필품 만들기, 도로건설 등의 기술을 금방 터득한 것이다. 이런 유대인들이 세계 여러 곳에서는 안 해 본 일들이었다. 우리에게 있어서 육체노동은 인간의 숭고한 기능이요 삶의 기초로 고귀한 일이었다. 자유롭고 창조적이었다. 긍지를 가지고 해야 할 육체노동이었다." 이 말은 1946년에 벤구리온이 이스라엘 건국 직전에 행한 연설이다. 그는 이스라엘 수상을 사임하고 정계 은퇴 후 햇빛 따가운 네게브 사막 개척지 키부츠에 이주하여 노동자로 일했다. 이런 사고방식이 서구사회의 노동형벌설 주장자와 시오니스트와의 다른 점이었다. 소련도 노동을 형벌 수단으로 삼았다. 이스라엘 국민은 하나같이 벤구리온처럼 노동을 신성시했다.

개척 초기 정신지도자 애런 고든은 말했다. "스스로 노력하라! 그래야 문화를 얻고 자신의 삶을 얻을 것이다!" 랍비들도 말했다. "사람들은 노동을 좋아하며 일해야 한다. 천지창조주 하나님도 일하시고 나서 쉬셨다. 사람들이 6일간 일을 완성 못하니 더욱 부지런히 일해야 한다." 십계는 계율이나 정신은 유대인 생활 규율을 주었다. 유대교의 모세 5경(토라)이나 구약성경과 탈무드는 유대교의 선비사상과 가치체계가 다 이 십계에서 나온 것이다.

탈무드에서는 판매자와 구매자에 대한 구체적인 지침이 있다. 판매자는 이익에 우선하여 가격 결정의 의무가 있다. 랍비 제이라는 이 의견의 대표자다. 제이라는 남이 물색 중인 상품을 먼저 사서 비싼 값에 전매하는 것을 고발했다. 구매층이 큰 상품을 독점하여 가격 폭등을 노리는 상인을 규탄했다. 가격과 품질이 일치해야 함을 강조했다. 수요공급 원칙이 중요한 비즈니스의 기본이다. 노동 품앗이도 대등한 노동 조건이라야 한다. 상인은 시장 질서를 유지하고 혼란시켜서는 안 된다. 반드시 모두가 대등한 거래를 해야한다. 상대가 부자든 가난한 자든 그래야 한다. 탈무드는 유대인 거래에서 차별 거래는 엄격히 규제했다.

유대 속담에 모두가 한쪽으로 쏠리면 세계가 전복된다 했다. 탈무드는 모두가 성경의 다윗왕의 말대로 "친구에게 악행 말라!"를 전하고 있다. 이 말은 이웃의 직업을 침해 말라는 뜻이다. 누구든지 자신에게 알맞은 직업을 개척해야 한다. 그래야 경쟁 없이도 높은 이익을 기대할 수 있다. 판매자의 장사 착안이 거기서 시작되는 것이다. 유대인은 자유야말로 인간생활의 기본임을 일찍이 깨달았다. 그래서 유대인에서 사회주의자나 인권운동자가 많이 나왔다. 마르크스와 소련 혁명의 트로츠키, 독일 공산당 창립자로는 미국 노동총연맹 창설자 새뮤얼 곰퍼스, 1차 대전 후 프랑스 수상이 된

L. 쁠룸, 2차 대전 후 프랑스 수상 M. 프랑스, 오스트리아 수상 지빈 못 크라이 스키, 이츠가로 H. 마르쿠제 등이 다 유대인이었다.

에리히 프롬 또한 유대인이다. 인간 심리 속에 전체주의와 휴머니즘 이 두 가지 조류가 있음을 알고 《자유로부터의 도피》란 책을 써서 나치즘을 비판했다. 개신의 자유가 정말 귀한데 전체주의 권위에의 존치는 종속관념은 자유의 포기다. 이스라엘 건국도 사회주의로 시작했다. 이스라엘 국가 권력은 노동당이 장악하였다. 이스라엘 건국 전까지 히츠타드루트(노동총연맹)가 있었다. 벤구리온도 이 기구의 서기장이었다. 시오니스트 대부분이 동유럽 출신의 유대인 사회주의자였다. 유대인 마음속에는 늘 하나님의 심판에 선다는 공포감이 있다. 안식일을 안 지키면 욤 키푸르(속죄일)에서는 달아날 수 없다. 히브리대학의 매일이란 학생은 종교가 없었다. 그가 욤 키푸르를 지킨 뒤 이런 말을 했다. "나는 유대의 관례나 계율을 무시했다. 욤 키푸르가 다가오면 매우 나쁜 짓을 한 듯 심각하게 죄의식에 빠진다. 종교는 고사하고 윤리적으로 부끄럽지 않게 살려고 마음 쓴다. 내게 욤 키푸르는 윤리적 안전 장치였다."

유대인들의 범죄율은 다른 민족의 절반 정도다. 유대인은 부자가 많은 줄로 믿지만 아직도 가난한 유대인이 많다. 큰 부자 유대인도 빈곤층에서 나왔다. 투자가 조지 소로스는 빈손으로 헝가리에서 미국으로 이민을 왔다. 인텔 회장 A. 그로브 역시 헝가리에서 맨몸으로 왔다. 로스차일드는 부모를 여의고 무일푼으로 일어선 재벌이다. 마이크로소프트사 창립자인 폴 앨런도, 영화감독 스필버그도 스스로의 재능으로 성공한 사람들이다. 더 이상 물러설 곳이 없던 데서 성공한 사람들이다.

탈무드는 종교지도자가 잘못된 것은 끝까지 책임을 묻는다. 그것은 사람과 하나님 사이의 중계인이기 때문에 잘못의 징벌은 엄격했다. 사임해도 유대인은 책벌을 받는다. 배우 커크 더글러스 아버지는 알코올중독자였다. 어느 날 유대인회당에서 와인을 마셨는데 발각되자 항변하였다. "내가 손만 내밀면 마실 수 있게 와인을 두었다. 랍비와 회당 담당자가 첫 책임자다. 내가 알코올의존증이 큰 줄 알면서 관리를 엄중히 했어야지 절반은 저들의 관리소홀 때문이다." 결국 랍비와 회당 책임자가 더글러스 부친에게 위자료를 물었다.

유대인은 창업해서 경영하던 회사를 돈을 위해 팔기도 한다. 유대인 상술이다. 이윤이 생기면 팔고 다시 창업한다. 육성하면 큰 회사가 될 만한데 팔아 버린 경우도 많았다. 공장을 세워 고생 끝에 이제 잘된다 싶을 때 팔아 버린다. 그리고 다시 또 시작한다. 이것이 유대인의 회사관이다. 비싼 값에 팔고 다시 하는 것은 회사란 사랑의 대상이 아니고 일의 대상이기 때문이다. 가령 A가 B의 소와 사내를 고용했다. 작업 중에 소가 죽었다. 그 책임이 B에게 있다고 유대인은 판단한다. 그것은 B가 소의 관리자로 채용되었기 때문이다. 그러나 A가 B의 소를 먼저 고용하고 그다음에 B도 고용했다면 소가 죽은 책임은 A에게 있다. 이때의 소와 B의 고용은 서로 다른 것이기 때문이다. 매매의 경우도 그렇다. 대금 지불과 매매 행위의 본질적 목적은 상품 양도이다. 탈무드에서는 매매 계약 성립 장소가 점유권에 의해 상품을 산 사람의 것이면 간직해야 한다.

유대인 고유사상은 계약 사상에 있다. 계약은 불안, 불확실, 불신 때문에 한다. 그래서 서로가 합의대로 계약이행이 되면 합의다. 당사자의 신용과 선의를 전제로 건설적으로 이루어지는 것이다. 그러나 탈무드에는 약자 보호를 위해 고용조건을 뚜렷이 제시하고 있다. 고용자에게 일정한 급료와 식사문제도 고려해야 한다. 고용자가 아들딸이라도 똑같이 해야 한다. 구약성경 전도서(3:13)에서는 "사람은 반드시 수고한 보람으로 먹고 마시며 즐겁게 지킬 일이다. 이것이 바로 하나님의 선물이다"라고 했다. 때로는 변화가 없다고 생각되는 데서 변화를 찾아낸다. 그것을 자신의 것으로 만든다. 채권에 새로운 부가가치가 변동적으로 나타날 때 상품화할 수도 있다. 금융계에서 파생상품이라는 것이 있어서 마지막 쓰레기라고 여기던 것이 의외의 가치 있는 것이 되기도 한다. 유대인은 금융기관의 리스(lease) 사업에도 진출했다. 유대인들이 로마 시대 이래로 계속해 온 비즈니스 분야였다. 리스 계약도 성문화해 왔다. 유대인은 리스와 렌탈을 엄밀하게 구별했다. 리스를 수익 사업으로 장기 임대 계약으로 알았다. 임대 물건의 운용에서 얻을 수 있는 이익은 임대주에게 일정한 취득 권리가 있다고 여겼다.

유대인은 계산도 빠르고 수치에 매우 밝다. 유대인은 평소 생활에 숫자를 끌어들여 삶의 일부로 삼는다. 유대인은 추위, 더위도 숫자로 표시한다. 무척 덥다, 좀 추워졌네 하는 말도 유대인은 화씨 80도다, 화씨 60도다 한다. 숫자에 익숙하고 백만, 천만, 억, 조, 백조, 천조, 경 등 높은 숫자도 평소에 알아 둔다. 경 위로 해,

자, 양, 구, 간, 정, 재, 극, 항하사, 아승기, 나유타, 불가사의이다. 불가사의가 숫자 이름이란 것도 알고 있다. 불가사의 위에 숫자는 무량대수이다. 그런데 유대인은 불가사의 숫자 단위를 알 수 있는 대수계산자(대수원리를 이용, 복잡한 계산을 기계조작으로 할 수 있는 자 모양의 기구)를 가지고 다닌다. 그래서 유대인은 숫자에 절대적인 자신을 가지고 있다. 유대인이 숫자에 능한 것이 상술의 기본이다. 유대인은 원칙에서 벗어나면 돈벌이가 안 된다. 돈 벌고 싶으면 결코 원칙을 벗어나지 말아야 한다. 이것을 유대인 5,000년 역사가 증명한다.

돈벌이 현장에서 더러운 돈은 없다. 정정당당하게 번 돈은 다 같은 돈이다. 78:22라는 공식은 정사각형에 꽉 차는 원은 78이고 나머지가 22다. 공기 중에 질소가 78, 산소가 22, 사람 몸에 수분이 78, 기타 물질이 22다. 이것은 고정된 비율이다. 여기서 유대인은 모든 일에 성공률이 78, 실패율이 22라고 생각한다. 단 유대인은 64를 인간 성공률로 본다. 그만큼 성공 가능성을 믿고 일한다. 다른 이들은 거의 다 50:50으로 본다. 유대인은 64:36으로 본다. 긍정적으로 믿고 일하는 것이 바로 유대인들이다.

만약 유대인에게 사는 목적이 무엇이냐 물으면 "맛있는 것을 마음껏 먹는 것"이라 할 것이다. 엉뚱하다. 하나님께 영광을 돌리려고 산다는 뜻인가. 이런 고상한 말을 하려니 여겼다가는 실망한다. 인간은 먹기 위해 일하고 일할 에너지를 얻으려 먹는 것은 아니라 한다. 유대인의 호사스러운 만찬은 돈의 위력이다. 2,000년간 박해받았으나 그들은 스스로 선민이라고 자부심을 가진다. 유럽 귀족 기독교인들이 천하다고 여긴 금융과 상업을 유대인들이 다 맡았다. 그러나 유대인은 금력으로 그들 위에 올라섰다. 유대인은 식사를 거의 두 시간 가까이 즐긴다. 돈의 여유를 누리는 것이다.

유대인은 상대인 마음이 변할 때까지 끈기 있게 참는다. 그러나 수지가 안 맞으면 금방 단념하고 돌아선다. 유대인은 어떤 사업에 자금과 노동력을 투자하면 1개월, 2개월, 3개월의 세 가지 청사진을 마련한다. 청사진과 현실이 차이가 있어도 동요하지 않는다. 3개월째의 실적을 자세히 검토한다. 전망이 있느냐 없느냐를 검토한다. 전망이 없으면 깨끗이 포기한다. 처음부터 3개월 투자는 각오했기 때문이다. 실패해도 후회 않는다. 유대인은 매사에 이와 같이 시작과 끝이 단순하고 확실하다. 울지 않고 단념해 버린다. 그것이 유대인이다.

샘소나이트 창업주는 유대인 슈와이더이다. 1900년 초에 아버지를 따라 동유럽에서 미국으로 왔다. 아버지가 뉴욕에서 잡화상을 했는데 잘 안되어 시카고로 갔다. 상업을 했으나 또 안되었다. 빚 때문에 밤에 도망쳤다. 눌러앉은 곳이 콜로라도주 덴버였다. 채소가게를 했으나 안되었다. 도망도 못하는 아버지에게 아들이 말했다. "아버지! 가게를 제게 맡겨 주세요." 덴버는 요양지로 유명했다. 채소가게 앞에서 오가는 손님을 살폈다. 떠날 때 손님은 트렁크가 찢어져 있었다. 아들은 채소가게를 가죽가방가게로 바꾸었다. 가방이 날게 돋친 듯 팔렸다. 2년간 가방 매상이 미국 최고가 되었다. 뉴욕으로 가방회사들을 보러 갔다. 성경 속의 영웅 삼손의 이름을 따서 가방 제작을 계획했다. 이렇게 샘소나이트가 탄생한 것이다. 슈와이더의 지혜는 유산과 같다.

유대교인은 음식물을 섞어서 만들지 않는다. 돼지고기나 말고기를 섞지 않는다. 유대인 음식에 관한 코셔 규정은 술에도 적용한다. 순수주정이라야 한다. 가공식품은 랍비가 감시한다. 탈무드는 포도주에 물 타는 것도 규제한다. 물 탄 포도주는 부패한다. 뉴욕의 한 고서 상인은 책에서 떨어진 장을 확인한다. 표지나 찢긴 것, 없어진 것을 잘 살핀다. 만약 본문이 한두 장 없어진 책을 팔았으면 신용 때문에 철저히 관리한다. 맨해튼 동남부 이스트사이드 구역에 중국인 거리가 있다. 그곳 양복점에 새 옷이 걸렸는데 시중의 반값이다. 일류 메이커 제품이다. 자투리 옷값으로 만든 제품이다. 그래서 반값이 되었으나 일류 메이커 이름대로 한다.

성질이 급한 사람일수록 어림짐작으로 판단해 버리고 곧 행동한다. 유대인은 그렇지 않다. 여러 나라 상인 가운데 유대인의 소개로 찾아오는 사람이 다 유대 상인은 아니다. 상인이 아니라도 유대인이면 다 유대 상술을 알고 있다. 유대 상인 소개로 한 화가가 왔다. 그를 데리고 한 카바레로 갔다. 화가는 얼른 스케치북을 꺼내어 호스트 한 분을 스케치했다. 한참 후에 완성한 그림을 보니 정말 잘 그렸다. 화가의 그림판에 완성된 그림은 화가 자신의 엄지손가락이었다. 마주 앉았던 사람은 자기 얼굴을 그리는 줄 알고 자세도 고쳐 앉고 신경 썼는데 결과에 웃고 말았다. 자기 짐작대로 판단하면 이런 일이 생긴다.

외국여행을 가서 안내자의 설명만 듣고 열심히 보고 돌아와서 여행을 했다는 것이 한국 사람의 여행 방법이다. 다 그렇지는 않지만 동양인은 서양인을 보고 어느 나라 사람인지 잘 구별 못한다. 너무도 비슷하기 때문이다. 서양인도 마찬가지다. 한국인, 일본인, 중국인 등 동양인의 얼굴만 보고는 구별이 안 된다. 그런데 유대인은 유별나게 다른 나라 사람에게 관심을 가진다. 생김새, 역사, 문화, 취향 등을 세심하게 관찰한다. 호기심 이상이다. 그것은 그들의 방어 본능 때문에 생긴 슬픈 습성이라 하겠다. 그런 관심이 유대인 상술의 바탕이 된 것이다. 유대인은 한국에 여행 온다면 차부터 빌린다. 안내지도를 한 장 들고 떠난다. 그리고 돌아보고 와서는 질문 공세를 한다. 왜 전통의상을 입지 않습니까? 왜 젓가락질을 합니까? 등등. 질문은 순간의 부끄러움이 아니다. 납득 가는 대답을 구한다.

자기가 좋아하는 물건으로 장사하면 성공이 어렵다. 자신과 아무 상관없는 것으로 장사해야 한다. 골동품을 좋아하는 사람이 그 가게를 열면 안 된다. 팔기가 아까워서 장사를 못한다. 상품은 그냥 상품으로 냉정하게 취급해야 사고파는 데 자유롭다. 그리고 식사 때는 사업 이야기를 하지 않는다. 유대인은 식사 때 충분한 시간 동안 식사를 즐기면서 한다. 여러 가지 이야기꽃을 피우며 식사를 한다. 그런데 결코 전쟁과 종교 이야기는 하지 않는다. 그냥 순 잡담만 한다. 종교 이야기는 이교도와 대립되고 전쟁에도 감정이 있기 때문이다.

유럽사회에서 천하가 다 아는 재벌 로스차일드를 보면 유대인의 전형적인 모습을 알 수 있다. 조상 대대로 독일 프랑크푸르트의 유대인지역 게토에서 고물상을 했다. 집 앞에는 붉은 방패하고 독일어 '로트실트'를 써 붙이고 있었다. 이것이 영어 로스차일드의 어원이다. 마이어가 이것을 과거 집안 성으로 삼았다. 마이어는 다섯 아들이 있었다. 암셸, 잘로몬, 나탄, 카를, 야콥(제임스로 개명)이다. 장남 암셸은 프랑크푸르트 본가를 지키고, 차남은 오스트리아 빈, 삼남은 영국 런던, 사남은 이탈리아 나폴리, 오남은 프랑스 파리로 보냈다. 로스차일드는 이 다섯 아들의 막강한 협력으로 19세기 유럽 최강의 금융기관이 된다. 마이어와 다섯 아들의 활약과 사투는 큰 드라마라 할 수 있다. 격동의 유럽 역사가 이들 가문으로 연결된다.

로스차일드의 성공 비결은 일가의 철통 같은 단결력에 있었다. 그의 유서에 아들만 계승하고 딸과 사위는 제외된다 했다. 자손이 그 유언을 지켰다. 마이어의 이 뜻을 어기면 사업 계승을 박탈했다. 그가 죽은 뒤에도 이것이 계승되었다. 이 집안의 파발마는 도비 해협에 늘 대기했다. 정보 보안을 위해 편지는 이디시어와 암호를 조합했다. 300년간 이 집안이 정보와 돈을 크게 차지했다. 유럽 사회의 유대인 박해 속에서도 로스차일드 집안은 유대교를 지키며 그 자존심을 잃지 않았다. 로스차일드는 임종 시에 스키타이왕 이야기를 했다 한다. 스키타이 국가는 기원전 6세기에서 3세기경 흑해 북쪽에 있었던 강대한 유목국가였다. 왕이 임종 시에 화살을 묶어 놓은 다발을 꺾어 보라 했다. 화살 하나씩은 다 꺾었지만 다발로 묶어 놓은 화살은 아무도 못 꺾었다. 단결을 강조한 말씀을 남기고 떠난 것이다. 21세기 오늘에도 런던 시 로스차일드 은행에는 다섯 개의 화살이 그려진 방패가 장식으로 있다. 이 집안은 로스차일드 은행을 비롯해서 다이아몬드의 드비어스, 석유의 로열더 치셸, 홍차의 립톤, 그리고 와인, 호텔, 백화점 등으로 진출하여 큰돈을 벌고 있다.

마이어의 셋째 아들 네이선 로스차일드는 영국에 가서 솜, 털실, 담배, 설탕 등을 거래하여 금방 돈방석에 앉았다. 그리고 불과 몇 시간에 주식 매매로 수백만 파운드 되는 천문학적 액수를 벌었다. 그것은 이런 비밀이 있는 것이다. 1815년 6월 20일 런던 증권거래소는 로스차일드 기둥을 바라보고 있었다. 워털루전쟁 중이라 영·불의 전쟁에서 어느 쪽이 이기느냐로 그날 주식의 결정적 손익이 생긴다. 그때는 무선도 통신도 없어 그냥 뉴스로만 정보를 알았다. 브뤼셀 남쪽 워털루전쟁 소식이 증권거래소를 뒤흔들었다. 영국이 불리하다는 소식도 있었다. 주식 값은 폭락했다. 네이선도 주식을 팔았다. 그러나 그것은 작전이었다. 폭락 주가의 한계선에 온 순간 네이선의 손은 별안간 바꾸어 대량 매입했다. 공채도 바닥 가격으로 몽땅 매입했다. 그리고 전쟁은 영국이 이겼다. 네이선은 그렇게 해서 엄청난 돈을 벌었다. 이것은 도비 해협을 지키던 파벌꾼의 신속한 알림 때문이었다.

잘로몬이 오스트리아로 갔다. 오스트리아는 반유대 분위기였으나 로스차일드 집안에 대해서는 관대하여 이주를 허락했다. 그것은 로스차일드 집안의 작전이 먹힌 것이다. 프랑크푸르트 본가가 옮겨 온다는 것이다. 그들이 오스트리아에 온다고 하니 빚에 쪼들리던 오스트리아 정부가 속으로 크게 기뻐했던 것이다. 그래서 돈으로 열리지 않는 문은 없다는 속담이 생겼다. 그는 빈의 명예시민이 되었다. 잘로몬의 프로젝트 수행 능력과 사회교섭술이 크게 발휘되었다. 사건은 악마의 강철기계사건이다. 스티븐슨이 증기기관을 발명하자 영국에서 철도 건설 사업이 대두되었다. 당시 철도사업이란 미친 짓이었다. 당시 수송수단은 마차뿐이었고, 말 없이 타는 철도는 놀라운 일이었다. 당시 지식층은 악마의 강철기계라 생각했다. 잘로몬은 조용히 시작했다. 영국에 조사단을 파견하고 철도사업에 필요한 기술과 금융을 검토했다. 운송노선 예정지도 답사했다. 빈에서 볼로냐까지 100킬로미터에 달하는 최고의 유럽 철도사업을 신청했다. 메테르니히 재상과도 충분히 교섭하고, 황제로부터 건설허가도 받았다. 계획이 발표되자 잘로몬에게 비난이 쏟아졌다. 빈의 신문들이 반대했다. 인간의 구조상 시속 24킬로미터 이상은 견디지 못할 것이고, 그 이상 달리면 코, 눈, 입, 귀에서 피가 날 것이라 했다. 철도는 흉악한 영구차가 될 것이라고도 하고, 유대인의 음모를 까부시라고도 외쳤다. 오스트리아 금융업자들까지 적대시했다.

잘로몬은 프랑스에서 성공했던 것처럼 반대자들을 매수했다. 매수공작과 건설강행으로 중앙돌파를 성공시킬 수 있으나 잘로몬은 부드러운 전술을 택했다. 지혜를 활용하면 길이 열릴 것이라 믿었다. 철도건설 자금 충당을 위해 주식을 12,000주 발행하여 8,000주를 자기 집안이 샀다. 4,000주를 선착순으로 모집했다. 반대자들까지도 로스차일드 집안이 나섰다고 하니까 앞을 다퉈 신청했다. 반대한 금융업자들까지 응모했다. 4,000주 공모에 8배의 신청이 쇄도했다. 여기서 얻은 교훈은 금화가 소리치면 욕설은 조용해진다는 유대 격언이다. 잘로몬은 꼭두각시를 내세워 응모시켜 주식인기를 최대한으로 부추겼다. 세상은 이런 내막을 전혀 몰랐다. 잘로몬은 오스트리아 황제를 모시기로 했다. 황제의 허영심으로 정서적 효과를 본 것이다. 지도나 역과 차량에 페르디난트 황제의 이름을 붙인 것이다. 모두들 잘로몬에게 감복했으며, 특히 황제가 그랬다. 철도사업을 아무도 반대할 수 없었다. 4년 뒤에 철도 일부가 개통되었고, 오스트리아는 유럽에서 선진 국가가 되었다.

셸 석유회사 상징은 하얀 조개껍질 마크다. 창업자 마커스 새뮤얼은 1853년 런던 태생으로 11형제 중 열째였고 아버지는 손수레를 끌며 런던 뒷골목에서 행상을 했다. 19세 때 아시아 여행을 했는데 없는 돈으로 보내는 여행의 조건은 두 가지로, 매주 안식일에 어머니에게 편지 쓰기와 가족이 많고 아버지가 늙었으니 이들은 먹여 살릴 장사를 하는 것이었다. 그리고 3등칸 배표를 사 주었다. 마커스는 혼자 인도, 싱가포르, 필리핀, 태국, 홍콩, 중국 등을 다녔으며 요코하마가 종착점이었다. 1872년 일본은 개항한 지 얼마 안 된 나라였다. 마커스는 빈 오두막에서 며칠을 지냈다. 매일 어부들이 물 빠진 모래밭에서 조개를 캤다. 마커스에게 이 조개를 식량으로 주었다. 그때 조개껍질로 단추나 어린이 장난감을 생각했다. 이것을 런던으로 보냈으나 팔리지 않았다. 마커스는 요코하마에 마커스 새뮤얼 상회를 열었다. 25세 때였다. 그는 일본 판화를 사 모았다. 19세기 일본 목판화로 유명해졌다. 그 무렵 록펠러가 석유 사업을 시작했다. 러시아도 유전 개발을 했다. 그때 일본은 난방 연료가 목탄뿐이었다. 마커스는 일본과 중국에 경유, 등유를 난방용, 조명용으로 팔까 생각했다.

그런데 러시아에서 극동과 세계 각지로 석유를 운반하는 것이 문제였다. 당시에는 5갤런 통에 담아서 배에 싣고 다녔는데 청소도, 묶어 두기도 다 골칫거리였다. 마커스는 석유 운반 유조선을 구상했다. 조선소 전문가에게 유조선 설계를 의뢰했다. 최초의 유조선을 만들어 이름을 뮤렉스(빨고둥)라 했다. 요코하마 해변에서 조개 줍던 생각에서였다. 수에즈 운하에 유조선 통과가 위험함을 핑계로 거절당하자, 마커스는 유조선이 다 통과할 때까지 다른 선박 진입을 금지시키고 할증요금을 지불 조건으로해 통과시켰다. 이것은 마커스의 기발한 상상이 돈 더미로 돌아온 것이다. 1897년 마커스는 셸 무역 운송회사를 세웠다. 세계최초의 유조선 산업인 것이다. 러시아는 유대인을 박해하였으므로 마커스는 석유 운반 사업이 걱정되어 인도네시아 유전개발에 착수했다. 고생 끝에 석유가 많이 생산되는 유정을 발견하고 개발했다. 영국에서의 반유대인 분위기 때문에 마커스도 회사를 팔아야 했다. 석유회사를 매각할 때 조건은 반드시 마커스 후손을 임원 중의 한 사람으로 넣을 것과 상표인 조개껍질 마크를 꼭 넣는 것이었다. 이는 그대로 지켜졌다. 마커스는 유명 인사가 되고 런던에 돌아왔다.

사순 집안은 이라크 바그다드에 살았다. 오스만투르크의 총독 밑에서 그 지역 지도자를 지냈다. 장삿돈으로 살면서 은행가로 재벌이 되었다. 제1차 세계대전 때 오스만투르크가 독일에 동맹하여 싸웠지만 패권국이 되었다. 사순 벤 살레는 이라크에 살던 사순 집안의 마지막 인물이었다. 총독의 출납책임자이자 세수책임자로 일했다. 그런데 1829년 느닷없이 박해받아 체포까지 되었다. 이때 벤 살레는 79세로 노인이었다. 그 외 아들 일곱 중에 37세 데이빗이 탈출 모험을 한다. 11세 장남 알버트, 8세 차남 엘리어스 둘을 데리고 페르시아(이란)로 오는 데 성공했다. 당시 바그다드는 지는 해였고, 박해가 새로운 세계로 가는 동기가 되었다. 그것을 소위 천하위복이라 하는 것이다. 아버지 벤 살레도 페르시아에는 왔으나 이듬해 죽고 말았다. 데이빗은 이듬해 인도 뭄베이(당시 영국 식민지를 뭄베이라 불렀다)로 왔다. 인도 최대 도시는 상업, 무역의 중심지였다. 거기서 데이빗은 행상을 했다. 유대인 특유의 근면, 정직으로 데이빗 사순 상회를 열었다. 얼마 안 가서 거대 상회로 발전했다. 해외에서 들여온 상품으로는 금은, 비단, 향료, 고무, 아편, 목면, 밀 등이 있었다. 회사는 유럽, 중국, 일본에까지 뻗어 갔다. 데이빗 사순은 대영제국이 식민지, 언어, 상품 등으로 세계를 뒤덮어 나갈 때 그 지위 확보에 언제든지 따라다녔다. 영국 세력의 그늘 아래 상품도 뒤따라갔다. 아시아에서 인도를 점령하고 중국에까지 세력을 뻗칠 때도 사순의 무역 상품이 뒤따라갔다. 사순 일가는 유럽에서 상권으로 눈부시게 활동했다.

1858년 데이빗의 8명 아들 가운데 삼남인 사순 데이빗이 영국에 갔다. 그전까지 사순 가족은 아랍의 전통의상에 리번을 썼다. 그러나 데이빗이 헐렁한 양복을 입은 후로 다들 양복을 입고 유럽에서 활개치며 활동했다. 그때 데이빗은 36세로 한창 나이였다. 상하이에서 아버지 회사의 지사장이던 데이빗 사순은 영국에 다시 개설 임무를 띠고 있었다. 얼마 뒤 영국에 뿌리내린 사순 일가는 둘이나 국왕으로부터 남작 작위를 받았다. 사순 일가는 이후 영국에서 뛰어난 상업가, 정치가, 언론가, 학자, 예술가를 배출했다. 데이빗은 사순 재벌가를 이루었고 1853년 61세에 영국 국적을 얻었다. 그는 평생 영어를 몰라 영국에 귀화해서도 히브리어로 서명했다.

폴란드의 아우슈비츠 부근 크라쿠프 유대인지역에서 1872년 헬레나가 태어났다. 가난한 집 장녀로 8남매 맏이였다. 헬레나가 1965년 93세로 험난한 인생을 마쳤을 때 그녀는 화장품 산업의 억만장자가 되어 있었다. 이 산업의 여왕 헬레나는 폴란드, 스위스, 호주, 영국, 미국 등지를 돌아다녔다. 재력가 숙부님이 학비를 대주어 크라쿠프대학에 다녔고 스위스 의대에 유학했다. 1903년 30세가 된 그녀는 학교를 떠나 폴란드 친척이 만든 화장품 크림 12병을 가지고 호주에 사는 숙부를 찾아갔다. 호주에 가 보니 덥고 건조한 대륙성 기후에 피부가 마르고 거칠어짐을 보고 가져온 크림을 바르며 효과를 보았다. 헬레나는 영어도 모르고 화학지식도 경험도 없었다. 그녀는 폴란드에 계신 어머님한테 매월 손수 만드신 크림을 큰 병으로 12개씩 보내 달라고 부탁하였다. 호주로 오는 배에서 알게 된 사람에게 돈을 빌려 멜버른에 작은 미용실을 열었다. 손님의 피부 상태에 따라 성분이 다른 크림을 발라 호평을 받았다. 헬레나는 크림 제조법을 혼자만 알고 만들었다.

당시 영국은 세계의 중심이었다. 영국인은 보수성이 강하므로 헬레나가 고객의 피부에 맞춘 크림 제조법은 성공치 못하리라 여겼다. 그러나 세계최초의 미용실을 차린 헬레나의 런던 미용실은 대

성공이었다. 당시 에드워드 7세의 알렉산드라 왕비도 단골손님이 되었다. 사업 확장으로 점포가 늘어났다. 그녀는 폴란드에 있는 동생을 불러 같이 일했다. 헬레나는 1912년 파리로 진출했다. 그리고 유럽의 유명도시에 잇따라 점포를 내고 활발하게 일했다. 일생토록 자기 이름을 붙인 화장품을 1,000여 종이나 직접 만들어 냈다. 그 정렬, 그 열의가 눈부시게 발전해 갔다. 1914년 헬레나는 미국으로 가서 맨해튼에 미용실 제1호를 냈다. 계속하여 전 미국에 중요도시마다 지점을 내고 활발하게 활동을 계속했다. 헬레나는 이때까지도 화장품을 직접 제조하여 미장원에서 사용했다. 그것이 그의 성격이었던 것이다. 헬레나는 물로 씻어도 지워지지 않는 화장품도 만들었고, 또 약용 크림도 만들어 새 상품으로 내놓았다. 여성들을 채용하여 집집마다 찾아다니며 판매했다. 미국에서 부유층 여성들만이 쓰는 화장품을 중산층도 쉽게 구할 수 있는 영업 포인트를 찾아냈다.

1929~30년 주식폭락으로 대공황이 시작되자 그녀는 예민한 사업 감각으로 일을 이어 갔다. 주식 폭락 직전에 자기 회사 주식의 70%나 유대인 투자은행 리먼브라더스에 매각했다. 회사 경영권을 양도할 수준이었다. 매우 위험한 일이었다. 그러나 주가가 폭락하자 여성주주 전원에게 편지했다. 남성이 여성의 아름다워지고 싶어 하는 본능을 이해 못하니 회사를 정리해 버릴지 모른다는 내용이었다. 헬레나는 여론을 조성하여 투자은행에 압력을 가해 폭락주식 150만 달러를 몽땅 팔았던 것을 같은 은행에서 몽땅 되사서 단기간에 막대한 이익을 챙겼다. 1941년에 벌써 미국 억만장자가

되었다. 뉴욕 고급주택가인 파크애비뉴에 있는 방 30개짜리 호화 아파트를 사려다가 유대인이라는 이유로 거절당했다. 그녀는 부동산업자에 손을 뻗혀 빌딩 전체를 사들인 일도 있었다. 과연 여걸이었다.

헬레나는 한 종의 수제 크림으로 시작하여 5만여 품목 이상의 화장품을 시장에 내놓았다. 수많은 신규참여자들을 이끌어 백화점에서 잡화상까지 고수익 상품을 쉴 새 없이 만들어 냈다. 헬레나 루빈스타인 화장품이 전 세계 일류백화점마다 다 진열되게 된 것이다. 그녀의 화장품은 패션, 광고, 신문, 잡지, 라디오, 텔레비전 산업에도 크게 공헌했다. 그녀는 작은 몸집의 여성이었으나 세계 상업 역사에 거인으로 기록되었다.

유대인은 금융업에 강하다는 평을 받는다. 미국 금융업계에서 유대인은 무시 못할 영향력을 가진다. 금융계의 거물, 살로몬 브라더스사를 다시 일으킨 존 구트프룬드의 이야기를 본다. 살로몬 브라더스는 1910년 살로몬 3형제가 설립한 회사다. 1950년대까지는 그리 눈에 띌 만한 회사가 아니었다. 연방정부가 발행하는 채권, 주정부가 발행하는 지방 채권을 취급했다. 60년대에 와서 사업을 확대했다. 노선도 변경하고 주식 발행 인수 업무까지 전부 사들이고 정부 채권은 한도액까지 대량으로 낙찰했다. 그때 반세기에 걸쳐 이루어 온 채권 취급 실적이 살로몬의 신용이 되었다. 살로몬사의 주식거래 방식은 주식은 발행 때 전부 사들이고 정부 채권은 한도액까지 낙찰하는 것이었다. 타협 때 주도권을 잡겠다는 적극적 공략이었다. 미국 채권시장은 1981년에 하루 매상이 280

억 불이나 되었고, 90년에는 1,180억 불까지 성장했다. 이 거래시장에서 살로몬사의 자금력이 대단했다. 83년도 살로몬사의 주요 증권 보유고는 하루 19억 불이었다. 거기에 두 배나 되는 채권과 주식을 보유했다. 이것은 미국 채권시장의 4분의 1을 지배하는 능력이었다. 1983년에는 모건스탠리, 골드만삭스에 이어 세계 3위의 투자은행으로 컸다. 살로몬사의 자금줄은 조달액이 160억 달러였다. 그리고 90년의 총수입은 89억 5,000만 달러이고 총자산은 1,098억 달러나 되었다. 이렇게 성장하도록 공헌한 중심 리더로 91년까지 회장을 역임한 존 구트프룬드가 있었다. 그는 대학에서 미술을 전공하고 졸업 후 2년간 한국전쟁에 참전했다. 귀국 후친구의 권유로 살로몬사에 입사해 지방 채권 담당 인턴사원으로 출발했다. 그때는 아무나 증권업계에 들어갈 수 있었다. 그는 63년 살로몬의 파트너가 되었다. 그때부터 그는 비범한 두뇌활동가가되었다.

그는 입사할 때 특별교육도 없이 그냥 선배 곁에 배치를 받아 그를 따라 흉내 내며 터득한 지식으로 일했다. 그러면서 다음 다섯 가지 능력을 키웠다. (1) 계산에 밝았다. (2) 기억력이 좋아 같은 실수는 안 했다. (3) 상황 판단력이 좋았다. (4) 정보망이 광범위했다. (5) 미래 예측능력이 있었다. 그의 성공은 영리함 때문이 아니라 넓은 인맥 덕분이었다. 늘 파느냐 마느냐, 사느냐 마느냐가 확실했다. 인간관계 좋고 확실한 판단을 재빨리 하여 주식 거래를 했던 것이다. 그는 살로몬사를 세계 제일의 증권사로 키웠다. 그러나그도 판단과 인간관계를 가볍게 여기자 그 지위에서 쫓겨나 모든 영광을 잃게 된다. 1991년 4월 부하직원이 미국 국채 입찰에 부정이 있었다 보고했다. 그가 직접 관여하지 않았다고 변명했지만 소용없었다. 사건이 드러난 것은 1991년 6월 22일이었다. 그 뒤 8월 16일, 경영관계자 4명이 물러났다. 새로운 경영진은 다 유대인이었다. 새 회장은 구임원 퇴직금 지불을 금지시켰다. 이후로 회사 건물 사용도 금지했다. 증권 금융업은 재능보다 비즈니스 윤리가 더 중요함을 강조했다. 인종, 국적, 종교에 상관없이 책임 추궁을 당한다는 것을 알아야 한다. 이것이 유대인 사회의 윤리요 금융계의 도리였다.

현재 세계 금융시장을 주름잡는 이들을 보면 유명한 유대인 금융인이 많다. 그들은 대부분 1930년 전후에 태어나서 제2차 세계대전을 거친 이들이다. 투자는 잘하면 큰돈을 벌지만 보통 위험한 일이 아니다. 위험을 극복하고 금융시장 전반에 대한 냉정한 관찰로 매매 타이밍을 잘 판단해야 한다. 조지 소로스 인생은 위기에서 출발했다. 소로스는 1930년 헝가리 부다페스트의 변호사 가정에서 태어났다. 1944년 헝가리가 나치지배를 받자 가족이 흩어져 친구 집에 숨었다. 헝가리에서 많은 유대인들이 나치의 학살을 당했다. 살아남은 게 행운이었다. 그러나 47년 공산국가가 되자 런던으로 이사했다. 그는 런던대학 경제학부를 졸업했으나 받아 주는 회사가 없어 몇 달간 하층 노동자로 살았다. 이것이 계급사회 속에서 대학 출신 인텔리가 겪은 굴욕이었다. 그의 이런 경험이 그를 크게 성공하게 한 좋은 교훈이 되었다. 소로스는 런던의 투자은행에 견습사원으로 입사했다. 1959년 뉴욕의 메이어사로 옮겨 증권업자로 출발했다. 드레스덴 은행을 거쳐 69년 독립했다. 소로스는 특이한 경영을 했다. 위험이 많은 분야가 어떤 것인가를 알아보고 그런 불확실한 점을 이용하여 영역을 넓혀 나갔다. 그런 방법은 런던대학에 다닐 때 유대인 철학자 칼 포퍼한테 영향을 받았다. 포퍼는 과학은 자신만의 절대 주장을 하면 안 된다, 권위주의적 고정된 가치체계를 가지면 안 된다 했다. 과학이란 형이상학 이념과 가치를 인정하고 미래는 불확실함을 인정해야 하고, 고정된 가치를 인정해서는 안 되며, 반론도 허용해야 한다고 생각했다. 소로스는 포퍼의 불확실성과 창조적 자화사상에 영향받아 금융시장의 권위주의적 상장(相場)에 가담 않고 시장흐름에 반론지도를 제공하는 등 상품개발이 투자를 과학적으로 실행하게 한다고 여겼다. 소로스는 그가 운용하는 펀드를 '퀀텀(양자)'으로 이름 지었다. 자금의 유동성과 축적된 자본력이 폭발하는 의미가 있는 말이다. 퀀텀 펀드를 시작할 때 미국 법률의 보호와 규제가 싫어서 자유활동하는 양자운동처럼 운용조건이 자유로운 외국자금으로 네덜란드령 퀴라소섬에 설립했다. 소로스가 관리·운용하는 퀀텀 펀드만 43억 불이고 그 외 부동산 투자 10억 불 등을 다 합하면 90억 불 재산을 관리하고 있다. 높은 수익의 주된 투자분야는 위험부담이 큰 금융선물, 옵션거래로 이루어진다. 1992년도 유럽통화 위기 때 영국 파운드 하락을 예견하고 대량으로 팔았던 일이 있었다. 그 일로 1억 불 이익이 났다. 그러나 그는 유럽외환 상장 메커니즘에서 이탈했다.

탈무드는 투자자들의 돈벌이와 사회윤리 과제를 요구하고 있다. 그러나 소로스는 스스로 옳았다 함이 의심 간다. 1994년 2월 시장 부정조작혐의로 미영 두 나라가 금융사찰관 조사를 받았다는 보도가 있었다. 어제의 영웅이 피의자가 될지 모른다. 투자고문업에 종사한 모두에게 윤리적 책임이 있었다. 소로스는 1984년 고국 헝가리에 소로스 재단을 세워 많은 학자와 연구원을 서방 여러 나라에 유학 보냈다. 최근에는 두뇌유출방지로 러시아와 우크라이나 등에 학술진흥원 자금을 제공했다.

탈무드는 예루살렘 멸망이 학자들을 존경할 줄 몰라서 생긴 결과라고 한다. 미국의 재벌 록펠러나 뒤퐁은 유대인과는 상종도 안 한다고 공언했지만, 1974년 뒤퐁사는 유대인 샤피로를 회장으로 선출했다. 샤피로는 유대인임을 숨기지도 않았다. 세계 최대의 화학기업 뒤퐁사는 1802년 뒤퐁화약회사로 출발했다. 1970년 샤피로의 전임과 찰스 맥코이가 회장으로 임명된 것도 전례를 깬 사건이었다. 어빙 샤피로는 1916년 미니애폴리스에서 세탁소를 하는 유대인 가정에서 태어났다. 아버지는 리투아니아 태생이며, 집안에서는 독일계 유대인 언어인 이디시어를 썼다. 전형적 유대인 이민 가정임에 틀림없었다.

삼형제가 걸어서 통학했는데 왕복 버스비 절약을 위해서였다. 그만큼 가난했다. 그래서 가장 똑똑한 큰아들을 법률가로 만들려고 있는 돈 없는 돈 다 털어서 그를 대학에 보냈다. 그는 1941년 미네소타대학 법학부를 4등으로 졸업했다. 그러나 샤피로는 미니애폴리스의 법률사무소에 취직할 수 없었다. 이름만 들어도 유대인임을 알 수 있었기 때문이었다. 당시 미국은 뉴욕, 시카고 등을 빼고는 반유대인 감정이 심했다. 법학부 교수들은 취직을 원하면 이름을 바꾸라 권했다. 그러나 그는 거절했다. "부모님은 나를 대학에 보내려고 모든 고생을 다하셨습니다. 졸업과 동시에 샤피로라는 선조의 이름 때문에 취직을 못해도 바꿀 수 없습니다. 자신만을 위해서 사는 일은 스스로 용서 못합니다." 탈무드의 유명한 랍비 힐렐의 말을 생각나게 한다. "만약 내가 자신만을 위해 산다면 나는 누구인가? 내가 자신만을 위해 존재한다면 나는 또 누구인가? 만약 지금 내가 아니라면 언제쯤 내가 되는가?" 자신의 주체성 관철을 위한 말이다. 유대교가 바라는 내용이다.

아무도 나를 고용해 주지 않으면 내 일을 하면 된다. 그는 조그마한 법률사무소를 열었다. 제2차 세계대전이 터지고 워싱턴의 전시물가통제국에 들어갔다. 그때 옆자리에 앉은 이가 리처드 닉슨으로, 그와 친하게 지냈는데 나중에 대통령이 된다. 1943년 법무성으로 옮겨 눈부신 활동을 했다. 샤피로의 손을 거치면 어떤 어려운 문제도 정부 입장에서 공소장이 작성되었다. 1950년 선배의 권유로 뒤퐁에 입사했다. 당시 뒤퐁사는 GM 주식의 23%를 보유했다. 그래서 반트러스트법 위반으로 고소당해 있었다. 입사 후 6주간 샤피로는 오로지 반트러스트법 연구에 몰두했다. 이 분야는 처음이었다. 먼저 법률체계나 논리적 약점 등을 면밀하게 분석·검토했다. 법적 논쟁 기초를 완벽하게 터득한 샤피로가 숨통이 트이고 자신이 생겼다.

입사 2개월 만에 그는 반트러스트법에 가장 정통한 변호사가 되었다. 그가 처음 맡은 직무는 법무실과 중역실을 오가며 변호사단의 의견을 중역실에 전하고, 중역실의 의견을 변호사단에 전달하는 일종의 전달자 역할이었다. 중역들이 법적 해설을 요구하면 샤피로는 즉석에서 유창하고 시원하게 답변했다. 필요하면 그 자리에서 중역들의 입맛에 맞는 제안서도 작성했다. 그는 언제나 어떻게 하면 문제를 해결할 수 있을까에 역점을 두었다. 변명에 급급한 다른 변호사와는 다른 자세였다. 샤피로는 1965년 수석 법률 고문 대리가 되었다. 급속한 승진이었다. 1970년에는 기라성 같은 선배들을 제치고 부사장이 되었다. 73년에는 그를 위해 마련한 부회장 직에 올랐다. 그리고 이듬해 1월 회장에 취임했다. 그가 81년 퇴직할 때까지 11만 3,000여 명의 세계적 화학회사를 이끌어 듀퐁의 최고의사결정책임자가 되었다. 미국 사회에서 유대인이 확실하게 뿌리내리고 있는 모습을 잘 보여 준 인물이다. 유능하면 유대인도 국무장관, 재무장관, FBI의장 등 중요 직책을 맡을 수 있다. 그러나 소수파에서 실력을 인정받는 것은 정말 어려운 상황이다. 남들보다 두 배, 세 배의 노력과 재능을 발휘해야 한다. 샤피로가 그런 입장이었다.

유대인이어서 멸시받고 버림받는 시대는 지나갔다. 이제는 실력으로 인정받는 시대가 된 것이다. 유대인으로 톱에 오른 인물에는 공직사회형보다 독립경영자형이 많았다. 조직사회에는 그만큼 아직도 인종차별이 숨어 있다는 것이다. 1990년 12월에 사망한 아먼드 해머는 금세기 최고의 유대인 실업가였다. 그의 아버지 줄리어스는 러시아 태생으로 갓난아이 때 양친을 따라 미국에 왔다. 16세 때부터 일하기 시작하여 철공소에서 사회주의 사상과 접했다. 사회주의 이상을 그는 평생 버리지 못했다. 해머의 어머니 로즈는 러시아 출신으로 남편과는 노동운동대회에서 만났다. 두 사람은 사실상 무신론자로 가정의 종교행사에도 전혀 참여하지 않았다 한다. 아먼드 헤머는 1898년에 이 두 사람 사이에서 태어났다. 그는 비즈니스에 조숙했다 한다. 초등학교 때부터 아버지 친구 농장에 놀러 가서 혼자 주인을 따라 시장 안을 돌아다니면서 가격을 알아보고 농작물을 시장에 내다 팔기도 했다. 그리고 주인에게 가격흥정이나 남은 물건을 싼 값으로 팔아야 이익이라는 조언도 해 주었다 한다.

16세 때 그는 185달러를 빌려 중고 오픈카를 샀다. 그는 크리스마스 세일을 위해 어느 사탕제조회사가 하루 20불을 주고 차를 가진 배달원을 모집하는 광고를 본 것이다. 그때 포드회사가 일급으로 5불을 주었으니 20불이면 큰돈이었다. 겨울방학 때 2주간 일해서 차를 빌린 돈은 모두 갚았다. 그는 계획을 세우고 계약서를 교환하고 열심히 일하면 원하는 것을 얻을 수 있다는 비즈니스의 교훈을 그때 이미 터득했다.

1917년 여름, 그의 아버지는 파트너와 공동 경영한 제약회사를 매입해 콜롬비아대학 의학부 예과 재학생 아들을 사장에 앉혔다. 헤머는 성적 좋은 동급생에게 대학 노트를 빌려 밤에 공부하며 낮에는 회사 경영에 몰두했다. 그런데 채 1년도 못 되어 회사의 매출이 10배나 급성장했다. 그 비결은 눈에 띄는 샘플 개발과 높은 급료로 세일즈맨을 많이 고용한 것이었다. 급료가 높은 세일즈맨이 열심히 일한다는 것은 사탕회사에서 배운 것이다. 그는 경영을 부하에게 맡기고도 눈을 떼지 않았다. 주문 점포 점검, 품절 상품 파악 등 실무에 세심했다. 그는 생강 원료로 알코올 용액 주문이 급속도로 많아짐을 알았다. 원인 조사를 위해 버지니아주까지 직접 가서 조사를 했다. 그곳에서 진저에일에 약용생강 알코올을 넣어 하이볼로 바꾸고 있음을 알았다. 그것은 1919년 1월 금주법 시행 이후로 술꾼들이 알코올을 합법적으로 손에 넣는 방법이었다. 해머는 시장에 민감했다. 즉시 약용생강증산을 도모했다. 생산국인 인도, 피지, 나이지리아에 대리인을 보내 생강을 모두 전매했다. 그래서 금주법이 해지되는 1933년까지 해머는 미국 내 생강액 공급을 독점해 큰돈을 벌었다. 미국인 평균 연봉이 625불일 때인 1919년에 연봉이 100만 불이었다.

1922년 의과대학을 우수한 성적으로 졸업하고 개업할 때까지 짧은 기간 러시아 여행을 떠났다. 그때 러시아는 사회주의 국가 정권이 맹위를 떨치기 시작했고 티프스 질병 유행으로 소련 국민이 곤경을 겪고 있었다. 그는 의료봉사를 자원했다. 당시에도 소련은 식량 부족이 심했다. 그는 소련혁명위원회에 식량조달 조건으로 미국 보리를 보낼 테니 소련 특산 모피를 지불대금으로 달라 요청했다. 레닌이 이 말을 듣고 소련 경제 재건을 위해 소련에 남아줄 것을 제안했다. 이 결과 해머는 미국과 소련의 무역 중개를 시작했다. 곡물 조달만이 아니었다. 유대인을 싫어하는 포드를 설득하여 소련에 포드차 수출을 업무 대리했다. 소련을 떠날 때는 외화부족에 허덕이는 소련정부로부터 제정 러시아시대의 유명 미술품을 대량 사들여 파리나 뉴욕에서 판매해 큰 수익도 올렸다. 1933년 금주법이 해제되자 위스키 제조용 원료가 부족해져 소련에서 그 재료를 수입했다. 이것만으로도 첫 2년간 100만 불의 순이익을 남겼다.

그가 은퇴한 뒤에도 골칫거리는 있었다. 소득세였다. 공인회계사가 오일 셀타를 권유했다. 석유굴삭사업에 투자하면 그 금액이 공제되기 때문이었다. 그는 내키지는 않으나 옥시덴틸석유라는 도산 직전의 적자회사를 인수하여 석유굴삭에 투자했다. 여기서 하루 250배럴 석유가 생산되자 석유채굴에 관심이 갔다. 1957년 석유회사 회장에 취임하여 다시 경영일선에 나선 것이다. 옥시덴틸석유는 샌프란시스코 동부에 발견된 가스유전을 발굴하여 내장량 2억 불의 대유전이 되었다. 성공은 계속되었다. 1960년 말에 리비아의 석유굴삭에 성공하여 9개의 유전에서 하루 생산량 9만 7,500배럴이 가능했다. 다음 해에는 4만 3,000배럴의 유맥을 발굴, 두 번째 유맥에서는 하루 1만 7,000배럴을 생산, 세 번째 유맥에서는 하루 7만 5,000배럴을 생산, 이렇게 상상 불허의 거대 석유생산에 성공했다. 옥시덴틸석유는 세계8대 석유회사, 미국의 12대 공업회사로 성장했다. 해머는 그 투철한 두뇌로 세계적인 대재벌로 일어선 경제계 거물이 되었다.

늘 생각하다 성공한 사람들

　발상의 전환은 새로움을 창출해 낸다. 지혜 없는 사람에게는 운명이 미소를 보내지 않는다는 것이 유대인의 신념이다. 유대인적인 발상이란 무엇일까? 이런 이야기를 생각해 보라. 500만 원을 갚아야 할 기한이 바로 다음 날 아침이다. 야곱은 우리 속에 갇힌 백곰처럼 방 안을 서성거릴 뿐이다. 아내 레베카는 옆 침실에서 하품을 하며 소리친다. "뭐하느라 안 주무세요?" "내일이면 그 돈을 갚아야 하는데, 불안해서 잠이 안 와!" "그러면 당신은 갚을 방법이 있어요?" "없지! 있으면 왜 불안해." "그래요. 그렇다면 어서 주무세요. 잠 못 들어 서성거리는 쪽은 받을 사람일 테니…."

　이것은 "유대인 조크"에 나오는 한 대목이다. 여기서 부인의 말이 유대인다운 발상을 잘 표현하고 있다. 이 세상에 골칫거리 없는 이는 없다. 대부분 사람들은 마음속에 두서너 개 고민을 가지고 있게 마련이다. 고민에 빠지면 머릿속만 뒤숭숭하고 마음만 뻣뻣해진다. 출구 없는 터널에 들어선 것처럼 주위도 잘 볼 수 없다. 이때 가장 효과적인 방법이 무엇일까? 유대인들은 먼저 자기발상을 바꾸는 데 전심전력한다. 고정된 한쪽 머리를 무조건 반대 방향으로 돌려서 생각한다. 그러면 힘 안 들이고 자연스럽게 술술 풀린다. 유대인적인 발상이란 흔들이 추(錘)로 보고, 사고방식을 활동적으로 흔들어 보고 그 고정된 상태를 흔들어 놓는 것이다. 한쪽으로 편중되었거나 굳어 버린 생각을 뒤집어 보는 생각이다. 편중되지 않도록 반대편으로 돌려놓는 것이 유대인적 발상법이다.

인간의 사고방식을 심리적 활동으로 흔들면 폭넓고 전혀 다른 생각이 떠오를 수 있다. 그러면 여유가 생긴다. 외곬으로만 생각하다가 꽉 막히면 돌아설 방법이 없다. 그러나 흔들어 놓으면 다른 길이 보인다. 인생을 충실하게 그리고 풍요롭게 살려면 무엇보다도 우선 마음의 흔들이 추를 자주 흔들어 줘야 하는 것이다. 그만큼 자기 활동범위가 넓어진다. 이 같은 넓은 범위에 조만간에 여러 가지 여유 있는 생각을 가지게 된다. 여유만 가지면 인간은 어떤 어려움도 헤쳐 나갈 수 있다. 거기서 살아남을 길을 발견하는 것이다.

마태복음 5장 산상수훈에 "눈은 눈으로, 이는 이로 갚으라 했다는 말을 너희가 들었으나 나는 너희에게 말하느니 악한 자를 대적치 말라. 누구든지 오른 뺨을 차거든 왼편도 들이대며 또 너를 송사하여 속옷을 가지고자 하는 자에게 겉옷까지도 가지게 하며 또 누구든지 너를 억지로 5리를 가자 하거든 그 사람과 10리를 동행하라"(38~41절) 했다. 눈은 눈으로 이 구절은 앙갚음의 구절로 해석한다. 이쪽에서 받은 대로 갚으라는 정도로 앙갚음한다는 말씀으로 해석은 그것은 전혀 나를 오해요 잘못된 이해가 된다. 이 구절의 원출처는 출애굽기 21장 23절 이하에 나온다. "그러나 다른 해로움이 있으면 갚되 생명은 생명으로, 눈은 눈으로, 이에는 이로, 손은 손으로, 발은 발로, 태운 것은 태움으로, 상하게 한 것은 상함으로, 때린 것은 때림으로 갚을 지니라." 문장의 끝을 보면 '갚아라'이다. 여기서 피해자는 자기가 아니라 자기가 가해자인 것이다. 자신의 가해자이니 그 대가를 받으라는 말씀이다. 가해자의 말이 아님을 명심해야 한다. 그래서 우리가 아는 앙갚음하라는 것이 아니라 상대에게 그만한 보상을 해 주라는 율법이다.

탈무드에는 가끔 랍비들 사이에서 이루어진 여러 논쟁이 모아서 편집되어 있다. 그 가운데는 일관성이 부족한 것도 있다. 그런데 그것이 탈무드의 특징일 수 있다. 유대인은 다양성을 존중하고 개인주의적 성향이 강하다. 한 인간은 하나임이 창조하신 전우주적 상황의 내용과 마찬가지로 가치가 있다는 말이 있다. 또 사람은 누구나 남과는 다른 전혀 새로운 존재로 태어난다. 그리고 세계의 어떤 새로운 공헌을 할 수 있느냐에 따라서 그 사람의 가치가 결정된다 했다. 보통 인간들은 자기 생각과 비슷한 생각과 일치하는 책을 읽고 자신을 합리화한다. 유대인은 그러나 자기와 다른 견해의 책을 읽고 그 내용에 도전한다. 이런 책이 평소에 자신과 다른 세계, 몰랐던 세계를 이해하는 데 큰 도움을 준다. 그들은 자신이나 남들 생각을 존중하고 새로운 세계에 대해 이해하는 데 도움을 준다고 믿는다.

유대인은 남의 의견을 존중한다. 동시에 자기 소견도 소중히 여긴다. 토론 때도 남의 의견을 충분히 들은 뒤에 자기 의견을 펼친다. 그러면 합리적인 결론이 나온다. 유대인은 논쟁을 좋아한다. 탈무드에서 가장 잘 알려진 논쟁이 1세기 팔레스타인에서 랍비 힐렐과 샤마이 사이에서 벌어진다. 두 사람은 갖기 한 파를 이룬 실력을 가진 학자였다. 힐렐파와 샤마이파로 알려진 것이다. 힐렐은 성경해석을 유연하게 하는 데 비해서 샤마이는 매우 보수적이었다. 이들 논쟁은 3년이나 계속되었다. 그러다 하늘에서 소리가 들렸다 한다. "양쪽 다 나를 대하고 있느니라!" 그래서 양쪽 다 옳다는 결론이 내려졌다.

유대인은 이렇게 옛날부터 자유논쟁을 존중했다. 상대 의견을 반대 않으면 유대인이 아니라는 말이 있다. 그만큼 유대인은 머리를 늘 움직이고 생각을 다각도로 하는 습관적 학문태도를 가지고 있다. 그들은 늘 생각한다. '우리는 권위 있는 선배들의 가르침에서 많은 것을 배워야 한다. 그러나 많은 책을 등에 지고 다니는 당나귀가 되어서는 안 된다.' 이 말은 아무리 지식이 많아도 자기만의 발상을 못하면 별 의미가 없다는 가르침이다.

지식은 시대에 따라 달라진다. 그러나 지혜는 변하지 않는다. 몸속에 늘 지니고 있지 않으면 지혜도 녹슬고, 써먹지 못하면 더 발전도 못한다. 지식이 유대인을 성공시키는 것이 아니다. 지혜가 유대인답게 만들고 유대인을 세계에서 가장 위대한 실력자가 되게 하는 것이다. 성경에도 지혜에 대한 말씀이 여러 군데 나온다. '집은 지혜로 세워지고 예지로 탄탄해진다!' '방 안을 지혜라는 소중한 보물로 채워야 한다.' '지혜가 있는 사람은 힘이 세진다.' '학자가 초대되지 않은 식탁은 하나님이 축복하시지 않는다.'

랍비 솔로몬은 말했다. 고대 유대에서는 '탈무드 호헴'이라는 슬기로운 사람들 중에 탈무드에 정통한 사람은 세금을 면제받았으며, 뿐만 아니라 그런 지혜자는 사회가 크게 도와야 한다고 했다. 왜냐하면 지혜자가 사회에 큰 이익과 덕을 끼친 공로가 있기 때문이다. 유대인들은 보잘것없이 가난한 시민이라도 공부를 열심히 하고 지혜를 얻으면 반드시 현인이 된다고 믿는다. 탈무드는, 사람은 반드시 지혜가 있어 존경받고 친절에 의해 사랑받는다고 가르치고 있다. 유대인은 전 세계에 흩어져서 그곳에서 작은 공동체를 만들어 살아왔다. 이들 공동체는 랍비가 가르치고 있다. 랍비는 현자로 토라와 탈무드를 열심히 가르친다. 유대인은 누구나 랍비의 가르침을 존중하며 배운다. '어리석은 자는 곤장을 맞을 때 몽둥이를 쳐드는 동안 전에 맞은 아픔을 잊어버린다.' '나귀는 사다리를 오를 수 없는 것과 같이 어리석은 자는 지혜를 얻지 못한다!' '현자의 질문에는 이미 그 해답이 질문 속에 들어 있다.' '당신을 싫어하는 현자를 당신이 좋아하는 어리석은 자보다 소중히 여겨야 한다!' '머리는 새것을 창출하고 눈은 늘 옳은 것을 선택한다는 말을 잊지 말아야 한다.'

하나님은 인간 창조 때 단 한 사람, 아담을 창조하셨다. 왜 10명, 100명, 1,000명의 인간을 창조하시지 않았을까? 그것은 한 인간을 줄이면 바로 모든 인간을 줄이는 것과 같다는 것을 가르치기 위해서이다. 사람의 생각 중에 연상이 있다. 연상은 두 개의 생각을 동시에 포개어 생각한다. 거기서 창조적 발상을 하게 된다. 그것이 얼마나 대단한지를 알 수 있다. 이 연상력을 연마하면 더 소중한 것을 발상해 낸다. 그것이 창조적 발상이 되기 때문이다. 유대인이 사는 게토나 마을에서는 모든 사람이 평소에 이런 생각을 가진다. '기도하는 것은 하나님을 자기 속에 영접하기 위해서이다.' '기도를 깊이 하는 것은 하나님과 단 둘이 되기 위함이다.' '하나님께 기도하는 것은 탄원하기 위해서가 아니라 자신 속에 하나님의 말씀을 받아들이기 위한 것이다.' '사람은 누구나 하나님의 부르심을 받아 살아가고 있음을 잊어서는 안 된다. 그러므로 사람을 소홀히 대해서는 안 된다.' '사람만이 조부모나 손자를 아는 유일한 생물적 존재다.'

사람 주위에는 온갖 동물, 벌레나 짐승이 살고 있다. 쥐와 고양이, 닭과 족제비, 원숭이, 개, 여우, 거미 등등 수많은 동물이 있다. 그런데 이 모든 것이 다 각각이다. 없는 것은 없다! 남들이 당신의 잘못을 지적했을 때 새로운 것을 배운다. 당신을 향상시키는 고마운 분이다. 남의 마음에 상처를 주면 자신의 마음에도 상처를 입는다. 이런 상처를 주면 그 마음이 거칠어진다. 완전히 불운한 이는 없다. 사노라면 행운도 반드시 찾아온다. 인생에서 행운과 불행은 배 밑에 싣는 모래와 돌과 같은 것이다. 유대인은 마음은 세계를 다 덮을 수 있지만 몸은 이렇게 조그마하다고 여긴다. 사람이 자기 마음 밑바닥까지 다 알 수 있다면 전 우주의 비밀을 밝혀낸다고 했다. 하나님은 왜 사람에게 죽음을 주었을까? 만일 사람이 불사신이라면 자신을 하나님으로 착각할 것이기 때문이다. 살아도 죽은 사람이 있다. 죽었어도 살아 있는 사람이 있다. 인류는 사람을 영원하게 한다. 이런 말씀도 다 탈무드에 있는 것이다. 사람은 죽어도 다음 세대에 신념이나 업적을 이어 간다는 뜻이다.

1994년 봄에 전설이던 모세의 무덤이 이집트 땅 시나이반도에 시내 산 기슭에서 발견되었다 한다. 이것은 세계의 성경학자들을 흥분시켰다. 이스라엘과 이집트 사이의 시나이반도는 6일전쟁 때 이스라엘이 점령했다가 다시 내주었다. 그 검붉은 사막의 땅에서 모세가 이스라엘 민족을 이끌고 출애굽해서 나오던 땅이었다. 시내산은 가 보니까 험준한 바위산이었다. 거기서 모세는 하나님으로부터 십계 돌판을 받아 내려왔다. 유대민족의 영적 산이었다. 해발 2,500여 미터 지점의 동굴에서 3,000년 전 것으로 보이는 시신 1구가 온전한 미라 형태로 발견되었다. 완벽한 모습을 유지하고 있는 시신은 키가 178센티미터, 무게 79킬로그램의 건장한 사나이였다. 큼직한 이마와 매부리코, 거친 사막 바람에 헝클어진 머리카락, 가슴까지 자란 턱수염, 깊은 잠에서 막 깨어난 듯한 모습은 보는 이들을 놀라게 했다. 미켈란제로가 빚은 모세상과 조금도 다르지 않는 모습 그대로였다. 3,000년이나 누워 있던 시신의 자리에는 고대히브리 문자가 선명하게 새겨 있었다. '하나님의 사자 모세, 사악한 파라오를 멸망시키고, 유대 백성을 구한다!' 이 얼마나 놀라운 일인가!

한 남자가 황급히 가자 랍비가 왜 그리 급히 가느냐 물었다. 남자가 "삶을 쫓아갑니다." 하자 랍비가 말했다. "삶을 쫓아가려고 달려간다고요? 그러나 실제 삶은 당신 뒤에 있고 삶이 당신을 쫓아 오고 있습니다. 그러니 당신은 가만히 기다리면 됩니다. 그렇게 급히 서두르다 오히려 삶이 달아나 버리면 어떻게 합니까? 사람은 일에 열중하다가 생활에서 오히려 멀어집니다. 얼핏 바빠 보인다고 부지런하다고 칭찬해야 할 것 같지만 사실은 그렇지 않습니다. 사람은 일에 열중하다 보면 본래의 인간다운 삶에서 멀어지는 경우가 있습니다."

바쁘게 사는 것은 칭찬할 일도 되지만 더 중요한 것을 잃어버림을 알아야 한다. 사람은 가끔 일손을 멈추고 자기가 왜 태어났는지, 어떤 사명을 받았는지를 생각해야 한다. 창세기에 하나님께서 6일간 천지창조를 하시고 하나님은 제7일째에 창조행위를 끝맺었다고 했다. 제7일에는 쉬시고 안식하셨다 했다. 그날을 거룩한 날로 정하셨다. 이 7일 제도는 하나님이 정하시고 하나님이 지키신 제도이다. 이 한 주간 제도는 시간생활에서 곧 노동시간으로 책정하셨다. 그리고 제7일은 쉬는 날, 거룩한 날, 남기신 시간 생활의 중요한 한 매듭이다. 한 주간 7일을 지키는 것을 생활의 가장 기본되는 척도로 삼았다. 안식일은 그래서 거룩한 날(Holy Day)이다. 출애굽기에 '안식을 기억하고 그날을 거룩한 날로 하라. 그러니 6일 동안에 당신의 모든 일을 끝내라, 그리고 제7일은 하나님이 주신 주님의 안식일이다. 이날 어떤 일도 해서는 안 된다'고 하셨다. 유대인은 이 제7일 안식일을 꼭 지킨다.

사바트(안식일)는 히브리말로 '일을 중단한다' 라는 의미이다. 안식일은 하나님께서 정하신 날이다. 이 안식일 24시간 안에는 사업 이야기, 세상이야기, 인간의 일을 하지 말고 오로지 하나님만 모시고 기도하고 예배하며 몸도 쉬고 영혼도 쉬어야 한다. 안식일 시간이 시작되는 금요일이 되면 유대인 가정에서는 불을 환하게 켜고 금요일 저녁식사는 1주일 가운데 가장 정성을 다하여 차린다. 유대인은 안식일이 시작되기 전에 정갈하게 목욕을 한다. 그리고 좋은 옷으로 갈아입는다. 온 가족이 안식일 아침시간에 회당, 시나고구에 함께 간다. 집에 와서는 촛불을 켜고 둘러앉는다. 포도주를 곁들여 빵을 나누며 남편은 아내의 아름다움을 말하고 성경봉독을 한다. 가족은 아버지를 존경하여 인사하고 삶의 방향이 사랑과 믿음에 있음을 밝힌다. 그리고 다음부터 시작되는 새로운 한 주간을 위해 기도하고 온 가족이 더욱더 사랑과 믿음으로 단합하며 격려하는 말을 주고받는다. 이것이 유대인 안식일의 일이다. 안식일은 인간에게 주신 축복의 날이다. 인간은 하나님의 뜻을 믿고 감사한다. 그렇다고 인간이 안식일의 노예가 되어서는 안 된다. 일거리의 노예가 되지 말고 일은 인간에게 주어진 하나님의 은총이라고 믿고 일한다.

안식일의 시작은 저녁이다. 금요일 해가 지면 바로 안식일이 시작된다. 모든 날의 시작은 저녁부터인 것이다(해가 저물면서 하루가 시작된다). 이것은 다른 민족과는 정반대이다. 다들 해가 뜨는 아침이 하루의 시작인데 유대인은 그게 아니다. 반드시 저녁과 밤과 아침과 낮 그리고 저녁으로 이어지는 것이 바로 히브리식 하루이다. 랍비들도 어째서 하루가 저녁에 시작하느냐로 논쟁을 벌였다. 랍비들은 어두울 때 시작하여 밝을 때 끝나는 것이 좋다는 의견이 많았다. 탈무드에도 이런 논쟁이 있다. 여기서 유대인의 시간개념이 낙관적임을 보이고 있는 것이다. 그래서 유대인은 새해도 가을 티슈리(9~10월)로 시작한다. 일반적으로 봄이 한 해의 시작인데 유대인은 그 반대이다.

죽은 듯이 딱딱한 쇳조각도 그 내부에는 수많은 미립자가 활발하게 움직이고 있다. 이 쇳조각을 다른 금덩이에 대고 세게 눌렀다가 잠시 떼어 보면 겉으로는 쇳조각에 아무런 변화도 없다. 그러나 과학적으로 조사해 보면 확실히 차이가 난다. 금의 미립자가 쇳조각의 미립자 구조 속에 몇 개가 들어가기 때문이다. 인간과의 만남도 그렇다. 당신의 일부분이 상대방에게 들어가고, 상대방의 일부도 당신 속에 들어가는 것이다. 만났다 헤어지면 금방 잊어버린다. 그러나 미묘한 변화가 일어난다. 그의 이름, 얼굴은 잊어도 어딘가 당신 속에 그가 남아 있는 것이다. 이런 이치에서 본다면 정말 두려운 일이다. 미워하는 사람, 두려운 사람, 싫은 사람 등이 당신 속에 파고들어 있는 것이다. 그러니 만남을 신중하게 해야 하는 것이다. 금속과 금속이 서로영향을 미치듯 사람과 사람 사이에도 똑같은 현상이 생기는 것이다. 그래서 사람은 서로 영향을 미친다. 혼자서 자랄 수도 없고 타락할 수도 없다. 그래서 자신과 잘 어울리는 사람을 만난다는 것은 어려운 일이다.

좋은 사람을 만나면 모방해야 한다. 그래야 크는 것이다. 자신이 형성되는 것이다. 만남이 그토록 중요한 것이다. 그런데 아무리 흉내를 내어도 그 사람이 될 수는 없다. 자기 나름대로 뻗어 가는 것이다. 인간은 모방할 뜻이 있느냐 없느냐에 상관없이 금속 이야기처럼 자신도 모르게 영향을 받는다. 그래서 교제하는 사람에 대해서 특히 젊을 때에는 세심한 주의를 해야 한다. 탈무드에 있는 말을 보자.

완전한 친구를 원하면 한 사람의 친구도 못 만든다. 당신의 가장 믿을 만한 친구는 당신 앞의 거울 속에 있다. 좋은 것은 오랜 친구와 오래된 포도주다. 친구는 꿀 같은데 몽땅 핥아서는 안 된다. 향수가게에서 아무것도 안 사도 몸에 좋은 냄새가 밴다. 오랜 친구 한 사람을 새로운 친구 옆에서 귀중하게 여겨라. 자기가 없더라도 친구가 살 수 있다면 그런 친구를 사귀어라. 그러나 자기 없이 친구가 살 수 없다면 그런 친구는 없는 것이다. 친구를 수렁에서 구할 때는 자신이 수렁에 빠지는 것을 겁내서는 안 된다. 철새 같은 친구는 만들지 말라. 계절이 지나면 날아가 버린다. 개와 가까이 놀면 이가 옮는다.

이런 격언들은 다 탈무드 속의 친구 이야기다. 밀이 다 익으면 낫을 들어야 한다. 그냥 두면 땅으로 떨어지기 때문이다. 내가 좋은 일을 해 주지 않아도 세상은 잘 돌아간다고 믿는다. 이것은 무책임하고 비겁한 것이다. 누구든지 좋은 가정을 만든다든가 좋은 가치를 만들고 싶어 한다. 그리고 좋은 나라를 만들고 싶어 한다. 그러나 내가 어떤 일을 하느냐, 내가 무슨 책임을 져야 하느냐를 생각하는 사람은 드물다. 좋은 것을 바라는 만큼의 대가 지불의 책임은 모르는 것이 보통 인간이다. 이웃이 지금 무엇 때문에 우느냐? 무슨 고뇌에 빠졌느냐는 생각 못하는 것이다. 보통은 다 이렇게 무책임한 존재이다. 주변의 작은 일부터 착실히 행해야 함을 인간은 느끼지 못한다. 그런 것을 알면 지도자라 한다.

러시아 삿소프에 살고 있는 한 랍비가 제자들에게 말했다. "이웃을 사랑하는 일이 어떤 것인지 마을 사람들의 이야기를 들었다. 한 남자가 '자네는 내 친구이니 나를 소중히 여기는가?' 묻자 다른 남자는 '물론 자네를 귀중히 여기지.'라 했다. 그러자 첫 남자는 '그러나 내가 아픔을 느낄 때 자네는 아는가?' 하니 다른 남자는 '자네가 아픈데 내가 어떻게 다 느끼는가?' 했다. 그 말에 첫 남자는 '무엇 때문에 내가 아픈지도 모르면서 어떻게 귀중하게 여긴다고 말하는가?' 했다는 이야기네." 랍비는 제자들을 향해서 "이제 알겠느냐?" 하면서, 진실로 남을 귀중하게 여긴다는 것은 그 사람이 무엇 때문에 괴로워하는지를 모르면 안 되는 것이라 말했다.

부지런함도 습관이고 버릇이다. 성공도 실패도 버릇이다. 이 말은 유대인이면 다 아는 말이다. 이 말에는 깊은 뜻이 있다. 부지런함도 성공도 안팎의 관계로 맺어지는 결과다. 부지런하여 성공한 사람은 있어도 게으르면 절대 성공할 수 없다. 그런데 부지런만 가지고는 성공 못한다. 반드시 부지런하면서 지혜로워야 한다. 근면에는 두 가지가 있다. 외부로부터 강요된 근면과 스스로 실천하는 근면이다. 옛날에 나쁜 노동조건 밑에서 오랫동안 기계적으로 일한 것은 먹고살기 위해 강요된 노동이었다. 월급이나 일당을 바라고 시키는 일만 했다. 그러나 스스로 근면하는 것은 한 걸음 한 걸음 자신을 키우는 일이다. 시간의 흐름에 자신을 확립해 나가는 것이다.

탈무드에는 "만일 모든 이들이 같은 방향으로 간다면 세계는 기울어지고 말 것이다."라 했다. 모든 게 똑같다면 세계는 오히려 흔들리고 우왕좌왕할 것이다. 개성이 얼마나 중요한가를 말할 때 음식점 이야기를 한다. 집집마다 똑같은 음식만 한다면 무슨 맛이겠는가! 음식점은 대개 1킬로미터 거리 안에서 찾아가는데 점심시간에 직장인들이 점심식사를 하는 것이 얼마나 단조롭겠는가? 여러 가지 중에서 서로 다른 음식을 먹는 것이 당연하기 때문이다. 인간도 개성이 서로 다르니 사는 맛이 있는 것이다.

한 농부가 잡초를 뽑고 있었다. 얼굴에서 땀방울이 떨어졌다. 농부가 말했다. 잡초가 없으면 들도 아름답고 농사도 쉬울 텐데 왜 이 쓸모없는 풀을 만들었을까 중얼거렸다. 그러자 뽑힌 잡초가 농부에게 말했다. "당신이 우리 잡초를 쓸모없다 하니 한마디 해야겠어요. 당신은 모르지만 우리도 도움을 주고 있소. 우리 뿌리를 진흙 속에 내려 땅을 갈지요. 그래서 우리를 뽑으면 흙이 갈아져 있죠. 비가 내리면 흙이 빗물에 떠내려가는 것을 막지요. 땅이 말라 흙먼지 나는 것도 막지요. 우리가 당신의 들을 지킵니다. 우리가 없으면 빗물이 흙을 가져가고 아름다운 꽃도 되지 않음을 알아 주시오!" 농부는 잡초의 말에 고마운 생각이 들었다. 잡초도 소중하구나 여겼다.

20세기에서 가장 우수한 이노베이션은 아마 컴퓨터일 것이다. 1946년에 제1호기 에니악이 나온 순간부터 성능개선과 신형개발이 숙제로 정해졌다. 에니악이란 진공관으로 움직이는 거대한 계산기를 말한다. 기억장치는 10행의 숫자를 20개밖에 기억할 수 없었다. 그래서 기계에 주는 명령은 프로그램이 바뀔 때마다 직접 키 조작으로 내부 배선을 바꾸어 전달해야 하는 손이 많이 가는 기계였다. 이 결점을 극복하려고 길을 연 사람이 J. 노이만이었다. 그는 미국원자력위원회의 멤버로 프린스턴 고등연구소의 수학교수였다. 그는 헝가리 부다페스트 태생 유대인으로 1931년에 미국으로 갔다. 어릴 때부터 수학에 탁월했던 노이만은 특히 양자역학의 수학적 기초연구로 유명해졌지만, 7개 국어에 능통한 언어학자이기도 했다. 노이만은 프로그램을 기억장치에 내장하여 원활하게 기계에 명령을 내릴 수 있는 방법을 제안했다. 그 결과 지금의 컴퓨터가 순서대로 한 개씩 기술명령문 체계를 기억할 수 있게 만들었다.

프로그램 개발은 창의성이다. 컴퓨터 조작에 반드시 필요한 프로그램 개발은 갓난아이에게 말을 가르치는 것과 비슷하다. 기계어밖에 모르는 컴퓨터에게 인간의 언어와 의사전달 실행은 프로그래밍 언어나 컴파일러 개발로 기계에 대한 애정과 인내심을 필요로 한다. 애플사의 출판부문 관리자 제프 러스킨은 컴퓨터 개발에 착수했다. 그도 말한다. "세탁기는 빨래를 넣고 버튼만 누르면 다 된다. 이같이 정보를 넣고 원터치면 다 되는 것이 컴퓨터다." 그 생각을 발전시켜 텍스트와 그래픽을 간단하게 섞어 주고 사용하기 편한 컴퓨터 개발을 시작한 것이다. 그것이 매킨토시다. 러스킨은 1943년 뉴욕 태생으로 멀티미디어 퍼스널 컴퓨터의 아버지다. 그가 매킨토시 개발을 제안했을 때 애플사의 경영진은 모두 반대했다. 텍스트와 그래픽을 같은 화면에 띄우는 아이디어 자체를 엉터리로 보았다. 유대인은 불가능한 도전을 좋아한다.

저널리즘 세계에서 유대인의 활약도 놀랍다. 뉴욕타임스의 사주는 유대인 옥스 설즈버거다. 퓰리쳐상을 관장하여 보도관계자의 명예가 된 주인공은 포스트 디스패치, 뉴욕월드의 유대인 사주 퓰리쳐다. 영국의 대표적 통신사 로이터의 창립자 줄리어스 로이터도 유대인이었다. 미국 전체 일간지 1,800여 개 중 유대인의 것은 50개 정도다. 미국 일간지 기자 중 유대인 기자는 6% 정도다. 그러나 큰 역할을 하는 기자는 대부분 유대인이다.

신문의 권위확립에 공헌한 이는 아돌프 옥스이다. 그는 유대인 가정 출신으로 11세 때 미국 중부 테네시주 녹스빌 마을 신문사 급사로 일했다. 17세 때 켄터키주 루이스빌 신문 식자공으로 들어가 문장도 배우고 기사작성도 익혔다. 20세 때 테네시주 채터누가 타임스라는 다 쓰러진 신문사를 250불에 사들여 재건하여 미국 남부에서 가장 권위 있는 신문사로 만들었다. 그는 진지한 태도로 미국 유대교의 대표적 혁명파를 이끄는 랍비 아이작 와이스의 딸과 결혼한다. 옥스는 상식적 신문편집, 누구 편도 아닌 신문으로서 정당 정파를 떠난 공평한 뉴스제공으로 인쇄할 가치 있는 뉴스만 싣는다는 방침을 세웠다. 이제 이 뉴욕타임스는 세계에서 가장 영향력 있는 신문이 되었다. 공정성을 위해 유대인을 편드는 기사는 피한다. 히틀러의 유대인 학살 기사도 크게 다루지 못했다.

현대적 저널리즘 확립을 통해 신문과 독자관계를 날카롭게 관찰하고 참다운 저널리즘상을 보여 준 사람은 월터 리프만이다. 마음속에 가치관이나 바람을 통해서 사물을 보려는 경향이었다. 그래서 보도된 뉴스와 진실은 같은 것이 아니라 확실히 구별해야 한다는 것이다. 신문이 세상인심을 대표하는 법정인 듯 생각하면 뉴스 자체가 편견에 치우칠 염려가 있다. 이런 언론법정은 늘 공평하거나 옳은 것도 아니다. 신문이란 어둠 속을 비추는 여러 방향의 서치라이트에 지나지 않는다. 빛이 닿지 않는 곳까지 발굴할 수는 없다. 마지막으로 독자 자신의 판단이 중요하다고 리프만은 지적한다. 리프만은 유복한 독일계 유대인 외아들로 하버드대학 철학과를 우수한 성적으로 졸업했다. 당시 하버드대학은 유대인에게 냉담하여 그는 유대인임을 숨기려 했다. 20대 초반에 사회주의 운동에 가담했으며, 제1차 세계대전 중 정보장교로 육군에 들어갔다. 사물관찰에 거리를 두고 보는 경험으로 정보에 대한 냉담한 자세, 객관적 태도를 길렀다. 리프만은 독자가 15분 만에 신문을 다 읽기 때문에 간결하고 알기 쉬운 오해의 소지 없는 문장을 중요시했다.

라디오와 TV 방송 분야는 미국에서 유대인들의 독무대였다. 유럽 방송계에서는 유대인 활약이 거의 없는데, 유럽은 거의 국가 주도형의 방송이기 때문이다. 1877년 마이크로폰을 발명한 이는 독일에서 온 유대인 에밀 벌리너였다. 미국 방송의 3대 네트워크인 NBC, CBS, ABC의 창립자가 다 유대인이었다. 미국 NBC 창립자 데이비드 사노프는 러시아 민스크에서 1900년에 가족과 함께 미국으로 이민 왔다. 그는 신문기자가 되고 싶어서 신문팔이가 되었다. 주급 5불로 신문사에 고용되나 실제로 취직한 곳은 전보회사였다. 입구를 잘못 찾아 전보회사 면접시험을 보았던 것이다. 급료를 모아 전신기를 사고 집에서 모스 기호를 외웠다. 이듬해 마르코니 무선회사로 전직, 무선 기사가 되어 2년간 근무했다. 1912년 4월 14일 야근 중 SOS 통신음이 들렸다. 그것은 2,400킬로미터 떨어진 대서양에서 보낸 신형 대호화선 타이타닉호가 빙산충돌로 조난당했다는 전파였다. 3일 밤낮으로 침몰하는 타이타닉호와 교신하고 구조선과 교신하여 생존자 명단, 구조상황 등을 아는 이가 그뿐이었기에 담당자를 중도에 바꿀 수가 없었다. 타이타닉호 조난으로 1,513명의 생명을 잃었지만 사노프가 구조신호를 받아 700여 명의 승객이 구조되었다. 사노프는 미국에서 영웅이 되었다.

헐리우드 영화도 원래는 유대인이 뉴욕에서 값싼 오락을 제공한 데서 나왔다. 가난한 예술인과 노동자의 애환을 담았다. 보도나 미디어에서는 유대인 참여가 대단했다. 천대받던 세계를 유대인이 친근한 세계로 바꾸었다. 이제는 신문, TV, 영화 모두가 선망의 직종이 되었다. 그런데 아직도 유대인의 공명정대한 객관성 추구는 그대로다.

스필버그는 영화감독이 꿈이었다. 소년 때 카메라를 들고 여동생을 주인공으로 아마추어 영화를 만들며 꿈을 키웠다. 그의 아버지는 전기기사였다. 큰 회사 관리직을 맡은 아버지를 따라 이사하느라고 친구를 오래 사귀지 못했다. 스필버그가 16세 때 샌프란시스코 부근 사라토가로 옮겨 갔다. 그곳 고교에는 유대인이 혼자뿐이었다. 복도에서 부딪히면 그들이 다 빈정거렸다. 조롱도 받았다. 그는 결심했다. "유대인이라 괴롭히는 자들을 때릴 수 없다면 내 편으로 만들자." 제2차 대전 영화를 만들 때 스필버그는 괴롭히던 상대 아이에게 주인공을 시키기로 했다. 카메라는 자기를 표현하는 수단, 방어하는 무기였다. 고교 졸업 후 스필버그는 캘리포니아 국립대학 비치 캠퍼스에 입학했다. 독학으로 영화 3편을 찍었다. 그중 하나가 〈엠블린〉이었다. 그는 여름방학 3개월간 매일같이 유니버설 스튜디오에 다녔다. 이런 식으로 감독 편집자, 각본가, 사무직원과 친해졌다. 그리고 당시 TV 부분 제작자가 〈엠블린〉을 보고 그와 계약하자 했다. 유니버설에 입사한 것이다. 3년간 TV 프로를 기획하고 감독했으나 그의 꿈은 역시 영화감독이었다. 1974년 〈슈가랜드 특급열차〉를 감독했다. 평론가는 호평했으나 흥행은 실패했고, 그 뒤 〈조스〉와 〈ET〉로 인정받고, 〈쥬라기 공원〉은 8억 5,000만 불을 벌었다. 다음은 자신이 꼭 만들고 싶었던 〈쉰들러 리스트〉에 착수했다. '내 자신이 유대인이라 확인할 일을 해 보고 싶다.' 1994년 스필버그는 꿈의 일 SKG라는 제작회사를 설립했다. 그는 꿈을 크게 가지자, 포기하지 말자, 오늘만 살지 않고 내일을 기대하라, 성공하는 습관을 기르자 하면서 일했다.

실개천부터 채워야 바다가 된다. 단번에 바다를 만들 생각을 하지 말라. 실개천이란 조그만하고 물도 적다. 그러나 그 실개천 물이 모이면 바다가 된다. 하루가 바로 인생이 되고 1분 1초가 모여서 일생이 된다. 시간은 여벌이 없다. 한 번만의 시간이 왔다가 간다. 가 버린 그 시간은 영원히 내게로 오지 않는다. 동물도 마찬가지다. 동물에게는 현재밖에 없다.

몸을 두고 생긴 말은 중요하다. 너무 앉으면 치질에 나쁘고 너무 서 있으면 심장에 나쁘다. 너무 걸으면 눈에 나쁘다. 이것은 이스라엘에 한정된다. 그곳은 사막지대와 모래먼지 때문에 그런 말이 생겼다. 처세술도 알맞게 하라는 격언이다. 유대인의 힘은 균형 있는 삶에 있다. 이상주의는 장미향기로 호박으로도 맛있는 스프를 만든다고 속단한다. 과격한 행동은 해롭다는 말이 된다. 행운에 의존 말고 협력하라는 말은 세계를 유랑한 유대인이 가지는 인생철학이다. 행운은 기다려서 얻는 것이 아니라 피땀으로 힘써 일하여 얻는 것이다. 운이 나빴던 슐레미르라는 남자는 뭐든지 되는 일이 없었다. 우산 장사를 하면 볕이 쨍쨍하고 나막신 장사를 시작하면 비가 내린다. 뭐 하나 되는 일이 없었다. 착한 일의 보상은 선행한다는 것이다. 선행 그 자체가 인간에게는 엄청난 영광의 보상이 된다. 좋은 소식은 느림보이나 나쁜 소식은 촉새같이 빠르다. 쇠사슬도 고리 하나가 빠지면 소용없다. 아무리 훌륭해도 하나만 잘못되면 허공으로 사라진다.

대체로 성공의 절반은 인내다. 인내해야 앞이 보인다. 유대인에게는 질문이 왜 그리 많으냐 하면, 질문하면 왜 안 되냐 한다. 끈기 있게 많은 질문을 하지 않고서는 성공할 수 없다. 성공 문을 열려면 문을 밀든가 당기든가 해야 한다. 문은 열어야 들어갈 수도 나올 수도 있다. 현명한 사람과 어리석은 사람의 일곱 가지 특징이 있다. (1) 현자는 자기보다 지혜로운 사람 앞에서는 말을 하지 않는다. (2) 현자는 남이 이야기할 때 끼어들지 않는다. (3) 현자는 남의 말을 한마디도 흘려듣지 않는다. (4) 현자는 적절한 질문만 하고 적절한 대답만 한다. (5) 현자는 앞뒤가 맞는 말만 한다. (6) 현자는 모르는 것은 모른다고 말한다. (7) 현자는 반대되는 사람의 말이 옳으면 즉시 시인한다. 유대교는 기도보다 공부를 더 많이 한다. 유대인에게 있어서 성경공부가 곧 기도이다. 의문을 가져야 앎의 길이 열린다. 의문에서 지식이 자란다. 다들 쾌락, 부유, 성공을 달콤하게 여기나 유대인은 학문과 공부를 달콤하게 생각한다. 어린이 교육은 유대인에게 매우 중요하다. 어린이에게 길 가는 법을 가르치라. 어른이 되어서도 그대로 갈 것이다.

탈무드의 이야기 한 토막을 보자. 어느 집에 손님 셋이 왔다. 저녁식사 초대였는데 손님이 돌아간 뒤 값비싼 촛대가 없어졌다. 이튿날 세 손님과 주인이 랍비를 찾아가 지난 이야기를 했다. 랍비는 말을 듣고 한동안 깊이 생각에 잠겼다. 그리고 말했다. "옆방에 한 사람씩 들어가서 캄캄한 방 안에 테이블 위 촛대를 만지고 나오시오." 그리고 촛대 훔친 사람이 만지면 온몸이 마비되고 비명을 지를 것이라 했다. 한 시간쯤 지난 뒤 랍비가 돌아왔다. 주인부터 옆방에 갔다. 네 사람이 다 옆방에 갔다 왔다. 비명 지른 사람이 없었다. 촛대에는 검댕이 칠을 했기 때문에 만진 사람은 손이 더러워졌다. 그런데 손님 중 하나는 손이 깨끗했다. 랍비는 그가 범인이라 단정했다. 범인이라면 촛대를 만지지 않았을 것이기 때문이다. 랍비의 생각이 적중했다.

탈무드는 그 사람이 가질 수 없는 힘을 내도록 하는 것이 교육이라 했다. 유대교는 "사람이 잘 배워야 한다. 그러나 수동적으로 배우는 자세를 취해서는 안 된다."라고 했다. 어릴 때부터 탈무드와 친해지도록 부모가 지도한다. 유대인은 현자와 우매한 자의 구별이 아니라 배우는 자와 안 배우는 자가 있을 뿐이다.

유대인 엄마들은 아이가 잠들기 전에 꼭 책을 읽어 준다. 주로 구약성경이다. 그리고 아이의 이불을 여며 주고 "내일은 아무 걱정 없게 된다." 한다. 모세의 출애굽 이야기, 다윗과 골리앗의 이야기 등이 최고 인기 있는 대목이다. 엄마가 이 내용을 나직하고도 분명히 읽어 주면서 너도 크면 모세 같은 남자, 다윗 같은 남자가 될 수 있다는 자신감을 심어 준다. 얼마나 감동적인지 모른다.

한 랍비가 쓴 유언이 있다. '아들이여, 책을 친구로 삼아라. 책상자나 책장을 네 기쁨의 밭과 뜰로 삼아라. 책의 낙원에서 따뜻함을 느껴라. 지혜의 과일을, 장미를 네 것으로 만들어라. 지혜의 향료를 보아라. 만일 네 영혼이 만족하거나 지치면 뜰이나 밭으로 나가 풍경을 즐기는 것이 좋다. 거기서 새 희망이 솟고, 네 영혼이 기쁨에 넘치리라!'

인간은 자기를 둘러싸고 있는 주변, 즉 가족이 얼마나 소중한지를 먼저 알아야 하고 다음이 배움이다. 가족과 배움은 일생에 가장 소중한 것이다. 탈무드에서는 두 종류의 교육을 받아 남보다 뛰어난 인물이 된다고 했다. 하나는 교사에게 받는 교육, 다른 하나는 자기 자신에게 받는 교육이라 했다. 행함이 뒤따르지 않는 교육은 헛것이다. 모태에서 태어난 인간은 스스로 다시 또 태어나야 한다. 자신의 삶을 통해서 태어나야 한다. 그래서 이전의 자기보다 뛰어난 사람이 진실로 뛰어난 사람이다. 낯선 사람에게 친절함은 천사에게 베푸는 친절이다. 탈무드의 교훈은 최고의 지혜가 친절과 겸손에 있다는 말씀이다. 누구나 자기 자신 속에 갇히면 남의 마음을 알 수도 볼 수도 없다. 집에 초대한 손님이 밥상에 손님 숟가락이 없으면 기침을 한다. 주인은 얼른 숟가락을 놓아 드려야 한다. 탈무드에는 세계에서 가장 불행한 사람은 지나치게 자기를 의식하는 사람이라 했다. 사람이 길에서 넘어지면 돌멩이 탓을 한다. 돌이 없으면 언덕을 탓한다. 언덕이 없으면 신발 탓을 한다. 인간은 악해서 여간해서는 자기 탓이라고 여기지 않는다. 마음 가꾸는 일이 두뇌 가꾸는 일보다 중요하다.

랍비가 저녁식사에 한 학생을 초대했다. 랍비가 그 학생에게 포도주 마시기 전에 기도문을 낭송하라 했다. 학생은 처음 몇 줄도 외우지 못하고 막혀 버렸다. 다른 기도문도 그랬다. 랍비가 가르쳐 준 것도 외우지 못했다. 랍비가 그 학생을 나무랐다. 며칠 뒤 그 학생의 사연을 알았다. 병자가 있으면 그 집 가서 일해 주고, 가난한 자에게는 자기가 일해서 번 돈을 주었다. 그래서 그 학생은 많은 선행을 했다는 것이다. 랍비는 부끄러웠다. 모든 제자들 앞에서 말했다. "마음으로 생각한 것은 곧 행동으로 나타난다. 그러나 만권의 책을 읽고 많이 안다 해도 마음을 꾸짖지 않으면 헛것이다." 하나님은 먼저 사람 마음을 보고 그다음에 두뇌를 보신다.

의롭게 살아가는 한 랍비가 지옥과 천국을 방문하는 허락을 받았다. 먼저 지옥을 갔다. 심한 고통에 울부짖는 소리가 들렸다. 더 가까이 가 보니 고급그릇에 최고의 음식이 가득하고 호화로운 연회가 열려 다들 테이블에 앉아 있었다. 그런데 왜 괴로워할까? 사람들의 팔꿈치가 바깥으로 굽었고 안으로는 전혀 굽혀지지 않아 그 좋은 음식을 전혀 먹을 수가 없었다. 팔을 안으로 못 굽혀 음식을 조금도 입으로 가져가지 못해서 울부짖고 있었다. 랍비는 다시 천

국으로 갔다. 똑같은 음식이 가득했다. 여기서도 똑같이 사람들 팔
꿈치가 바깥으로만 휘었다. 다들 웃고 즐겁게 음식을 먹고 있었다.
서로 먹여 주고 있었던 것이다. 랍비는 크게 깨달았다. 팔꿈치가
어디로 굽어지든 사람을 사랑하는 마음이 먼저 있어야 천국이지 그
게 없으면 바로 지옥이었다.

유대사회의 예시바에서 1년생은 어진 사람, 2년생은 철학자, 3
학년은 졸업반인데 비로소 학생이라 한다. 겸손하게 배우는 자가
성공한다. 지식 자랑은 어리석은 자의 무식함보다 못하다 했다. 역
경을 이기고 서는 자가 참 용기 있는 자다. 이것을 유대인은 바이
올린의 줄과 같다고 했다. 바이올린 줄은 팽팽해야 한다. 줄은 가
능한 최고로 탱탱하게 잡아 맨다. 그래야 퉁길 때 좋은 소리가 난
다. 인생이 그와 같다고 탈무드는 역설한다. 곤경을 견디어야 뇌가
불구덩이에 단련되듯 성공한다 했다. 집중력이 있어야 성공하고
집중력은 지속적이라야 한다.

유대인은 매사에 냉정한 눈으로 살핀다. 연애도 그렇다. 세 가
지를 숨길 수 없다고 탈무드에는 기록되었다. 기침, 가난, 사랑.
특히 정열 때문에 결혼해도 정열은 결혼만큼 오래 지속되지 않는
다. 사랑은 뜨거울수록 짧다. 유대인은 언제나 현실주의자다. 사
랑은 잼이다. 인생이라는 빵과 함께 먹어야 살 수 있다. 사랑을 가
볍게 하거나 우습게 여기면 중대한 결과를 낳는다. 결혼의 6대요
소를 탈무드는 이렇게 말한다. 첫째는 애정, 둘째, 셋째, 넷째, 다
섯째, 여섯째는 믿음이다. 믿음 없는 결혼은 금방 끝난다. 결혼하
여 3주간은 서로를 관찰하고 3개월은 사랑하고 3년은 싸우고 30년

은 용서하고 산다. 가정이 난공불락의 성과 같다면 결코 그 민족은 망하지 않는다. 이 가정이, 전 공동체가 사회적 연대책임을 가지고 있는 한 그 사회는 튼튼할 수밖에 없다.

인간의 기본존재는 고독하다. 태어날 때도 죽을 때도 오직 자신 한 사람뿐이다. 고독에서 벗어나려고 몸부림치는 것이 인간 본색이다. '자신의 마음속 고통은 자기만이 알고, 마음속의 즐거움은 남이 참여 못한다!' 이 말씀은 구약성경 잠언 14장 10절에 있다. 아우슈비츠에서 겨우 살아남은 의사 빅터 프랭클은 그의 저서에서 '아무도 자신의 고통을 견디어 낼 수는 없었다.'라고 했다. 어디까지나 고통은 내가 질 수밖에 없었다.

예수님과 간음 여인 이야기는 복음서에 자세히 나와 있다. 예수님 앞에 쓰러져 있는 여인에게 군중은 외친다. "우리 율법에 간음하는 자는 현장에서 돌로 치라 했는데 랍비여 어찌할까요?" 군중은 이미 대답을 알고 왔다. 그래서 저마다 돌을 들고 있었다. 잠시 비극적 흥분 앞에 랍비라는 예수는 침묵한다. 군중은 의기양양하였고 잡혀 온 여인은 이미 저승사람이 다 되었다. 랍비 예수는 일어나서 조용히 말한다. "너희 가운데 죄 없는 사람이 먼저 돌로 쳐라!" 순간 흥분은 얼음장에 덮이고 저마다 차이는 있으나 부끄러움을 못내 감추고 하나씩 걸음소리를 죽이며 군중은 그림자도 남기지 않고 사라졌다. 정말 기적같이 살아난 여인에게 랍비 예수는 말한다. "여자여! 다들 어디로 갔느냐? 나도 너를 어찌하지 않겠다. 가서 다시는 죄짓지 말아라!" 이것이 이 놀라운 드라마의 마지막 장면이다.

아인슈타인은 뛰어난 점보다는 남다른 점이 있는 아이였다. 그가 10세에 김나지움(중등교육기관)으로 갔을 때 부모는 가톨릭계 명문학교에 보냈다. 그 학교를 졸업하면 대학에 쉽게 진학할 수 있는 길이 있다. 그런데 그 아이는 학교생활을 견디지 못했다. 부모는 아이의 숙부 야곱에게 수학을 배우게 했다. 아이는 수학에 재미를 붙이고 열심히 했다. 15세 때 이미 미적분까지 익혔다. 러시아계 유대인 의대생 막스 탈무드에게 자연과학을 배웠다. 학습지진아에서 자연과학에 흥미를 가진 아이가 되었다. 여기서 아인슈타인이 다시 태어난 것이다. 아인슈타인은 학교공부를 버리고 독학으로 놀라운 과학도가 된 것이다. 아인슈타인의 아버지 헤르만은 유대인 전통을 지켰다. 의대생 탈무드를 매주 식사에 초대하여 친척 없는 유대인을 보살폈다. 이것이 아들의 성공 길을 연 것이다. 유대인교육은 실천을 소중히 여긴다. 아인슈타인 자신도 교육의 목적이 독립하여 살 수 있도록 함에 있다 했다. 아인슈타인은 유대인학교 교실의 주입식 교육을 싫어했다. 그는 획일적 수업에 맞지 않는 학생이었다.

탈무드에 덧붙여진 창세기 실화 가운데 새 이야기가 있다. 새가 하나님께 불평했다. "뱀은 독이 있고 사자는 이빨이 있는데 우리는 아무것도 없습니다." 그러자 하나님은 새에게 "날개를 주었으니 높이 날아라!" 하셨다. 새는 처음에 날개의 용도를 몰라 불평한 것이다. 인간에게는 머리를 주셨다. 인간이 하나님이 주신 복을 충분히 활용하지 못하고 있음이 사실이다.

책이 없는 집은 영혼이 없는 몸과 같다. 책과 양복이 같이 더러워졌으면 먼저 책부터 닦아라! 아무리 집안이 가난해서 다 팔더라도 책은 팔아서는 안 된다. 여행 중에 고향사람들이 모르는 책을 보거든 반드시 책을 사서 고향으로 돌아가라. 유대인의 시나고규 맨 앞 가운데에는 '거룩한 궤'가 놓여 있다. 그 안에는 두루마리 성경이 들어 있다. 그 두루마리 위에는 왕관이 놓여 있다. 또 아름다운 커튼이 있어서 두루마리가 보이지 않게 했다. 유대인에게는 책이 보물이다.

책은 인간에게 지식을 전한다. 1,000년 전보다 현대는 지식의 축적이 엄청 많아졌다. 지혜가 탈무드를 낳았다. 유대인의 모든 지식이 바로 이 탈무드에서 비롯된 것이다. 책의 민족인 유대인에게도 바로 이 탈무드와 구약성경이 늘 있었다. 그리고 아버지가 아들에게 지혜를 권하는 것도 큰 효과가 있다. 탈무드에서 그렇게 가르친다. 유대인은 학교교육보다는 시나고규교육, 또 그보다는 가정교육을 최고이자 절대적인 것으로 다들 생각하고 있다. 그래서 유대인 가정은 다른 말로 하면 가정학교다. 어머니가 대표교사다. 그래서 유대인은 어머니들의 교육수준이나 신앙이 매우 중요하다. 그래서 자녀 교육은 엄마의 절대적 영향하에 있다. 하나님께서 지혜의 근본이시고 지혜가 탈무드를 낳았다. 탈무드는 유대인을 낳았다. 그렇게 보는 것이 당연하다.

유대인은 기도하는 민족이다. 그러나 기도는 짧게 하고 교육은 길게 한다. 그것을 당연한 과정으로 본다. 야훼신앙이 유대인 생존의 조건이다. 거기서 교육을 그렇게 가르치고 시행하고 있다. 사실 어리석은 사람보다 절반만 어리석은 사람이 더 어리석다. 자신이 어리석은 것을 모르는 사람이기 때문이다. 교육은 실천이 중요한 것이다. 본보기식 교육이 그것이다. 말로만 가르치는 것이 아니고 행함으로 가르치기 때문이다. 아버지가 아들에게 일하기를 안 가르치면 도둑질하고 살라고 가르치는 꼴이 된다. 반드시 일하고 밥 먹게 하는 것이 유대인 생존의 기본이다. 그래서 자식은 아버지가 책임진다. 유대인 가정의 책임자는 아버지다. 철저하게 가부장적 가족제도다. 그러나 탈무드교육은 엄마가 책임지라고 했다. 나이 먹었다고 어른이 되는 것은 아니다. 나이가 아니라 결혼과 탈무드로 어른이 된다. 자식은 부모에게 골칫거리이나 자라면 마음의 아픔이 된다. 그래서 교육이 철저해야 한다. 인간으로서의 성숙 과정이 그런 것이다.

인생은 누구나 단 한 번만의 삶이 있을 뿐이다. 윤생이나 환생은 실제로는 없다. 오직 이생은 지금뿐이다. 다만 내세 하늘나라가 있을 뿐이다. 이것이 유대인의 인생관이요 이것이 유대인의 지식이다. 토라(율법)는 유대인 정신의 샘이다. 토라는 닫힌 상자 속에 있지 않고 늘 열려 있다. 토라를 읽으면서 사람들은 하나님을 만난다. 토라는 하나님의 말씀이다. 이 토라를 읽는 데는 이미 예부터 읽을 곳이 정해져 있다. 이 구절들을 읽으면서 유대인은 창조주 하나님을 만난다.

라틴어 주해서인 《메암로에스》는 수백 년간 유대인이 애독해 온 것이다. 이디시어로 된 《체나 율레에나》는 유대인 민중용 주해선집이다. 이 두 책이 유대인 가정에 토라의 통찰과 메시지를 전달했다. 하나님의 창조는 "빛이 있으라!"로 시작된다. 빛의 시작으로 천지창조의 첫걸음을 내디딘 것이다. 그리고 6일 동안 창조사업을 진행하시고 하루가 끝날 때마다 하나님 보시기에 좋았다고 하셨다. 시편은 거의 모두가 "안식일의 노래"다. 성전으로 올라가는 노래, 하나님 찬양이 그 실제 내용이다. 찬송은 빛의 노래의 연속이었다. 창조 이후 인간의 타락으로 하나님은 실망하셨다. 그러나 노아는 달랐다. 노아는 하나님 보시기에 마음에 들었다. 이 단 한 사람 노아 덕분에 이 세상은 저주로 사라지지 않고 그대로 남게 된 것이다. 그래서 노아는 세계를 건진 구세주의 상징적 존재라 할 수 있다.

탈무드나 미슈나는 생명탄생의 신비를 가장 방대한 유대의 법규 가운데 가장 어려운 규정이라 했다. 탈무드시대를 황당한 신화로 치부함은 잘못이다. 인간 탄생은 하나님, 아버지, 어머니, 이 셋의 연합작전이라 했다. 탈무드에서 아버지 역할은 몸의 뼈, 근육, 손톱, 발톱, 뇌까지, 눈동자를 제공하고 어머니는 피부, 살, 머리털, 혈액과 눈동자의 검은 부분을 제공한다. 하나님은 영혼, 숨, 모습, 시력, 청력, 말 능력, 걷는 힘, 이해력, 식별력 등을 제공한다고 했다. 인간은 그냥 이 세상에 내던져진 존재가 아니다. 특별한 목적과 섭리가 있었다.

탈무드에는 이웃을 내 몸같이 하라는 성경말씀 그대로 강조하고 있다. 유대교에서 가장 위대한 랍비로 알려진 아키바는 힐렐의 말을 이어 "네 이웃을 네 몸처럼 아끼라" 했다. 이 구절은 토라의 대원칙을 정리한 것이다. 아키바 랍비와 같은 시대의 사람 랍비 벤 아자이는 보다 근본적인 문제를 제기한다. 그는 사람에게 거룩하라고 강조한다. 거룩하면 이웃을 네 몸같이 할 수 있다는 것이다. 벤 아자이 랍비가 강조하는 것은 사랑 이전에 그 인품이 거룩함에 있어야 한다는 것이다. 그래야 이웃 사람을 내 몸 아끼듯 할 수 있다.

유대인은 유랑의 민족이었다. 과부나 어린이가 살아남을 수 있는 길은 이웃 사랑의 실천밖에 없었기 때문에 나그네를 돌본다면서 너희도 이집트에서 그렇게 나그네였지 않았느냐 강조한다. 토라는 여러 번 강조하여 나그네를 돌보고 학대 말라 했다. 중세기의 유명한 시인이자 성서 해석자인 아브라함 이븐 에스라는 의지 있는 자, 버림받은 자, 하찮은 하류계급의 사람들을 소중하게 하라고 훈계했다. 그들을 해롭게 하여 그들이 부르짖으면 하나님께서 그것을 들으시고 박해자들을 그냥 두지 않는다는 말씀을 가르쳤다.《신명기》는 토라 가운데서 가장 직설적 율법을 모은 책으로 가난한 자를 버려 두지 말고 반드시 보살펴야 함을 강조했다.

Talmud

제2편

탈무드의
이목구비

유대인의 세상살이

랍비의 가르침

◐ 유다 이본 티본 랍비의 유서

내 아들아! 책을 정다운 벗으로 삼아라. 책꽂이 밭을 네 기쁨의 밭, 기쁨의 정원으로 다 주어라! 책의 낙원에서 향기를 느껴라. 네 영혼이 무엇에 충만하면, 피로했다면 이 정원에서 여기저기 풍경을 감상하여라. 지식의 귀한 열매를, 아름다운 장미를 네 것으로 만들어라. 지혜의 꽃향기를 맡아라. 그러면 새로운 기쁨이 솟구치고 네 영혼은 희망으로 도약하리라.

◖ 넓은 지식보다 배움의 의욕이 중하다

나이가 많으면 배움의 의욕이 약해진다는 말은 유대인에게는 맞지 않다. 나이가 많아도 배울 수 있다. 배움은 젊음을 되찾게 한다. 청춘은 나이에만 갇혀 있지 않다. 나이보다 태도에 달렸다. 나이 많은 이가 젊은이에게 묻기 좋아한다는 것은 배움이 젊음을 누린다는 뜻이다. 유대인은 2,000년 전에도 그런 생각을 했다. 유대인은 생명이 있는 한 배웠다. 유대인은 배움을 보람이요 거룩한 임무로 알았다. 유대인은 천국 문 앞까지 배움의 길을 걷는 신념이 있다. 위대한 교직자라도 배움을 멈추면 안 된다는 신념을 가지고 있다. 많은 지식을 가진 사람보다도 배우는 사람이 더 훌륭한 가치가 있다고 생각한다.

◖ 지성보다 지혜를

사람에게 가장 귀중한 것이 무엇인가? 지성이 아니겠는가? 이것이 유대인의 종교적 전통에서 오는 사고방식이기 때문이다. 유대인은 긴 역사 동안 박해를 받았다. 살던 곳이 불타고 재산을 몰수당하는 때도 있었다. 유대인의 어머니가 자기 아이에게 묻는 수수께끼에 이런 것이 있다. "네가 살던 집이 불타고 재산도 빼긴다면 너는 무엇을 가지고 도망가겠느냐?" 이 물음에 아이들은 돈이나 보석을 챙긴다고 대개 대답한다. 그러면 어머니는 다시 "모양새도 색깔도 냄새도 없는 것이다."라고 암시를 주면 아이들은 엄마만 쳐다본다. "오직 지성, 지식뿐이다!"라고 어머니는 나직하고 힘 있게 말한다. "지성은 아무도 빼앗지 못하니 지성은 생명이 있는 한 늘 지니고 다닐 수 있는 것이다."

유대인에게는 이런 말도 있다. "가난하여 집안 재산을 다 팔아도 책만은 꼭 지니고 있어라!" 지식의 상징은 책이기 때문이다. 유대인은 집안 책꽂이를 침대머리 쪽에 꼭 두어야 한다는 풍습도 있다. 유대인 사회는 학자를 임금보다 더 높이 보았다. 이런 것이 유대인이 자랑으로 여기는 전통이다. 유대인은 학문을 그만큼 소중히 여기고 지식을 좋아하며 지식이 많아도 지혜가 없으면 책을 등에 싣고 다니는 당나귀 같다고 보았다. 책을 많이 가진 것보다 책을 많이 읽어야 한다. 그리고 지식은 지혜를 갈고닦기 위해 지니고 다닌다.

히브리말에 '훗햄'이 있는데. 이 말은 지혜를 가지고 사용하는 사람을 말한다. 옛날 랍비들은 목자나 구두수선공이 많았다. 지혜자 가운데서 뛰어난 이는 '탈미트 훗햄', 곧 탈무드에 정통하다는 뜻이다. 이들은 탈무드나 토라에 정통한 사람들이다. 자신을 어질다고 생각하는 사람은 어리석은 자다. 곡식은 익을수록 고개 숙인다. 탈미트 훗햄은 평생 배우고 부지런하여 슬기로운 사람일 때 이런 호칭을 받는다. 고대 유대사회에서는 탈미트 훗햄에게는 세금을 면제했다. 그만큼 지혜자는 사회에 유익했기 때문이다. 이 훗햄을 어떻게 존경하나? 훗햄은 부자보다도 위대하다. 훗햄은 돈의 고마움을 알지만 부자는 훗햄의 고마움을 모른다.

◑ 학문은 시계 같다
학식이 많다. 남보다 잘났다. 힘이 세다. 이런 것을 자기 스스로 자랑해서는 안 된다. 다들 싫어하기 때문이다. 탈무드에는 학식과 능력은 값진 시계와 같다고 했다. 물론 비유다. 몇 시냐고 물을 때 시계를 보이듯 접근해서 물을 때 고이 대답하라는 것이다. 유대인은 학식을 우물에 비유했다. "근원이 깊은 물은 아무리 퍼내도 마르지 않는다. 얕은 물은 곧 말라 버린다." 돈이나 보물은 잃기 쉽다. 그러나 지식은 늘 그 사람 속에 지니고 있다. 배우는 일은 평생의 직업이요 선생으로부터 많은 것을 배우고, 친구한테도 많은 것을 배운다. 더 많이 배우는 것은 학생으로부터다. 겸손하면 이렇게 배울 것이 많다. "지혜는 겸손을 낳는다."라고 아브라함 벤 에즈라는 말했다.

◐ 교육의 두 가지 종류

하늘의 시작은 어디부터인가? 당신의 발밑에서부터이다. 개미가 하늘을 쳐다본다면 얼마나 높은가? 당신의 구두에서부터일 것이다. 세계는 어디서부터 비롯되는가? 세계는 당신으로부터 시작되는 것이다. 이것이 일반적인 생각이다. 나는 이 세계를 훌륭하게 할 능력이 없다. 나는 무력한 존재다. 이것은 잘못된 사고방식이다. 결코 자신을 무기력하다 생각하면 안 된다. 모든 문제는 인간으로부터 그리고 자기 자신으로부터 시작하는 것이다. 당신은 세계의 어려운 문제를 크게 할 수도, 해결할 수도 있다. 당신은 절대 무력한 존재가 아니다. 당신 힘으로 주변 세계를 변화시킬 수도 있다. 그런 잠재력이 있다. 우리 주변에서 발견하는 세계에서 가장 중요한 것은 가족이다. 가족관계가 원만하면 만사가 이루어진다.

그러나 그런 줄 알면서도 애석하게도 원만치 못한 경우가 너무 많다. 배움이 좋은 환경을 만들 수 있다. 배움은 학교에 다니거나 책을 읽는 것뿐만 아니라 주위 환경이나 모든 사람으로부터 얻는다. 무엇을 원하는지를 아는 것이 중요하다. 배움은 폭넓어야 하고 진실한 삶에 보탬이 안 되면 가치가 없다. 배움의 목적은 인간다운 삶을 위함이라야 한다. 인간 매력을 보태는 데 있어야 한다는 것이다. 오늘날의 학문은 선악 개념이 분명치 않고, 과학도 사실을 밝힐 뿐 선악과는 무관하다 여긴다. 과학이 인간의 도구가 되어야 하는데 그렇지 못하다. 과학을 제대로 이용하면서 선악 판단도 해야 한다. 학문은 인간을 위한 도구가 되는 것이라야 한다. 탈무드에서는 뛰어난 사람은 두 가지 교육을 받는다. 그 하나는 교사로부터 받는 교육이고 다른 하나는 자기 자신으로부터 받는 것이다. 누구나 음양의 양면을 가지고 있다. 아무리 선해도 그늘이 있고 아무리 악해도 빛이 있다. 그늘은 부끄럽고 자신을 망치는 것이다. 빛은 갈고닦아 더욱 빛나게 한다. 빛이 있다고 교만해서는 안 된다. 그늘을 줄여야 한다. 인간도 교육도 세계를 위해 유용하게 되어야 한다. 옛날 랍비들은 자신만을 위해 살지 말고, 남을 위해서만 살지도 말아야 한다. 자신만을 위해 사는 자는 천박하다. 남을 위해서만 사는 자는 광신자가 된다.

◑ 남을 넘지 말고 자신을 넘어야 한다

유대인 알버트 아인슈타인 박사는 "사람은 늘 새것을 생각하지 않으면 인형꼴이 되고 만다."라고 가르쳤다. 자신의 습관대로 행동하고 있다. 근면한 것만으로 사회가 요구하는 일을 충족시켜 주지 못한다. 지성은 자주 닦아 주지 않으면 퇴색한다. 공부하면 서로 연결되는 새 지식이나 통찰력을 나타낼 수 있다. 인간은 저마다 창조력을 갖추고 있다. 스스로 가진 창조력을 계발할 줄을 모른다. 남을 넘으려고 하기보다 자기 자신을 넘어서려고 끊임없이 노력하는 사람이 되어야 한다. 그러면 언젠가는 반드시 남보다 뛰어나게 될 수 있다.

◐ 아이에게 주어야 할 것

어머니는 자신이 성취하지 못한 것을 자녀가 이루게 하려는 생각이 강하다. 용돈을 너무 많이 주거나 능력 이상의 좋은 학교에 보내려고 한다. 어버이의 인격적 애정, 근면성, 겸손함을 자식에게 전수하려고 애쓴다. 아이가 명문학교에 가거나 일류기업에 취직하도록 뒷받침하는 데 어버이는 최선을 다한다. 어버이가 이루지 못한 꿈을 자식에게 강요하고 있다. 자식이 5세면 주인으로 섬기고, 10세면 노예이며, 15세면 존중으로 대한다. 그 뒤로는 교육받음에 따라서 벗이 되기도 하고 상전이 되기도 한다.

◐ 어버이와 스승은 신이다

"고향의 높은 산들보다 더 높은 산을 오르는 인간을 만들라." 이 말은 미국 캘리포니아주 새크라멘토에 있는 주 의회 건물 벽에 새겨 놓은 글귀다. 이 말의 출처는 탈무드에 있는 유대인 사상이다. 히브리말에 '하림'은 산이다. '호림'은 양친부모요, 또 '오림'은 스승이다. 이 말은 어버이와 스승은 산과 같다는 뜻이다. 고향산천에 높이 솟아 있는 산을 우러러보면서 '저 산보다 높이 자라야지!' 한다. 그것이 유대인의 생각이다. 자식을 보다 높은 곳에 오르도록 애쓰고 있다. 공부하는 아이들도 그런 희망으로 열심히 한다. 유대민족은 교육열이 강하다. 3살부터 매주 6일간 하루에 6~10시간을 공부에 열중하고 있다. 교사의 집이나 학교 등에서 토라와 탈무드를 외우고 성인식(바미츠바) 교육에 대비시켜 공부한다.

질병에 걸리기 전에 자기 몸을 강인하게 단련하는 것이 최선이다. 살아남기 위해 성실하고 용감해야 한다. 최대의 적은 이성 잃은 본능과 욕망이다. 중국어에 명일(明日)은 밝아오는 날이다. 미래의 희망에 지혜와 환희를 몸으로 느끼는 삶을 기대하는 것이다. 오늘이 어두워도 내일은 찬란한 빛으로 가득한 희망이 보이는 날이 되는 것이다. 이런 우화가 있다. 개구리 세 마리가 우유통에 빠졌다. 첫째 개구리는 '모든 게 팔자소관이다' 하며 꼼짝 않는다. 둘째 개구리는 '여기서 빠져나갈 수 없다'라 생각하여 빠져 죽었다. 셋째 개구리는 비관 않고 현실을 직시하고 '내가 실수했다. 어찌할까? 반드시 무슨 방법이 있을 거야!' 하며 코를 우유통 위로 내밀고 뒷발로 차분히 헤엄쳐 보겠다 했다. 그런데 어떤 단단한 게 발에 닿아 일어서게 되었다. 헤엄치자 우유가 버터가 되어 그 위에 서게 된 것이다. 그래서 셋째 개구리는 무사히 우유통에서 빠져나왔다. 누구든지 계속 헤엄치고 애쓰면 성공할 길이, 살 길이 열릴 것이다.

유대인의 하루는 해가 지는 시간이 시작이다. 우리는 하루의 삶을 새벽에 시작한다. 유대인은 정반대이다. 저녁에 시작한 하루는

다음 날 해가 지는 시간에 끝난다. 이런 생각이 유대인의 삶의 틀을 우리와 전혀 다르게 하는 것이다. 가령 안식일의 시작은 금요일 저녁 해질 때 시작하여 일요일 해질 때까지 24시간이다. 그리고 유대인은 매우 낙관적이다. 시간이 지나면 반드시 금요일이 닥친다고 믿었다. 그러기 위해서 쉬지 않고 노력도 하는 것이다.

유대인은 포기할 줄 모른다. 위의 세 번째 개구리가 유대인의 상징이다. 희망을 잃으면 곧 죽음이다. 인간에게는 세 개의 문이 있다. 첫째는 과거 문이고, 둘째는 현재 문이며, 셋째는 미래 문이다. 이 세 개의 문은 어느 하나도 닫히면 안 된다. 죽음만이 이 문을 닫는다. 이들 문 안에 보물 상자가 꼭 있는 것이다. 어느 문 안에는 청춘이 있고 성공이 있다. 그리고 희망도 있다. 가장 중요하게는, 이 문 안에 하나님의 축복이 있다. 사랑이 있다. 우리는 늘 이 세 가지 문 가운데 어느 하나의 문 앞에 서 있다. 그리고 인생이 끝나지 않고 이 문에서 계속 이어지고 있는 것이다.

유대인은 늘 낙관적이다. 유월절에는 모두 〈아닌 마닌〉이란 노래를 부른다. 이 히브리말은 '나는 믿는다'란 뜻이다. 이 믿음이 유대인을 낙관적인 삶으로 인도한다. 이 노래는 아우슈비츠에서 죽어 가는 사람이 작사, 작곡한 것이다. 가슴을 뜨겁게 하는 노래이다. 아름다운 노래로 죽음을 피할 수 없는 자리에서 '구세주는 올 것이라 믿고 있다. 다만 오시는 시간이 늦어질 뿐이다'는 내용이다. 목숨이 끊어지는 순간에까지 이 노래를 계속했다. 희망을 안고 눈을 감는다. 그 영혼의 소망을 나치가 빼앗지 못했다. '나는 아직도 믿는다'는 노랫말은 유대인 동화 〈하늘을 나는 말〉 이야기에 나온다. 그 내용은 옛날 한 사람이 왕의 노여움으로 사형선고를 받는다. 왕에게 살려 달라 탄원한다. "내게 1년만 여유 주시면 왕의 말에게 하늘을 나는 방법을 가르치겠다. 1년이 지나도 날지 못하면 그때 사형을 달게 받겠다." 했다. 탄원이 받아들여지자 다른 죄수들이 '설마 말이 하늘을 날 수 있을까?' 빈정댔다. 그는 '1년 안에 왕이 죽을지도 모른다. 또 내가 죽을지도 모른다.' 했다. 이 이야기는 인간 무한 가능성을 여러모로 생각하게 하는 것이다. 희망을 가지고 노력하여 자신의 존재를 새롭게 해야 한다. 희망만 믿고 가만히 있으면 아무것도 안 된다. 그러니 희망은 인간의 생각과 땀을 먹고 새 역사를 펼치는 것이다.

유대인이 성경시대부터 박해받으며 살면서도 긍지와 강한 저항력을 가진 것은 긴 역사에 연유했던 데 있다. 유대인은 자기 민족 역사를 소중히 여겨 왔다. 유대인 개개인 역사와 민족의 역사가 같다. 나치 독일이 동유럽을 점령한 때 가족이 끝까지 희망을 잃지 않은 것은 유대인의 강인한 의지를 보였다. 무지개가 희망인 것은 노아 시대 이후 모든 유대인의 믿음이 되었다. 어떤 절망에도 유대인은 마음속에 무지개가 있었다. 어떤 박해에도 살아남는다는 희망이었다. 그래서 끝까지 견디었다.

우리나라에도 조그마한 절망을 못 이기는 사건이 많다. 입시에 실패했거나 곗돈 모임이 깨졌다고 자살한 경우도 있었다. 만약 유대인이었다면 결코 그런 어리석은 자살은 하지 않았을 것이다. 역시 체험하지 않고서는 강한 자가 될 수 없다. 신념은 생명보다 소중하다. 2차 대전 당시 동유럽의 한 유대인이 살던 나라가 나치에 점령되어 도시 광장에 유대인이 소집되어 강제로 모였다. 끌려나온 무리 중에 중년의 한 교사가 있었다. 나치 장교가 고함쳤다. "유대교를 버려라. 그러면 일생 먹고살 것을 주겠다." 그러자 그 교사는 "싫소!" 했다. 나치 장교가 "너희 하나님을 버려라. 그러면 살려주겠다!" 했다. 교사는 절대 못한다고 외쳤다. 광장에 모인 유대인은 다 긴장했다. 여인들은 눈을 감고 있었다. 유대교인은 신념, 곧 신앙의 생명보다 귀했다. 그 교사는 총을 맞고 쓰러졌다. 교사는 피를 흘리면서 외쳤다. "아도셈 흐 할로컴(신은 신, 신만이 신)." 나치 장교는 미친 듯이 고함쳤다. "이 더러운 유대놈아! 우리가 너희 신보다 더 강하다. 네가 신을 버리면 지금 곧 너를 병원으로 데려가 살리겠다." 그런데도 교사가 "싫소. 싫소!" 하자 총소리가 계속 울렸다고, 마침내 교사는 숨을 거두었다.

이 이야기는 그 교사의 아들이 처음부터 다 지켜보고 뒷날 이야기한 내용이다. 이 아들은 평소 아버지는 무신론자였으나 유대인 박해에 정면으로 맞서 순교한 것이라 했다. 신념이 그렇게 대단한 것이다. 긍지와 명예는 자신 속에 있다. 남의 눈치나 보는 것이 아니다. 인간 존엄성이 곧 자기의 설 자리다.

유대인은 금욕주의자가 아니다. 젊어 고생은 당연하나 늙어 가난은 부끄러움이다. 자기 인생 경영의 실패자이니까! 젊어서 가난은 성공의 실마리가 된다. 그 고생 끝에 사업과 인생이 자리 잡히고 결실을 가져오는 것이다. 성경에는 "지혜가 힘보다 낫지만 가난한 자의 지혜는 멸시받고 받아들여지지 않는다."라고 했다. 이 말씀은 지금도 통한다. 사회가 조금도 달라지지 않았기 때문이다. 동유럽 사회에는 거지가 있었다. '쉬노벨'이라 하여 허락받은 하나의 직업이다. 쉬노벨은 시나고규의 단골이었다. 탈무드에서는 가난하다고 바보 취급해서는 안 된다 했다. 그들 중에는 학문이 높은 이도 있었다. 쉬노벨에게 나누어 주는 일은 중요하다.

미국 속담에 "시간은 돈이다"라는 말이 있다. 그러나 유대인은 "시간은 인생이다"라 했다. 돈과 시간은 사실 상관관계가 없다고 유대인은 보았다. 돈은 모을 수 있지만 시간은 모을 수가 없다. 탈무드에는 인간을 재는 네 가지 척도가 있다. 돈, 술, 여자, 시간에 대한 태도이다. 이 네 가지 공통점은 매력이 있지만 도를 지나쳐서는 안 되는 것이다. 랍비는 "소년은 부모 생각보다 3년 빨리 어른이 된다" 했다. 돈, 술, 여자는 알 수 있고 관리할 수도 있다. 그러나 시간은 아무도 다스리지 못하고 시간은 시간대로 있다. 랍비 이야기는 또 있다. 두 남자가 악한에게 쫓겨 낭떠러지까지 갔다. 거기에 한 개의 로프가 있었다. 첫 남자가 재빨리 로프를 잡고 건너갔다. 두 번째 남자가 깊은 골짜기를 보고 겁이 났다. '무슨 요령이 있나? 겁이 난다. 밧줄 건너기는 처음이라 아는 게 없다.' 한쪽으로 기울면 다른 쪽으로 힘주어 균형이 잡히게 했다. 인생을 줄타기에 비유한 것으로 반드시 균형을 취해야 살아남는다는 것이다. 유대인 처세술은 언제나 지나치지 말고 적절한 태도가 필요함을 말한다.

유대인은 패배와 굴욕을 잊지 않고 기념한다. 실패를 기념하는 사람은 두 번 다시 실패하지 않을 것이다. 유대인은 패배를 반드시 기념한다. 다른 민족은 승리를 기념하고 즐긴다. 그것은 실패를 잊지 않기 위해서다. 실패가 주는 교훈이 크기 때문이다. 실패만 한 스승이 없기 때문이다. 유대인 최대의 명절은 유월절이다. 모세의 인도로 이집트에서 노예해방으로 홍해를 건너왔던 그날을 기념한다. 유월절 저녁식사는 가장 초라한 식탁이다. 식사 내용은 수천 년간 바뀌지 않았다. 누룩 안 든 빵은 노예 식탁이다. 그것을 기념하는 것이다. 그리고 값싼 나물을 먹는다. 이어 삶은 달걀과 아라차라는 술이 나온다. 유대인들은 유월절 패스오버 식사를 하면서 눈물을 글썽인다. 형식적이 아니고 진정 옛 조상님들의 한 많은 삶을 되새기는 것이다. 성공만 기억하고 실패는 잊어버리면 어찌될까? 실패와 성공의 균형을 잊지 말아야 한다. 이런 명절을 지키면서도 배운다. 배움은 고통이 따른다. 고통을 상기하여 배운다. 실패는 고통이나 반드시 잊지 말아야 한다.

유대인은 가부장제였다. 남자, 부계사회를 중시했다. 전 세계에서 아들선호의 최고는 유대민족이라 할 수 있다. 먹는 것, 입는 것 모두 아버지가 먼저다. 그러나 성경에서는 여자인 데보라나 미리암을 높이 평가한다. 히브리말 가운데 '하하말라트'라는 말은 '모성애'다. 가장 높은 가치를 두는 용어다. 유대사회에는 남자가 여자를 맞아 가정을 이루어야 독립한 남자로 인정받는다. 탈무드에서는 "아내를 자신같이 사랑하고 소중히 지켜라! 여자를 울리지 마라. 하나님은 여자 눈물을 한 방울 한 방울 다 센다."라고 했다. 유대인은 금요일 저녁 식탁을 '사바스'라 해서 온 가족이 다 모인다. 모여 아내 찬양 노래를 남편이 부른다. '당신은 미소, 상냥함으로 여기 있다. 당신은 입을 열면 지혜가 나오고 하나님이 당신을 축복

하여 자식을 지키시고 도우신다.'

알렉산더 대왕의 일화에는 이런 것도 있다. 미드라슈의 이야기 한 토막을 보자. 대왕이 여성만 사는 마을에 가서 점령하려 하자 여자가 말했다. "만약 대왕이 우리 여자를 다 죽이면 세계는 '대왕이 여자를 죽였다' 할 것이고 우리가 왕을 죽이면 세계는 '무슨 왕이 저래? 여자 손에 죽었어.'라 할 것이다." 그러자 대왕이 이 여자들을 죽이지도 살리지도 못하고 그냥 왔다는 것이다. 미드라슈의 이 말은 여자란 이렇게 난처한 존재라는 뜻이다. 성경 구절에 다투기 좋아하는 여자와 함께 있는 것보다 지붕 모퉁이에서 사는 것이 더 좋다 했고, 양처는 남편에게 왕관 같고 악처는 남편의 뼈를 썩게 한다고 했다.

웃기기는 인간이 가진 힘 가운데 가장 강한 것이다. 강인한 정신을 몸에 익히기 위해 웃음을 자기 것으로 해야 한다. 웃음은 백약 가운데 으뜸이다. 웃음은 괴로움을 달래 주고 적당한 웃음은 생명을 살린다. 웃으면 그만큼 여유가 생긴다. 웃으면 마음이 풀어진다. 이 유머는 지성과 경험에서 나온다. 위기 때나 절망 때도 웃음은 잠시라도 자신을 건강하게 지켜 준다. 바른 길을 찾는 여유를 준다. 웃음은 냉정을 잃지 않게 하는 약이다. 유대인은 웃음을 소중히 여겨 왔고, 웃음의 민족이라 할 만한 민족이다. 유대인은 책의 민족이요 노래하는 민족이요 기도하는 민족이다. 역사 속의 가혹한 박해에서도 살아남은 것은 웃음과 기도 때문이라 할 수 있다. 잘 웃기는 사람은 지능지수가 높은 사람이다. 유대인은 웃음을 소중히 여긴다. 지혜와 농담을 히브리어로 똑같이 '호프마'라 한다.

로스차일드는 영국 황실이 좋아해서 굴지의 부호가 되었고, 그의 무기는 농담이었다. 그는 가장 빠른 말로 유럽의 조크를 모아 궁정에서 사용하였다. 궁중 인기가 높아 성공 실마리를 잡았다. 이런 유머 한 토막을 보자. 히틀러가 점성가한테 "유대인의 축제일에 암살된다" 하는 말을 듣고 즉각 친위 대장에게 유대인의 축제일에는 경비를 50배로 더 많이 하라 명한다. 그러자 점성가는 "아닙니다, 당신이 암살되는 날이 그들 유대인에게는 축제일이 됩니다." 했다 한다. 농담은 대개 의외성이 있다. 고정된 삶에서 벗어난 것이 웃음이 되는 것이다. 유대인은 늘 권위를 의심해야 한다고 가르친다. 권위를 웃음으로 하는 것은 유대인의 힘이다. 프로이트나 아인슈타인의 새로운 학설은 새로운 발견의 동력이 되었다. 새로운 학설에 의외성이 많은 것은 당연한 것이다. 웃음은 창조력을 키우는 데 큰 힘이 된다. 유대인은 재치를 존중한다. 유대인은 조크나 수수께끼를 소중히 여긴다. 조크는 머리를 갈아 주는 숫돌이 되고 의외성이 있다. 어린이가 사물을 파악할 줄 알면 저녁 식탁에서 아버지는 수수께끼를 낸다. 성인이 되고 서로 조크를 즐긴다. 조크는 반대성도 있어 두뇌활동을 좋게 한다. 작은 이야기나 조크가 머리에 기름칠이 된다.

　자만심은 어리석음이다. 자만만큼 꼴불견이 없다. 자만심 부리는 사람을 좋아하는 사람은 아무도 없다. 태양은 당신이 있든 없든 뜨고 진다는 유대인 속담이 있다. 자만으로 겸손을 잃고 자신을 개선하려는 마음을 잃어버린다. 자만은 꼭 실수를 한다. 탈무드는 자만을 어리석음이라고 규정했다. 자만심은 범죄는 아니나 죄의 옆

자리에 있다. 자만심에는 하나님의 자리가 없다. 유대인은 어린이에게 자만심을 깨우칠 때 성경이야기를 해 준다. 천지창조 맨 끝날에 인간창조를 하셨다고 설명한다. 인간이 다른 모든 피조물보다 맨 나중에 창조되었으니 잘난 체할 이유가 없다 한다. 인간보다 벼룩이나 벌레가 먼저 창조되었다. 탈무드는 현인이 자식 자랑하면 바보보다 못하다고 경계한다. 돈은 자만심의 지름길이고, 자만심은 죄악의 지름길이다.

체르므란 마을이 있었다. 이 마을은 험한 절벽을 넘어야 갈 수 있는 길뿐이다. 길은 절벽을 넘는 가늘고 험하고 꾸불꾸불하다. 위험이 발걸음마다 놓여 있다. 생선 팔려던 어부가 절벽에서 생선을 떨어뜨리거나 우편배달부가 절벽에서 편지를 잃거나 하면 큰 문제였다. 우유배달꾼이 절벽에 우유를 엎질러 버리면 큰일이다. 마을 장로들이 모여 대책을 의논했다. 여러 날 의논 끝에 안식일에 이르러 대책을 세웠다. 장로들은 절벽 밑에 병원을 짓기로 했다. 병원을 세워도 생선어부나, 우편배달부나, 우유배달꾼을 위한 것이 아니다. 해결 없는 의논은 쓸데없다. 현자는 어리석은 자에게서 교훈을 풀어낼 수 있지만 어리석은 자는 현자에게서 교훈을 얻지 못한다. 그런데 이런 말도 있다. 어리석은 자도 돈만 있으면 왕후 같은 대우를 받고, 어리석은 자를 가르침은 구멍 난 주전자에 물 붓기다. 어리석은 자도 침묵하면 성인처럼 보인다. 이런 말은 탈무드 구석구석에 발견된다.

수다는 해로울 뿐이다. 한 마을에 이웃의 소문을 퍼뜨리는 여자가 있었다. 견딜 수 없는 마을 여자들이 랍비를 찾아와서 호소했다. "나는 과자를 좋아한다 했을 뿐인데 남에게 하루 세끼 밥 안 먹고 과자만 먹었다" 했고, 또 다른 여자는 "남편 출근하면 아침부터 잠만 잔다" 했고, 또 다른 여자는 "젊게 보이려고 화장을 지나치게 한다"고 소문 낸다 했다. 랍비는 말 좋아하는 여자를 불렀다. "왜 그렇게 남의 이야기를 많이 하느냐?" 하니 "별로 아닙니다. 굳이 말한다면 좀 과장했을 뿐입니다." 했다. 랍비는 말 많은 여자에 큰 자루를 하나 주며 "이 자루를 들고 광장에 갔다가 집으로 올 때 자루 속에 든 것을 조금씩 길에 두십시오. 집에서 다시 광장으로 갈 때 아까 버렸던 것을 다시 자루 속에 주워 담아 오시오!" 했다. 여인은 시키는 대로 했다. 그런데 자루 속에 가득한 새의 깃털을 길에 버렸다가 다시 주으려니 바람에 날아가 별로 주을 게 없었다. 텅 빈 자루를 들고 랍비에게 왔다. 그대로 보고했다. 랍비는 "남의 말은 자루 속의 깃털 같습니다. 일단 입에서 나가면 주워 담지 못합니다. 당신의 수다가 결국 당신을 망치게 됩니다. 그래도 좋겠습니까?" 했다. 그 여자는 다시는 소문을 퍼뜨리지 않았다 한다. 욕하는 자가 없으면 싸움불은 꺼진다. 미담도 퍼지면 욕이 된다. 풍문은 친구를 갈라놓는다. 못 본 것을 입으로 찾아내려 하지 말라는 지혜를 배운 것이다. 사람은 자기 자랑의 물속에 사는 물고기다.

인간은 집단을 이루는데, 가정, 직장, 단체가 중요하다. 특히 유대인은 민족의식이 투철하다. 그러나 인간은 태어나면서 자기중심적이 된다. 유아는 자신만 생각한다. 자기중심으로 보고 살아간다. 어떤 사람은 평생을 어른 노릇 한번 못하고 어린이 노릇만 하다가 죽는 이도 있다는 것이다. 어른이 애기 노릇만 한다면 꼴불견이다. 자신만을 위하는 사람이 그렇다. 약간씩 차이는 있어도 세상 모든 인간이 제 잘난 맛에 살고 있다. 루스 베네딕트가 2차 대전 중에 쓴 《국화와 칼》은 일본인을 주인공으로 쓴 것이다. 일본인은 죄의식이 없고 주위에 부끄러움은 좀 가졌다 했다. 일본인은 여행에서 부끄러움을 잊어버리라 했다. 일본인의 국민성이 수치는 감추고 자랑은 이고 다닌다 했다. 죄의식은 그 민족의 종교와 관계있다. 일본의 종교가 무속적이기 때문에 그런 사고방식을 가진 것 아닐까?

랍비 양켈은 말했다. "언제나 갈대처럼 유연하다. 삼목처럼 커서도 안 된다. 갈대는 바람 부는 대로 흔들리고 그러나 늘 제자리에 서 있다. 바람이 없어도 제자리에 서 있다. 갈대는 무엇이 되나? 토라를 쓰는 펜이 된다. 삼목은 서북풍이 불어도, 서남풍이 불어도 서 있는 모습이다. 삼목은 집 짓는 재료나 장작이 된다. 갈대는 유연한 생활을 해 온 삶이 약속되었고 삼목은 경직된 삶이 벌을 받는다." 일에 열중하다 보면 인간다운 점에서 멀어진다. 바쁜 것은 부지런한 일이지만 그렇지만은 않다. 일손을 멈추고 '왜 태어났을까? 사명이 있는 게 아닐까?' 하는 고민으로 인생의 목표는 무엇일까? 인간 깊이를 안겨 주는 것이다.

인간은 남의 잘못에 민감해한다. 그러나 자신에게는 관대하다. 가끔은 자신에게만 특권이 있다고 생각한다. 아내, 자녀, 동료, 윗사람, 주위 사람을 설정한다. 좋은 가족이란 무엇인가? 가족은 공존하며 돕고 주고받고 한다. 히브리말에 1은 '에라트'인데 숫자 1의 의미뿐 아니라 유니크하다는 의미도 있다. 늘 자신이 1이 되려는 노력을 해야 한다. 1이란 가장 명예로운 숫자이다. 그래서 모범은 자기로부터 시작되어야 한다. 우선 좋은 기록이 되어야 한다. 참 지도란 무엇일까? 모범 보여야 할 인간이다. 시작을 만들 수 있는 인간이다. 겸손한 사람은 힘을 남겨 둔다. 자만한 자는 제 힘 이상으로 발돋움한다. 그래서 겸손한 이가 강하다. 자만하는 자는 자신의 한계를 모른다.

지정의 知情意 교육

　유대인의 어머니는 모두 일등 교육자들이다. 유대인의 어머니라고 함은 중요한 몇 가지 뜻을 안고 있다. '어린이에게는 힘들 정도로 학문의 필요를 강조하는 어머니'라는 뜻을 지닌다. 이 말은 유대인 어머니들의 의무를 일러 주는 보통명사 어머니보다 강한 뜻이다. 구약 출애굽기 19장에 "모세가 하나님 앞에 올라가니 여호아께서 산에서 그를 불러 말씀하시기를 너는 이같이 야곱족속에게 이르고 이스라엘 자손에게 고하라" 하셨다. 야곱은 유대인의 옛 조상으로 아브라함의 손자요 이스라엘은 야곱의 다른 이름이다. 십계를 주시면서 내린 명령이었다. 십계를 말씀하시면 처음 시작은 온화하고 부드러운 말씀이다가 뒤로 가면서 엄격한 명령조로 바뀌고 있다. 랍비들 해석은 십계를 처음에 여성에게 주었고 나중에 남성에게 준 말씀이라 했다. 유대인 어머니들은 일류학교 보내는 것이나 무턱대고 음악학원. 태권도학원에 보내는 한국 엄마들하고는 좀 다르다. 유대인 엄마들은 강제교육이 아니고 자녀가 하고 싶어 하는 것을 하도록 뒷받침한다.

아인슈타인의 경우, 4살까지 말을 늦게 배우는 저능아였다. 학교생활도 친구들과 사귀는 일도 잘 못했다. 1학년 담임교사가 "이 아이에게 지적 업적을 기대 마세요!" 했다는 것이다. 유대인 어린이는 유대인식 교육을 했다. 막연히 남 따라 하는 교육이 아니라 그 아이에게 알맞은 교육을 했다는 것이다. 긴 안목으로 지켜보는 교육이었다. 조급하지 않게 했다. 아인슈타인은 15세까지 교사로부터 아둔하다며 멸시받으면서도 유크리트, 뉴턴, 스피노자, 데카르트를 읽었다 한다. 어른이 되어 아인슈타인은 "나는 강한 지식욕을 가지고 있었다."고 했다. 그런데 선생은 그런 그를 발견 못한 것이다. 유대인 어머니는 자기 아이가 다른 아이와 다른 점이 무엇인가를 살핀다. 좋은 점을 발견하면 그것을 집중적으로 교육한다.

수줍은 아이는 공부를 잘 못한다는 것이 유대인의 견해다. 유대인은 얌전한 아이는 공부를 잘 못한다는 것이 전통의식이다. 배움은 듣기보다 말하기가 더 낫다. 아이자크 도이처는 폴란드 생으로 소련문제 전문가요 러시아 혁명사의 권위자다. 그는 13세에 랍비가 된 천재 소년이었다. 그는 부모로부터 '똑바로 서서 자신의 생각을 정리하고 할 말이 생기면 큰 소리로 분명히 하라'고 배웠다. 13세에 유대인들 앞에서 두 시간 동안 긴 연설을 했다. 청중은 크게 감탄했다. 이 연설을 들은 100여 명의 랍비들이 판정하여 랍비 자격을 주었다. 유대인 사회에서 가장 존경받는 직위가 바로 랍비다. 동양인과의 다른 점이 바로 얌전한 태도, 말을 아끼는 태도가 유대인에게는 점수가 낮다는 사실이다. 자신의 의사를 분명하고 강렬하게 주장하는 태도가 유대인다운 점이다. 조용히 듣기만 하면 앵무새 같다. 동양 엄마들은 학교에 입학한 자녀에게 "선생님 말씀 잘 듣고 얌전히 있거라!" 한다. 그러나 유대인 엄마는 "가만히 있지 말고 하고픈 말은 자신 있게 크게 외쳐라!" 한다. 그것이 차이점이다. 동양은 수업시간에 선생님 혼자 떠든다. 그러나 유대인 학교 수업은 시끄럽고 교사나 학생이 같이 큰 소리로 의사표시를 하고 있다. 교실 분위기가 크게 다르다. 유대인 교육은 교실에서 질문을 자주 해야 한다. 유대인 학생은 암기가 아니고 이해하는 것이라 판단하는 것이다.

유대인 학습태도를 말하는 이런 이야기가 있다. 몹시 목 마른 두 나그네가 한 집을 찾아냈다. 아무도 없는 빈집이었다. 높은 천장에 매달린 과일바구니를 발견한다. 손을 올려 과일을 잡으려 해도 손이 닿지 않았다. 한 사람은 화가 나서 나가 버렸다. 다른 한 사람은 배고픈 빈사상태이나 과일바구니를 봐서 사람이 있을 것이라 믿고 두루 찾았다. 사다리를 발견하고 과일바구니를 내릴 수 있었다. 그리고 먹었다. 유대인은 이와 비슷한 처지에서는 늘 후자의 방법을 따랐다. 유대인 어린이는 언제나 과일바구니를 위해 사다리를 찾는 적극적인 자세로 공부한다. 질문도 줄기차게 한다. 학습에는 늘 적극적이었다. 그것이 학문하는 참다운 모습이라 생각한다. 도

전하는 태도가 몸에 익숙해 있는 유대인이었다. 그래서 다른 민족보다 위대한 업적을 많이 남겼다. 육체적인 힘이나 수단보다 머리를 쓰는 일을 그들은 강조했다. 어린이 양육이나 교육법에서 유대인은 머리가 좋아지도록 만드는 교육방법과 교육환경을 조성했다. 세계적으로 유대인 머리가 우수하다는 것은 머리보다 그들의 교육방법과 육아법이 다른 민족보다 다르게 개방적이고 적극적인 사고방식이나 생활태도 때문이라고 보는 사람이 많다.

미국 동부지역 명문대학들에는 교수진 30%가 유대인이란 통계가 있다. 1905년부터 1973년까지 노벨상 수상자 310명 중 유대인이 43명이라 한다. 이것은 유대인이 머리가 좋아서가 아니라 교육적 특색에 있다 할 것이다. 늘 머리를 쓰는 삶이 유대민족 전반을 우수하게 만들었다. 몸을 부지런하게 움직이고 늘 깊이 생각하는 습관을 가진다. 유대인 랍비 마빈 토케이어는 1936년 뉴욕 태생이다. 초등학교 1학년 때부터 두 학교에 다녔는데 아침 8시부터 오후 5시까지는 일반 초등학교에 다녔고, 5시부터 40분 버스로 가서 다른 학교에 또 다녔다. 거기서 4시간 히브리어를 사용하며 유대문화와 유대인 정신을 배웠다. 유대교 경전인 구약성경과 탈무드를 배웠으며 철저히 유대인 훈련을 하고 집에 온다. 이 교육을 초중고 동안 날마다 공부했다. 그는 대학에서도 일반학생과 같이 공부하다가 그다음 시간에는 유대인 대학원에서 공부했다. 그 학교는 예시바 대학이었다. 그러니까 유대인 대학생은 두 개 대학을 졸업하고 두 개의 학위를 받는다. 마빈은 공부뿐 아니라 운동에도 소질이 있어 테니스, 야구를 잘했다. 프로팀에서 투수로 입단교섭이 있었다. 그의 투구는 타자들이 치기가 어려운 공이었다. 그는 야구팀의 유혹을 뿌리치고 랍비로 출발했다.

유대인 엄마들은 아이를 때릴 때 절대로 머리를 때리지 않는다. 뇌에 장애가 생길까 봐 신경 쓴다. 유대인 두뇌는 철저히 훈련되어 천재가 된다. 유대인은 거의 다 높은 지적 수준의 인물이 된다. 물고기를 주지 않고 물고기 잡는 법을 가르친다. 돈을 주지 않고 돈 버는 법을 가르친다. 물고기 잡는 법은 지식이다. 물고기도 지식의 상징이다. 동양에서는 지금까지 주입식 교육을 해 왔다. 그러나 이제는 이해능력을 갖게 하는 교육을 한다. 그러나 유대인 교육은 논문을 쓰게 한다. 보다 많은 자료를 찾게 한다. 자료수집이 곧 공부이다. 유대인 교육은 아직까지 세계 최고이다. 그 시스템이나 방법이 그렇다. 유대인 교육에는 지혜가 뒤지면 모든 면에서 뒤진다는 생각으로 공부를 하고 교사도 그렇게 가르친다. 위기를 극복하는 길은 지혜뿐이다. 오직 지혜를 가짐으로써만 살아남을 수 있다는 말이다.

유대인의 지난 역사는 박해의 역사였다. 그 박해의 세월에서 그토록 끈질기게 살아남을 수 있었던 것은 신앙이 주는 지혜였다. 야훼 하느님을 믿는 유일신 신앙이 유대인을 오늘에까지 살아남게 했고 황무지에서 이스라엘을 건국하고 아랍인 1억 2,000여만 명 틈에서 350만 명의 이스라엘 나라가 버티고 있는 근본도 바로 이 신앙이 주는 지혜였다. 장사를 해서 큰돈을 버는 것도, 노벨상을 세계 여러 나라 민족 가운데서 최고로 많이 받은 석학자 배출도 바로 이 신앙이 주는 지혜 때문이었다. 이 지혜야말로 유대인의 최고의 자산이었다. 랍비는 이런 말을 했다. "이 세상에서 제일가는 부자는 바로 나다. 다만 지금 그 재산도 보여 줄 수는 없다." 항해 중에 배에 해적이 닥쳐서 배 안의 모든 재산을 다 가져가도 전혀 잃어버리지 않은 내 속의 지식과 지혜와 신앙이다. 부는 유형 재산만은 아니다. 도둑맞지도 않는 무형의 유익한 재산이 인간 속에 간직해 있는 것이다. 지혜가 없으면 있는 재산도 잃는다. 그러니 유대인은 지혜교육을 하는 절실한 것이 바로 여기에 있다. 지혜 있는 자가 모든 것을 가진다는 것은 유대인을 두고 하는 말이다.

　지혜가 주는 즐거움과 성공의 맛이 꿀처럼 달다는 것을 유대인은 반복하여 배웠다. 공부를 하지 않으면 안 된다는 생각과 공부 안 하면 인생이 실패한다는 것은 하늘과 땅의 차이로 나타났다. 유대인들은 공부하는 일이 즐거운 일이고 출세의 길이라고 믿었다. 다른 나라 사람들은 공부하는 것을 부담스럽고 하기 싫은 것으로 알고 억지로 공부하고 있는 것과는 대조적이다. 유대인은 공부하는 것이 달콤하고 맛있는 것이라고 믿었다. 이스라엘에서는 초등학교 입학하는 날은 공부가 꿀같이 달다는 것을 어린이가 처음 체험하는 날로 알게 하는 커리큘럼을 짜 놓는다. 입학하면 꿀에 손가락을 찍어 히브리어 알파벳을 쓰게 하고 손가락을 입으로 빨아먹는다. 이 일이 꿀같이 달콤한 수업을 하는 시작이었다. 알파벳 22자를 쓰고 배운다. 그리고 공부가 바로 이 꿀맛이라는 것을 어린이는 알게 된다. 어느 학교에서는 1학년들이 설탕반죽으로 만든 케이크로 공부한다. 손가락으로 케이크를 찍어 알파벳을 쓰고는 입으로 빨아 먹게 한다. 달콤한 맛으로 공부가 달다는 것을 체험하게 된다.

또 한 가지 일본 도쿄의 유대인학교에서는 유대인의 알파벳 대신 다윗의 별을 그려 놓은 케이크로 수업을 한다. 손가락으로 다윗별을 그리면서 다윗왕의 위대한 건국과 신앙을 설명 듣는다. 그리고 손가락을 빨며 다윗별의 달콤한 맛을 본다. 그것이 1학년의 첫 수업이다. 꿀 글씨를 핥으며 공부한다. 유대인 어린이에게는 싫은 것은 무엇이든지 그만두고 해야 할 일은 최선을 다하라는 태도를 먼저 가르친다. 이런 자세로 하면 안 될 일이 없다. 유대인은 자녀에 대해 어떤 환상도 갖지 않는다 한다. '의사가 되어라!' '출세해라!' 등의 말은 하지 않는다. 자기 진로 문제도 자신이 늘 정하게 한다. 학문은 그 자체가 목적이고 수단이 아니라는 인식이다. 진로선택은 어린이 자신의 장래문제이니 자신의 선택과 자신의 행복은 같은 선택에서 해결해야 한다. 자녀 자신의 선택이 아니라 부모의 선택이 자녀에게는 부담이 된다. 충고와 뒷받침이 필요할 뿐이다. 자녀의 의사와 상관없이 어버이 멋대로 정해서 가르치는 경우와는 정반대의 교육방법이 유대인식이다.

레너드 번스타인은 러시아 출신 유대인이다. 그는 〈웨스트사이드 스토리〉의 영화음악으로 유명하다. 그의 아버지는 아이들이 피아노를 배우겠다고 뜻을 밝히기 전에는 피아노공부를 권하지 않았다. 본인이 하겠다고 하자 곧 피아노 레슨을 시켰다. 번스타인은 병약했으나 의지는 굳었다. 자신이 하고픈 공부를 파고들었다. 용돈을 아껴서까지 선생에 대한 사례금을 준비했다 한다. 과학자 아인슈타인이 일생 동안 바이올린을 사랑한 것은 7세 때부터 바이올린을 했으나 레슨시간이 너무 엄격해서 싫어서 1년쯤 중단했다가 2, 3년 지난 뒤 모차르트 곡을 켜 보고 좋아서 레슨을 받기 시작한 것이라 한다. 어디까지나 본인이 하기 싫으면 그만둔다는 유대인 교육의 한 모습을 아인슈타인의 바이올린 연주를 두고 생각하게 된다. 공부하는 주체가 어린이 본인이니 그의 생각에 맡겨서 교육하는 유대인 방법이 위대한 학자를 많이 양성한 결과를 가져온 것이다. 지그문트 프로이트는 17세에 빈에서 대학에 입학했다. 아버지 권고로 의학을 공부했다. 그러나 개업의가 안 되려고 13년간이나 연구실에서 연구에 몰두했다. 그 결과로 정신분석학에서 최고권위자가 되었다. 자연과학적 방법으로 분석하여 당시 심리학의 수준을 훨씬 능가하는 수준이 된 것이다. 어린이에게 지나친 기대와 간섭은 교육을 망치는 결과가 된다. 어린이 자신의 능력을 최대한 발휘할 수 있도록 해 주는 것이 부모의 최선을 다하는 길이다.

유대인 사회는 확실히 부계사회다. 그래서 가정마다 아들을 선호하는 관습이 세계 어느 민족보다 강하다. 옛날에는 인구조사 때 여자는 수에 넣지도 않았다. 그만큼 아들 선호가 대단했다. 탈무드에서도 부모 이야기가 나오면 반드시 아버지 이야기부터 먼저 나오고 다음에 어머니 이야기를 한다. 성전에서 부모와 함께 물을 요구하면 반드시 아버지에게 먼저 물을 드린다. 그래서 아버지의 권위는 가정에서나 사회에서 우선적이다. 프로이트와 쌍벽을 이루는 오스트리아 심리학자 알프레드 아들러도 아버지 권위 밑에서 잘 배울 수 있었기에 큰 학자가 될 수 있었다. 그는 아이 때 수학성적이 나빠 낙제까지 했다. 그때 담임교사는 "알프레드는 공부를 너무 못하니 학교 그만두고 구둣방 견습공이나 시키시오." 했다. 그러나 아버지가 교사의 충고를 물리치고 아들을 억지로 학교에 보내고 집에서 수학공부를 열심히 하게 했다는 것이다. 유대인 가정에서 아버지의 권위는 절대적이었다. 알프레드는 수학성적이 오르고 끝내 수학성적이 그 학급에서 1등이었다. 아들러는 개인심리학을 주장하여 프로이트와 대립했다. 이렇게 된 것은 그의 아버지의 애쓰는 정신이 바탕이 되었다. 교육은 사실 흉내 내는 데서 시작했다.

미국의 대표적 외교관으로 세계를 한때 쥐었다 놓았다 하던 미국 국무장관 헨리 키신저는 아버지 흉내를 내면서 자랐다. 그의 자서전에서 그는 아버지와 함께 공부했다 밝혔다. 헨리 키신저의 아버지는 독일 여고 교사였는데 그의 집 방 5개가 온통 책으로 가득했다 한다. 눈만 뜨면 책이 보이고 손만 내리면 책이 잡히는 환경에서 자랐다 한다. 키신저의 외교는 19세기 유럽의 외교사에 대한 그의 지식이 크게 영향을 주었다 한다. 그는 어려서부터 지켜보았던 아버지의 모습이 곧 모범이 된 교육이었다. 아이들은 아버지의 좋은 점도 나쁜 점도 다 배운다. 닮아 가기 때문이다.

아리스토텔레스의 《시학》에는 시를 쓴다는 것은 먼저 다른 시를 공부하여 습작으로 남의 시를 따라 하는 데서 비롯된다고 했다. 그와 같이 배움은 흉내 낸다는 말과 가깝다. 하던 공부를 중단하면 20년 공부도 다 사라진다는 말이 있다. 그만큼 중도에 그만두면 인생의 절반이 이미 실패하는 것이 되기도 한다는 말이다. 유대인 사회에는 친구에게 돈은 안 빌려 주어도 책은 빌려 준다는 말이 있다. 지식의 나눔은 책을 빌리는 데 있기 때문이다. 유대인 사회에는 어진 사람은 없어도 슬기롭게 공부하는 사람은 있다. 언제 어디에나 있다. 사람은 평생을 배워야 한다. 이것이 유대인의 기본 신념이다. 아무리 지혜로워도 배움을 중단하면 용납되지 않는다. 학문연구에 20년이 걸리지만 잊어버리기는 불과 2년밖에 안 걸린다고 한다. 현명함과 어리석음이 있는 게 아니라 배운 사람과 못 배운 사람이 있을 뿐이다.

탈무드를 보면 유대인은 '책의 민족', '음악의 민족', '기도하는 민족'을 가르치고 있다. 탈무드의 사상은 책이란 만민의 것이다. 만민이 다 같이 배움의 의무가 있기 때문이다. 유대인은 책을 한 권 다 읽으면 작은 파티를 한다. 그만큼 정신적 성장을 자축하는 것이다. 출근차에서도 탈무드를 읽고 퇴근차에서도 탈무드를 읽는다. 한 권의 책을 다 읽은 기쁨을 하나님께 감사드린다. 독서 파티에 친지들을 불러 함께 음식을 나누면서 기뻐한다. 동양에서도 서당에서 책 한 권을 다 공부하면 소위 책거리를 한다. 간단하게 먹고 마시면서 자축한다. 유대인은 태어나면서부터 책과 관계 있다. 어린이는 말을 배우면서 바로 《신명기》의 교육을 배운다. 엄마아빠가 그 교육의 책임을 다한다. 책 내용을 어린이가 이해 못하면 사실적인 이야기로 깊은 관념적 내용을 대신한다.

어린이가 가장 심각하게 관심 가지는 것은 '죽음'이라 한다. 친척이나 이웃에서 죽는 이가 생기면 어린이는 그 때문에 어른들도 슬퍼하고 울고 몸부림치는 것을 이해하지 못한다. 하나님의 나라 이야기로 죽음이 인간에 닥치는 이유를 신앙에서 해설한다. 왜 죽느냐 물으면 나이가 많아서, 질병 때문에, 사고 때문에 등 현실적인 해석을 한다. 죽으면 어디로 가느냐 물으면 죽으면 그만이다, 영혼은 하나님 나라에 간다고 설명한다. 어린이는 그런 말을 액면 그대로 이해 못한다. 그러니 사실대로만 말해 준다.

유대인들은 아무리 일에 몰두해도 가정파괴나 생명상실을 불러서는 안 된다고 믿는다. 유대인의 하나님 신앙은 모세와 아브라함의 신앙전통을 이어받으려 애쓴다. 유대인 사회에서는 하나님을 인간화하거나 구체적 존재로 믿기 힘들다. 다만 추상적이고 영적인 존재로 마음속에 하나님 신앙을 간직한다. 유대인은 하나님을 영적이고 추상적 존재로 받아들인다. 하나님을 결코 구상화할 수 없는 신의 존재로 믿고 있다. 유대인 어린이는 아브라함 유년기를 생각하고 같은 믿음을 가진다. 아브라함의 아버지는 우상 판매하는 일을 했다 한다. 인형 같은 신의 형상을 만들어서 판매했다. 흙이나 나무로 우상을 만들어서 팔았다. 어린 아브라함은 의심스럽고 이상했다. 아버지가 어느 날 외출한 뒤 아브라함은 막대기로 진열해 놓은 우상을 부셔 버렸다. 그 뒤 아버지가 오셔서 놀라시며 가게를 지키고 있던 아브라함에게 따지고 물었다. 이때 아브라함은 천연덕스럽게 거짓말을 했다. "아버지! 아버지가 나가신 뒤에 저 우상들이 서로 싸우다가 힘센 우상이 다른 우상을 때려 부셨습니다."했다. 그러자 아버지는 쓴웃음을 머금고 "저것들은 움직이지도 말하지도 못하는데 그게 무슨 소리냐?" 하셨다. 아브라함은 말했다. "아버지, 그럼 왜 저 우상이 무슨 힘이 있어 저 우상을 믿는 사람들이 복을 받습니까?" 했다. 아버지는 어이없기도 하고 아들이 똑똑하여 자랑스럽기도 했다. 아브라함은 어려서부터 우상은 하나님이 아니라는 것을 확신했다. 아브라함은 하나님은 결코 만들어질 수 없고 물질이 될 수 없음을 확신했다. 신령한 영적 존재이신 하나님 신앙을 그는 어려서부터 믿고 있었다. 동양 특히 한국의 어린이는 신에 대한 이런 이야기를 듣지 못하여 어른이 되면 무신론자가 많다.

유대민족에게는 이런 격언이 있다. "하나님은 언제 어디에나 존재함을 대신해서 하나님은 어머니를 인간에게 주셨다." '유대인 어머니'란 말을 과보호의 어머니라는 뜻으로 풍자적으로 사용하는 경우가 유대인에게는 있다. 랍비 요셉은 어머니 슬하에 자랐다. 자기 어머니가 다가오는 발자국 소리를 들으며 벌떡 일어나 "성령이 가까이 오신다. 어서 일어나야지!" 하고 말했다. 이런 기록이 탈무드에 나와 있다. 과보호는 어린이를 망친다고 믿지만 반드시 그렇지는 않다. 때로는 과보호가 어린이들을 독창적으로 재능을 꽃피운 예가 많이 있다. 프랑스 작가 마르셀 프루스트는 유대인 어린이로 응석받이였다. 어머니가 며칠 집을 비우면 울고 응석을 부렸다. 13세 때 너에게 가장 비참한 일은 무엇이냐 물으면 "어머니와 떨어지는 일"이라 했다. 그가 자라서 33세가 되어도 어머니가 그립다 했다. 하루에 서너 번이나 어머니에게 전화했다 한다. 이런 감정의식으로 작가로서의 정서가 풍부했다 한다. 그는 어머니로부터 이어받은 문학적 소양과 결부되어 있다. 그의 작품 〈잃어버린 시간을 찾아서〉가 명작이 된 것은 바로 어머니에 대한 서정적 감정이 바탕이 되었다. 응석받이가 결국 작가적 뒷받침이 된 것이다. 프루스트뿐 아니라 아인슈타인, 프로이트 다 응석받이로 자란 사람이었다. 어머니의 과잉애정이 자녀들의 정신균형 발달에 도움이 되었다. 개성을 가장 중요시하는 유대인에게 있어 어머니가 아이들에게 주는 영향은 절대적인 것이다. 아이들 두뇌를 비교함은 둘 다 죽이는 결과가 되고 개성을 비교함은 서로를 살리는 일이다.

유대인은 형제자매를 똑같은 인간으로 키우지 않고 서로 다른 인격자로 키운다. 그러니 형제는 비교하지 말아야 한다는 기본이 가정교육이다. 미국 국무장관을 지낸 키신저와 그 동생은 어렸을 때 라이벌이었다. 자라면서도 어른이 되어서도 둘은 경쟁관계였다. 부모로부터 그렇게 키워진 것이었다. 고대 유대사회는 한 사람이 범죄를 저지르면 가족이 다 함께 벌을 받았다. 부모는 아이가 친구 집에 갈 때도 형제를 같이 보내지 않고 따로 보낸다. 그것이 개성적 차이를 갖게 하는 교육이었다. 어른이 되어도 형제간의 경쟁의식은 서로를 발전시키는 데 도움이 되었다.

유대인 어린이는 여러 나라 말을 배우는 게 기본이었다. 어릴 적부터 습관적으로 나라 말을 배우게 한다. 그것은 부모의 배려로 배우게 된다. 언어학습이 곧 사회성공의 지름길이 되는 것을 유대인은 잘 알고 있다. 한국을 비롯한 동양인들은 외국에 약하고 언어교육이 약하다. 유대인 부모는 언어교육에 힘쓰고 3~4개 언어를 교육시킴을 당연하게 받아들인다. 심리학자 프로이트는 라틴어, 그리스어, 프랑스어, 독일어 등을 불편 없이 구사했다. 그는 10세 때 이미 그리스어, 라틴어 문법을 배웠다. 이 두 언어는 학문의 기본이 되는 언어이니 학자가 될 사람은 누구나 다 배워야 했다. 유대인은 언어에 관심이 않고 열심히 공부했다. 초등학교 때부터 두서

너 개 외국어를 배운다. 언어는 어려서 배워야 평생 안 잊어버리고 쓸 수 있기 때문이다. 언어교육이 유대인의 두뇌개발에 큰 도움이 된 것은 사실이다.

어린이 장난감에도 교육적인 것을 반드시 고려해야 한다는 것이 유대인 생각이다. 유대인의 어머니는 정말 교육적 어머니다. 교육환경 가운데 가장 중요한 것이 장난감 환경이다. 그래서 3세 이상의 어린이에게는 어른을 흉내 내는 장난감을 주어서 갖고 놀게 한다. 그것이 성장의 과정을 알게 해 준다. 6세까지는 감각자극이 운동신경을 자극한다. 장난감 선택에서 이 자극에 중점을 두게 한다. 장난감 중에 교육적인 것으로 집짓기 나무들은 장소에 따라서 큰 집을 짓는 것일수록 좋다. 어른 흉내 내는 장난감으로는 의사놀이, 간호사놀이, 돈놀이, 목석놀이, 원예놀이 등을 가지고 놀면서 어른 흉내로 많은 것을 배우게 된다고 생각한다. 놀이를 통해서 배우고 깨닫는 것은 평생 잊지 않는다. 또 연극용 소도구 놀이는 의상, 마스크, 손가락인형, 가발, 가게놀이 등을 들 수 있다. 이런 장난감을 사 줄 때 어느 한 분야 위주로 해서는 안 된다는 생각이어서 장난감을 자주 바꾸어 준다.

잠들 때 책을 읽어 주는 습관은 대단히 중요하다. 교육에 절대적인 영향을 주기 때문이다. 유대인 어머니가 가장 큰 보람을 느끼는 것은 잠자리에서 어린이에게 책을 읽어 주거나 이야기를 해 주는 시간이라 할 수 있다. 잠들 때까지 읽어 준다. 식사 때 나쁜 버릇으로 야단치던 엄마도 침대에서는 가장 평화롭게 정겹게 품에 안듯이 안정된 분위기를 만들어야 한다. 가장 엄마다운 모습은 잠자리에서 엄마가 나지막한 목소리로 책을 읽으며 사랑의 목소리로 재우는 어머니의 모습이다. 유대인은 어머니의 베갯머리 이야기를 많이 듣고 자라면서 시인, 작가도 많이 되었다. 유대인 문인으로는 시인 하이네, 작가 프란츠 카프카, 토마스 만 등이 많은 상상력을 구사하여 세계적인 사랑을 받았다. 이들은 하나같이 성경을 알고 듣고 작품을 구상했다고 한다. 어머니의 베갯머리 이야기가 유대인의 정서에 가장 큰 영향을 준 것이다. 유대인의 교육은 역시 어머니 교육의 열매들이었다. 유대인의 어머니는 교육의 천재들이었다. 그들의 교육열과 교육방법이 유대인의 지식함양에 절대적인 동기와 결실로 나타난 것이다.

감정 교육

유대인 어머니는 자녀를 오른손으로 벌주어 때리면 왼손으로는 고이 안아 준다. 자녀를 따뜻이 안아 주는 것은 최고의 사랑을 전하는 어머니다운 모습이다. 한국의 선비들은 아버지가 아들을 엄하게 가르치고 벌을 주면 어머니가 안아 주고 다독여 주었다. 그렇게 자라는 아이는 어른이 되어 좋은 선비가 되었다.

이스라엘 농촌에 잘 조직된 사회가 있다. 건국 전후에서부터 흩어져 살던 유대인들이 건국하는 이스라엘 땅으로 몰려왔다. 그 농사꾼이 바로 키부츠다. 철저한 조직사회인 농촌공동체로 이스라엘 국가의 기초가 된다. 키부츠들이 모여 이스라엘 건국에 절대적인 공헌을 한다. 세계에서 이 키부츠를 보려고 오는 견학여행자들이 줄을 이었다. 그런데 키부츠의 육아법은 특이하다. 어린이들을 돌보고 키우는 것은 어머니가 아니라 훈련받은 여성 교사다. 부모가 다 농장으로 일 나가면 어린이는 키부츠 안에 모여서 놀고 먹고 쉬고 공부하는 가장 아름다운 교육기관이다. 아이들의 집에서 협동하고 공동체의 형제로 자란다. 그러다가 오후 4시부터는 부모 집으로 가서 부모와 함께 살고 함께 잔다.

유대인은 자식한테 부양받는 노인이 되지 않겠다는 생각을 가지고 노년기생활을 자립하는 대책을 젊어서부터 한다. 그것을 유대인다운 태도로 여겼다. 동양의 효도사상과는 아주 대조적인 사고방식이다. 유대인은 늙어서도 부모 역할을 하고 자식을 관심 가지고 돌보는 것이다. 그러나 한국인들은 자식이 출세하면 곧 부모는 자식에게 의존하려 한다. 유대인은 늙어서 자식들의 부양을 받겠다는 생각은 한 사람도 갖지 않는다. 어디까지 부모는 부모, 자식은 자식일 뿐 어디까지나 인격적이고 개인주의 차원에서 살아간다는 것이 유대인의 사고방식이다. 유대인 부모는 긴 안목으로 자식관계를 생각한다. 인생은 일생 동안 배워야 하고 공부해야 된다고 여긴다. 그러니 부모도 죽을 때까지 공부하면서 사업하고 살아간다. 사업을 하든지 직장생활을 하든지 늘 공부하는 자세가 유대인의 태도이다. 그래서 유대인학자들은 백발이 되어 공부하는 자세로 임하므로 배우는 자의 겸손과 열심이 줄어들지 않는다. 위대한 학자들은 연구생활을 계속했으므로 다른 나라 학자들보다 더 큰 연구를 할 수 있었다. 그러기 위해서 성장기에 놀 수 있는 때는 충분히 놀게 하는 것이 유대인의 자세였다. 놀아도 공부하면서 놀고 공부하면서도 놀 수 있는 풍토가 유대인의 가정과 사회였다. 어린이는 부모의 책임하에 성장한다. 랍비 루스 실로는 자기 자녀 교육의 책임은 전적으로 부모가 진다 했다. 성장과 교육은 부모의 전적 책임이다. 자기 딸이 어렸을 때 초콜릿을 주지 않기로 결심했다 한다. 그런데 친지로부터 초콜릿 선물을 받을 때 은종이를 벗기고 딸의 손에 초콜릿을 쥐어 주자 호의는 고마운데 초콜릿을 딸에게 주지 말라고 했다. 거의 화가 난 태도로 친지의 태도를 막았다고 말한다. 이런 경우가 유대인가정에는 자주 있는 일이라 했다. 부모의 뜻을 따라 손님 선물도 막는 경우이다. 가능한 일이다. 루스 실로 랍비는 이런 일은 당연하고 친부모의 뜻대로 하는 것이 자녀를 위한 일이므로 그렇게 했다고 말한다. 부모는 자식을 위한 일이라 여길 때 강제성을 발휘한다는 것이다.

유대인사회는 조부모의 이름을 아들딸에게 붙여 가족의 계승을 잇게 하는 인식을 갖게 한다. 혈연관계가 끊어지지 않고 이어 가는 것이 유대인의 태도다. 유대인 이름에 야곱, 아브라함, 사무엘 등 역사적 인물의 이름이 자주 나오는 것도 이런 차원에서다. 할아버지와 할머니 이름이 후손들에게 당연하게 붙여진 경우가 많았다. 유대인들은 조상들 이름이나 성경 속 인물의 이름을 자식 이름으로 선호하고 즐겨 이름 붙이고 있다. 루스 실로의 친구 마빈 토케이어의 마빈이란 이름도 그의 외삼촌 이름인데, 마자르 토케이어에게 마빈이란 이름을 더 붙였다 한다. 그런데 유대인 사회는 이름의 유행이나 이름을 별도로 붙이는 경우가 별로 없다 한다. 성경, 특히 토라에 나오는 인명을 자기 집단에 이름 붙여 유대인의 긍지를 살리는 태도를 가지는 것이 보통이라 한다.

한국은 핵가족제로 급속도로 변해 가는데 유대인은 변함없는 가족제도를 지키고 있다. 이것은 유대인의 가족문화가 얼마나 보수적인가를 보여 주는 것이다. 아버지는 사촌까지도 한 가족으로 여기지만 어머니는 자기 자식 양육과 교육에 전념한다. 미국에 사는 한 유대인은 가족 중에 결혼한 사람의 집을 날마다 한 번씩 돌아가며 방문하여 친목도모와 대화 기회를 가진다고 한다. 인척들이 모이면 수십 명도 된다. 그럴 때면 저금통을 돌리며 자유롭게 돈을 넣게 한다. 그 돈은 함께 여행할 때 비용으로만 쓴다. 이것이 대가족시스템을 유지하는 한 방법이다. 직업도 전공도 달라도 가족은 그냥 만나면 하나가 된다. 그런 시스템을 유지하며 혈통을 자랑함이 유대인답다. 이러한 세대가 함께함은 변화가 없다. 세대가 바뀌어도 반드시 유지한다.

독일의 유대인 시인 하이네는 대가족 분위기에서 자랐다. 그는 성장과정에서 외삼촌, 큰할아버지 등의 영향을 받았다고 한다. 그런 분위기에서 시인으로의 성장이 이루어졌다고 말한다. 하이네의 외삼촌 시몬 반괴르테른의 큰 서재에서 많은 책을 읽었다. 그곳이 그의 문학교실이었다. 그 서고에서 철학서적을 탐독했다. 그 결과 자기 속에 문학의 꿈이 성숙해짐을 느꼈다고 말한다. 하이네는 학교에서는 별로 배울 것이 없었다 했고 외삼촌 서재가 큰 학교였다 한다. 이 서재에서 큰할아버지 지몬의 비망록을 발견하여 탐독했다. 지몬은 아시아, 아프리카 등지를 두루 여행하여 견문을 넓히고 글을 썼다. 정말 지몬은 야수의 괴수같이 떠돌며 여행했다. 그 기록을 생생하게 남겼는데 하이네가 읽고 큰 자극을 받았다. 하이네는 큰할아버지 지몬의 방랑생활기록에 상상력을 자주 받았다 한다. 모험과 동정심이 불탔다 한다. 그런 정신배경에서 시안 하이네가 자랐다. 감정의 깊은 세계를 체험한 것이다.

이같이 유대인 가족 시스템이란 어린이를 성장과 감정의 폭넓고 깊은 세계를 경험하게 한다. 그리고 유대인 아이들에게 부모는 친구 사귈 때 한 계단 높여서 만나라고 권한다. 공부 잘한다고 좋은 아이는 아니다. 감정이 성숙한 아이가 좋은 사람이 된다고 가르친다. 친구 사귐은 공부만큼 중요한 일이다. 친구를 보면 그가 어떤 사람인가를 알 수 있기 때문이다. 유대인 엄마는 친구를 집에 데려오는 것을 환영한다. 대화를 하기 위해서다. 친구 때문에 범죄자도 되고 선한 직업인도 된다. 친구는 인격형성에 큰 영향을 준다. 큰 도움도 큰 해로움도 준다. 탈무드에서는 친구 사귈 때는 한 계단 올라서라고 말하고 있다.

사귀는 아이가 바람직하지 못할 때는 반대한다고 일러 준다. 그 말이 상처가 될 때도 있고 새 친구를 만나는 기회도 된다. 공부를 잘하는 아이가 문제가 아니라 정서가 안정된 아이가 문제다. 감정 처리를 잘하는 아이는 원만하기 때문이다. 대인관계도 좋아진다. 유대인 엄마는 자기 취향대로 자녀의 친구를 평가하지 않는다. 성격이나 정서가 안정된 아이냐가 문제이다. 친구의 영향이 내 아이에게 어떻게 나타나는지 세심한 관찰을 한다. 유별나게 극성스럽거나 떠들거나 하면 관찰해 본다. 어머니는 자기 아이가 사귀는 아이에 대해서 늘 관심을 가진다. 오늘은 누구와 자주 말했느냐 놀았느냐에 관심을 갖는다. 좋은 친구가 위인을 만든다고 믿는다. 탈무드에는 애매한 친구가 되기보다 확실한 적이 되라는 말이 있다. 친구가 되려면 분명한 친구가 되어야 한다는 뜻이다. 아이 친구가 어버이의 친구는 아니다. 아이의 친구를 마치 내 친구로 여기는 어버이는 어리석은 사람이다. 생각과 감정의 규범이 달라서 아이 친구는 어른의 친구가 아니다. 유대인사회는 이런 경우가 많다. 그러나 한국의 엄마들은 아이의 친구를 가까이 친구처럼 여기는 사람이 많다. 유대인 사회는 결코 그럴 수 없다. 부모들끼리도 친구가 되는 경우가 많지 않다는 것이 일반적이다.

유대인 속담에 "남의 백 마디 중상모략보다 친구의 한 마디 험담에 더 큰 상처를 받는다" 했다. 그만큼 친구는 비중이 큰 것이고 친구의 말은 마음속 깊이까지 파고들기 때문이다. 정말 가까운 친구는 자신의 한 부분 같기도 하다. "친구가 야채를 가지고 있으면 고기를 주어라!" 그만큼 친하고 알 만큼 안다는 뜻이다. 친구는 역시 친구다. 그와 같이 자녀는 어디까지나 내 자녀다. 필요하지 않은 조건에 의무를 가질 필요는 없다는 것이다. 유대인은 남의 집을 방문할 때 한 살 되는 아이는 동행하지 않는다. 아이는 외부와의 접촉을 너무 일찍 시키지 않는 것이 중요하기 때문이다. 아기를 데리고 외출하는 일은 거의 없다. 아기 자신도 불편하고 어른도 불편하고 아이에게 안 좋은 자극을 주기 쉽기 때문이다. "잠깐 우리 집 가셔서 이야기나 하시지요?" 할 때 아기와 함께 있을 때는 "지금은 아기가 있어서 어렵겠습니다!" 하고 사양함이 일반적이다. 아기는 남의 집 의자나 가구를 더럽히고 귀중품이 소중한 줄 모르므로 함부로 건드리기 쉽다. 아예 아이 데리고 어려운 걸음을 하지 않음이 좋다. 아이가 가구에 손댈 때 "안 돼!" 하고 고함치면 분위기도 깨지고 만다. 더욱이 밤에는 아이 데리고 외출하거나 남의 집에 가는 것은 비상식적이다. 아이는 일정 시간에 잠을 재우는 것이 좋다. 어색한 교제는 아이에게나 어른에게도 안 좋다. 아이 데리고 남의 집에 가면 아이를 돌보느라고 이야기도 제대로 못하고 오는 것이 보통이다. 그러면 불편한 사이가 되고 만다. 즐거워야 할 시간에 아이 때문에 불쾌한 외출이 되기도 한다. 즐길 때는 충분히 즐겨야 한다는 것이 유대인의 생각이다. 남의 아이를 안고 얼러 보는 것은 아이를 장난감으로 여기는 오해가 있다. 아이를 데리고 남의 집에 가지 않는 것이 그래서 당연한 것이다. 아이에게는 불안감을 주는 일이니 아예 아이 데리고는 어려운 자리에 안 가는 것이 상책이다.

친절은 최고의 슬기로움이다. 그러니 누구에게나 친절해야 한다. 친절을 무시했다가는 불타 버린 소돔 사람처럼 된다. 친절은 무시해서는 안 된다는 말이다. 친절은 유대인의 도덕 가운데 가장 중요한 공공심이다. 중요한 교훈적 행위뿐만 아니라 지혜 있는 사람으로 성장하는 데 친절보다 좋은 것이 없다. 칭찬받으려고 친절을 베푸는 일은 바람직하지 않다. 친절은 평가의 대상이 아니기 때문이다. 구약성경에 소돔과 고모라의 이야기는 친절을 잃어버린 인간의 불행으로 기록되어 있다. 소돔과 고모라는 사해 남쪽에 있는 부유한 도시였다. 한 나그네가 찾아와서 이 도시에서 금을 지키는 직업에 종사한다. 그런데 그 집에 도적이 들어와 그 집 금화 50개를 훔쳐갔다. 이 나그네는 그것도 모르고 변상할 능력도 없었다.

두 딸과 함께 노예로 팔려 갔다. 사실 소돔 사람들은 죄가 많은 사람들이었다. 타 지방에서 오는 사람들은 그전부터 골탕 먹이고 곤경에 빠뜨리는 것을 잘해 왔다. 이 금화를 훔친 도적도 소돔 사람이었다. 그런데 노예로 팔린 딸 하나가 지난날의 친구를 만났지만 먹을 것이 하나도 없었다. 그래서 그것을 호소하자 친구가 먹을 것을 가져왔다. 그것을 알고 소돔 사람들이 음식을 가져다준 친절한 친구를 잡아다가 죽여 버렸다. 하나님은 노여워하시고 유황과 불을 하늘에서 내려 소돔과 고모라 위에 쏟아부어 아주 멸망시키고 말았다. 친절은 최고의 지혜요 하나님의 성품대로 지음받은 인간의 고귀한 모습이다. 그것을 부정한 소돔의 악함은 천벌을 받은 것이다.

유대인 음악가 레너드 번스타인은 러시아계 사람으로 미국 와서 크게 성공한 음악인이 되었다. 그는 소년기에 헬렌 코츠라는 여자에게 피아노 레슨을 받았다. 어른이 되어서 그녀의 친절한 레슨을 잊지 못했다. 그 성실한 친절에 보답한 이야기는 유명한 에피소드로 남아 있다. 그녀는 지금도 번스타인 집안과 같은 아파트에 살면서 그를 위해 일한다. 번스타인도 그녀를 친절하게 돌보고 있다. 유대인 속담에 "손님이 기침하면 숟가락을 주라"는 말이 있다. 식사 때 손님이 주인에게 "숟가락 좀 주세요!"라고 말하기 거북하여 기침을 한다. 그 뜻을 기침으로 전하면 세련된 사람은 얼른 알아듣는 것이다. 눈치작전이다. 그것은 친절을 주고받는 일이다. 부담되는 말을 하기보다는 기침으로 알리면 주인은 얼른 알아보고 숟가락을 갖다 준다는 것이다. 그것이 유대인 사회의 친절이라 할 수 있다. 남을 배려하는 마음이 양쪽에 다 있었다. 사람은 칭찬을 들어야 지혜에도 긍정적인 반응으로 도움이 된다. 그래서 아이들에게는 칭찬을 많이 해야 한다. 아이들에게 자신감을 심어 주고 자기 긍지를 갖는 데도 큰 도움이 된다.

유대 어린이들은 자선을 통해서 사회생활을 몸에 익힌다. 남을 이해하고 남을 돕는 것은 곧 자기 자신을 돕는 일이다. 자선을 어려서부터 하면 성장에 큰 도움을 준다. 마음이 자라는 성장은 자신을 통해서 더욱 잘 자란다. 유대인 속담에는 '세상 배우는 것은 일하는 것과 자선을 행함으로 이루어져 있다'는 말이 있다. 그만큼 자선행위는 그 사람이 성숙해지는 길이 되고 자신이 사는 보람을 갖게 하는 아름다운 마음을 길러 준다. 그래서 자선행위를 자주 함으로써 어린이는 마음에 여유가 생기고 감정이 늘 아름다운 꽃으로 피어 향기로운 존재를 스스로 발견하게 된다. 가난한 이웃을 위해 자선을 행함이 습관이 되면 그것이 그 아이의 인격으로 자란다. 가장 좋은 산 교육은 자비를 베푸는 행위에서 나온다. 자선을 자주 행하는 아이는 마음도 인품도 넉넉하게 자란다. 삶의 멋을 경험하는 일은 자선을 행함에 있다. 아이들마다 자기 저금통을 주고 집에 와서 주머니를 털어 저금통에 넣게 한다. 그것이 가득 차면 그 돈으로 자선을 하는 것이다. 지하철이나 버스에서 노인에게 반드시 자리를 양보하고, 길에서 구걸하는 사람을 결코 그냥 지나치지 말고 작은 액수의 동전이라도 주고 가는 마음가짐을 갖게 한다. 그런 작은 일이 아이의 정서적 교육에 밑거름이 된다. 그것이 습관화되도록 유대인 부모는 자식을 키운다. 얼마나 아름다운 모습인가!

유대인은 남에게 선물 주기를 좋아한다는 말을 자주 듣는다고 한다. 그것은 자선의 한 방법이면서 사회생활에 어울리는 당연한 행동이 된다. 어려서부터 그런 마음이 생기도록 한다. '뒤주에서 인심 난다'는 한국 속담이 있다. 양식이 넉넉하면 남을 돕는 인심을 알 수 있다는 말이다. 유대인들이 세계 도처에 살면서 생활수준이 높은 고소득자들이라는 점이 남에게 베풀고 사는 실력이 되었다. 내 코가 석자라는데 사는 데 주리고 목마르면 언제 남을 돕겠는가? 먼저 내 것이 있어야 남에게 베풀 수 있는 것이다. 자선은 적어도 있음에서 나온다. 지능보다 감정이 풍부한 유대인의 모습을 바로 자선행동에서 볼 수 있다. 남에게 주는 일은 감정이 따뜻해지는 기본이다. 그것은 유대인답게 된다는 뜻도 된다.

유대인 가운데 금융인이 많고 은행가가 많은 것은 그들이 돈을 잘 다스리는 데서 연유한다. 유대인은 지능개발에만 열중하는 것이 아니라 정서적으로 감정이 풍부해지는 수련을 어려서부터 가정에서 받는다. 남을 돕는 일이 바로 그것이다. 같은 또래의 아이들끼리 경쟁도 있지만 남을 돕는 아름다운 모습을 많이 보이는 유대인 어린이들이다. 그 아이들이 크고 어른이 되면 장래생활도 풍부해지고 아름다운 삶을 엮어 가는 성숙한 유대인으로 자라는 것이다. 유대인 부모는 자기 아이에게 현금을 주지 않는다고 한다. 그것은 돈을 잘 모를 때 돈을 주면 놀라고 쓸 돈도 몰라서 잘못되기 쉽기 때문이다. 그 대신 선물을 자주 준다. 꼭 필요한 물건을 선물로 아이들에게 주는 것이다. 거기에는 어머니의 배려가 따른다. 유대인 사회에는 이런 말도 있다. "큰 부자에게는 자녀는 없고 다만 상속인이 있을 뿐이다." 조금은 아리송한 말이다. 그러나 유대인다운 명확한 말이 아닐 수 없다. 지폐가 없는 옛날에는 재산, 곧 돈은 금이나 은이었다. 돈은 사실 차가운 물건이다. 그만큼 강한 이미지가 없는 것이 바로 돈이기 때문이다. 사회에서 부자의 자녀는 아들이라는 호칭보다 상속인으로서의 의미가 더 강하게 느껴진다. 돈이란 싸늘한 것이고 혈연의 의미는 돈으로 계산하기 어려운 더 고귀한 것인데 그것이 돈으로 상처받는다는 것이다.

　부모와 자녀는 돈이란 정말 무서운 것임을 알아야 한다. 그래서 부모가 자녀에게 생일축하나 어떤 선물 대신에 현금을 주는 것은 유대인답지 않고 그릇된 일이라 여긴다. 그러니 현금거래는 부모나 형제간에는 절대금물이다. 선물을 하거나 기념할 만한 일이면 꼭 필요한 물건으로 건네주어야 한다. "불룩한 지갑은 별로 좋은 것은 아니나 빈 지갑은 나쁘다"는 유대인 격언이 있다. 또 "돈은 무자비한 주인이면서 동시에 유익한 종이기도 하다"는 말도 있다. 이 말은 돈 자체는 좋은 것도 나쁜 것도 아니며 주인으로 삼든지 종으로 삼든지 그것은 돈을 쓰는 사람의 자세에 달렸다는 것이다. 어린이에게 이런 돈의 실상을 가르치는 것은 매우 어렵다. 18세기까지 유대인은 성이 없었다. 유럽 각 나라에서 유대인에게 성을 팔기 시작했다. 그 무렵부터 좋은 성은 비싸고 나쁜 이름은 값이 쌌다. 보석이나 꽃 이름 성은 비싸고, 동물 이름 같은 성은 값이 쌌다. 돈은 사람에 따라 여러 방식으로 사용되었다. 그러니 돈을 아직 잘 모르는 어린이는 돈을 주면 안 된다. 돈을 알 만할 때 돈은 피와 땀의 대가임을 가르쳐야 한다.

어린이에게 TV의 폭력장면을 시청하지 못하게 하면서도 전쟁 다큐멘터리는 보게 한다. 부모가 관리를 잘하면 TV는 나쁘지 않다. 유대인 어린이는 TV의 악영향을 받는 일이 거의 없다. 루스 실로는 2차 대전 중 나치 학살에 부모, 조부모, 백부모 등 직계가족이 모두 학살되어 한 사람도 살아남지 못했다고 한다. 그의 친지한 분은 어머니 형제가 11명인데 그의 어머니만 남고 다른 형제 모두가 그의 자녀들과 함께 아우슈비츠에서 학살당했다 한다. 이렇게 나치의 포악한 역사는 다큐멘터리 영화에 다 남겨져 있다. 이런 폭력을 묘사한 기록을 아이들에게 보여 준다. 때로는 교회에서 상영하기도 한다. 그런 사실을 자녀들에게 정확하게 보여 주는 것이다. 악행에는 반드시 정의의 심판이 따른다는 역사관을 갖게 한다. 민족 학살이 유대인 모두가 알아야 하는 사건이기 때문에 아이들에게도 그런 학살을 보여 주는 것이다.

거짓으로 아이들에게 헛된 공상을 갖게 하지 않는다. 그것은 어린이 인격형성에 악영향이 있기 때문이다. 유대인은 어려서부터 합리주의 교육을 시킨다. 합리적이란 그들이 가진 사고방식과 상식에 합당한 것을 말한다. 가령 크리스마스의 산타할아버지는 이야기도 안 하고 아예 믿지도 않는 어린이가 대부분이다. 그런데 유대인이 아닌 모든 세계인은 특히 기독교 가정의 어린이들은 산타할아버지가 실제로 있다고 믿다가 어른이 되어서는 아니구나 한다. 유대인은 허황된 꿈을 갖지 않는다. 늘 현실주의다. 어린이도 보이는 것, 만지는 것, 먹는 것 등 현실적인 것을 믿는다. 아이에게는 천국과 지옥에 대한 말도 해 주지 않는다. 죽은 이후의 세계는 성경이 가르치는 말만 한다. 그래서 합리주의 사고방식으로만 교육한다. 그런 사고방식에서 혈액형을 발견한 란트슈타이너 같은 과학자가 나온 것이다.

그러니 유대인은 기적을 바라거나 믿지 않는다. 구약성경에 나오는 수많은 기적에도 거의 다 과학적 근거가 있다고 믿는다. 유대인이 믿는 구약성서의 기적에 이미 인식론이나 과학적인 해설이 있는 것이다. 거의 다 과학적이고 하나님 신앙의 절대적인 영적 사건으로 받아들인다. 그러나 그 외 사회적인 사건의 기적은 유대인이 거의 다 믿는다. 모세의 기적도 과학적인 근거로 해석하고 믿는다. 이집트 탈출 때 홍해 앞에서 유대인이 모두 죽음에 직면했을 때 모세가 바다 위로 손을 내밀자 하나님께서 큰 돌풍으로 밤새도록 바닷물이 물러나게 하셨다. 바닷물이 갈라져 바다가 마른땅이 된지라 이스라엘 민족이 바다 속을 육지같이 건너가니 물이 그들의 양쪽에 벽이 되었다(출애굽기 14장).

정말이 기적이다. 홍해가 둘로 갈라졌고 그 사이를 유대인이 건너갔다. 이 지역은 100년에 한 번 지중해로부터 강풍이 불어서 바닷물이 몰려간다고 한다. 그때 그곳 바다를 능히 사람이 건너갈 수 있다는 것이다. 유대인은 이런 타이밍이었다고 믿는다. 그런데 정말 중요한 것은 하나님 신앙이 이런 사연을 믿게 한다. 하나님은 자신들이 완전한 신이시기 때문이다. 그러면서 어린이에게는 합리적으로 이해하게 한다는 것이다. 이 이야기는 유대민족의 유월절 역사의 기본이니까 역사적인 일로 받아들이고 민족의 생존문제이자 가장 중요한 엑소더스 출애굽의 산 역사를 실제로 당했기 때문에 어린이, 어른 할 것 없이 모두 하나님께 감사 찬송을 드리는 사건으로 믿는다. 어린이에게는 이런 터무니없는 옛날이야기이나 그 현실도 유대인의 정신 속에서는 현란한 소망과 미래를 열어 주시는 하나님의 축복이라는 것이다. 솔개라는 날짐승은 70년을 살아간다고 한다. 태어나 40년이 지나면 깃털이 빠지고 부리로 남은 날개도 뽑아 버리고 높은 산꼭대기에 은거하면서 6개월을 참고 살면 새 날개가 나온다고 한다. 그러면 솔개는 다시 두 번째 삶을 산다고 한다. 그것이 30년이나 된다고 한다. 그래서 합해서 70년을 살다가 죽는다고 한다. 목숨의 한계와 비슷하다. 인간도 자신의 삶을 위해서 피나는 노력으로 장수하고 있다. 유대인의 삶은 바로 이 솔개의 삶처럼 100년 인생을 사는 생명철학을 감정적으로 세련된 마음자세로 살아남는 것이다.

의미를 배운다

자녀를 꾸짖을 때의 기준은 바로 선과 악에 근거해야 한다. 꾸짖는다는 것은 부모가 책임을 진다는 행동이다. 훈계는 어디까지나 부모와 자녀 사이 문제이며 좋고 나쁜 기준에 꼭 하나님을 빙자하지는 않는다. 꾸짖을 때의 기준은 선악문제이지 다른 요건이 있지 않다. 자녀교육은 어디까지나 부모의 몫이다. 자녀 잘못의 규정이 애매하면 안 된다. 자녀가 의심을 품으면 교육이 안 되고 반발심이 생기기 때문이다. 더욱이 하나님을 빙자하는 일은 부모의 책임감을 흐려 놓는다. 초인간적인 덕이 아니고 현실적인 덕을 행해야 한다. 유대인의 신앙에 부합되어야지 유대교의 입장이 흐려지면 안 되는 것이다. 한때 미국 서점을 휩쓸었던 소설 '랍비시리즈'는 유대인 작가 해리 케멜먼의 베스트셀러 책이었다. 시리즈 가운데《화요일, 랍비는 격노했다》는 이런 이야기다. '유대인의 종교는 매일매일 의식하며 선과 정의를 실현하는 일이다. 더욱이 우리가 추구하는 금은 인간적인 덕이다. 결코 초자연적인 성자의 덕이 아니다.' 소설 주인공 데이비드 스몰이라는 랍비가 한 말이다. 선과 정의는 인간이면 날마다 행해야 하는 것이니 선과 정의는 인간살이에 꼭 필요한 것이다. 굳이 하나님 핑계를 댈 게 아니라 현실세계에 적응하는 참다운 방법을 우리 스스로가 실행하기를 요구받고 있는 것이다. 자녀 훈계 때도 우선 목적을 분명히 하는 것이다.

탈무드에 보면 노아방주에 태워 달라는 '선'을 '뭐든지 짝이 있는 것만 태운다' 하며 거절하자 짝이 되는 악과 함께 방주에 탔다는 설이 있다. 그 뒤로 선악은 동전의 앞뒤와 같다는 특별한 인식이다. 모든 일에 선악 어느 한쪽을 정하고 자녀가 올바른 가치관을 가지도록 가르치는 것이다. 자녀에 대한 가장 무서운 벌은 부모의 침묵이다. 어버이의 침묵은 체벌보다 효과적일 때가 있다. 벌을 줄 것인가가 자녀교육의 요점이다. 꼭 벌을 줘야 교육적 효과가 있는 것은 아니다. 적절한 방법이 가장 효과적이다. 아이들이 만져서 안 되는 물건을 두고 "손대지 말라" 했을 때 만지면 안 되는 까닭을 자녀에게 가르쳐야 한다. 제멋대로 행동 못하게 하는 방법으로 손대지 말라고 가르치지만 그 이유를 알게 하여 실천시키는 것이 정말 귀한 것이다. 처벌에 앞서서 반드시 그 이유를 가르쳐서 인식시키는 것이 중요하다. 못된 짓 하면 때리는 것이 당연하다. 그러나 사전에 왜 때리는지 까닭을 알게 해야 한다. 아이가 밖에서 들어와 겉옷을 벗어 내팽개치는 것을 보고 엉덩이를 때리는 것은 당연하다. 그러나 사전에 잘 알게 해야 한다. 자기가 왜 엉덩이를 맞는지를 알게 하고 때리는 것은 지극히 당연한 것이다. 3세 어린이가 유리잔을 갖고 노는 것을 보고 조용히 뺏으면서 유리잔이 위험하고 깨지면 손발도 다친다는 것을 충분히 설명해야 한다. 그 뒤로는 유리잔을 들고 장난하면 때리는 것도 교육상 당연한 줄로 알아야 한다.

엄마가 아이에게 "엄마 말을 안 들으면 반드시 벌 받는다. 너는 엄마 말을 안 들으니 앞으로 엄마는 너한테 아무 말도 안 할 것이다. 너도 내게 말하지 말라!" 그리고 한 30분 정도 아무 말 않고 지낸다면 아이는 큰 벌을 받은 것이다. 그러니 항상 아이에게 하는 부모의 말은 무게 있게 실천해야 한다. 그래야 효과가 있는 것이다. 그 사이 엄마의 침묵에서 아이는 스스로 많이 생각한다. 그 생각이 자신을 키우는 깨달음의 내용이 될 수도 있는 것이다. 그래도 그것은 늘 사용할 방법은 아니다. 상황에 따라서 그렇지 않아야 할 때가 있다. 계속 말을 해 주어야 할 일에는 반드시 엄마가 말을 계속해야 한다.

자녀에게 부모가 침묵해야 할 때는 자녀도 잘못을 깨달아야 하지만 부모도 깊이 자신을 생각하는 기회가 되어야 한다. 부모의 뇌

우침이 먼저 있어야 아이도 크게 뉘우친다. 엄마의 교육적 침묵은 자녀에게는 큰 고통이 된다. 그리고 그것이 엄마에게도 고통이 따르는 것이 된다. 그래서 서로 간에 새로운 마음으로 가까워지고 교육이 성립되는 것이다. 이런 말도 있다. 이스라엘은 누에다. 누에는 입을 늘 움직이고 있다. 지도에서 이스라엘을 보면 누에처럼 지중해에 기대어 쉴 새 없이 뽕잎을 먹는 자세다. 유대인은 늘 입으로 기도하고 있다. 누에가 쉴 새 없이 뽕잎을 먹듯 유대인은 잠시도 가만히 있지 못한다. 늘 기도하는 것이다. 기도가 유대인의 삶을 가장 의미 있게 하고 가장 보람되게도 하는 것이다.

어리석은 부모는 아이에게 모호한 말, 모호한 행동을 한다. 이것도 아니고 저것도 아닌 무엇인가 알 수 없는 태도를 아이에게 보인다. 그것이 아이가 볼 적에는 매우 어리석고 그릇된 어버이의 모습이 된다. 이것도 저것도 아닌 태도. 그것은 좋게 말하면 중립이고 중용이다. 그러나 나쁘게 말하면 회색분자, 기회주의자, 줏대 없이 흔들리는 갈대 같은 모습이다. 교육적으로 가장 모호한 행동이다. 비교육적이고 무의미한 짓이다. 이리 붙고 저리 붙어 제 딴에는 요령 있고 재치 있는 듯하다. 그것은 인격적 관찰로 보면 터무니없는 모습이다. 가장 비교육적 모습이다. 더욱이 부모의 이런 모호한 태도는 아이들 마음의 건강을 해치는 꼴이 된다. 부모의 이런 모호한 태도는 아이들 마음의 건강을 상하게 한다. 그리고 그 건강의 문제는 육체에도 영향을 준다.

유대인은 건강에 대해서 큰 관심을 가진다. 건강은 중요하고, 청정한 코셔 식품을 먹고 반드시 식사 전에 손을 씻고 종교계율까지 지키는 큰 의미이다. 건강이 바탕이 되어야 가능한 것이다. 이 것이 곧 마음건강, 신앙의 건강, 영혼의 건강까지 이어진다. 몸이 병들면 영혼은 부담스럽다. 그런데 영혼이 병들면 바로 몸도 병든 다. 그래서 마음의 건강이 중요하다. 식사 때 손을 깨끗이 씻는 것 은 종교의식도 된다. 그것이 몸의 건강에도 영향을 주는 것이다. 어린이도 그렇다. 아이가 우울하면 그의 정신상태가 어렵다. 불안 해하고 있다는 것이다. 그러면 몸의 컨디션도 안 좋다. 정신상태가 우울하면 몸에도 당장 그 영향이 오는 것이다. 그러니 자녀의 마음 을 억압해서는 안 된다. 유대인의 격언이다. "자녀를 위협하지 말 라. 벌할 것인가? 용서할 것인가? 어느 쪽이든 택해야 한다." 프로 이트에게는 7명의 좋은 제자가 있었다. 그들은 스승으로부터 주피 터의 머리를 새긴 로마의 반지 모조품을 받고 합심하여 정신분석학 계의 지도자가 되기로 결심했다. 그런데 그중 한 사람 오토 랭크가 프로이트학파를 이탈하여 자신의 학파를 만들었다. 랭크는 젊어서 프로이트가 측근으로 삼아서 정신분석훈련을 시켜 자식과 다름없 이 여겼다. 프로이트는 랭크를 자신을 가장 잘 알고 추종하는 제자 로 믿어 왔다. 그러나 결정적 순간에 그는 돌아선 것이다. 학술적 으로 한 가닥 새운 것을 붙잡고자 한 랭크의 모험 때문이었다. 그 래서 프로이트는 하나에서 열까지 다 용서하기로 했다. 학파의 분 열인데도 프로이트는 깨끗이 자신의 태도를 밝혔다. 그러고는 아 무 일 없다는 듯이 그대로 나갔다. 이런 태도가 바로 유대인다운 점이라 할 것이다. 만약에 여기서 프로이트가 모호한 태도를 보였 다면 프로이트학설까지도 흔들렸을 것이다. 확실한 태도는 그만한 실력이 뒷받침된다는 것을 보여 주는 것이다.

위협공갈은 어린이 마음건강에 가장 해롭다. 어리석은 부모가 아이를 위협적으로 몰아간다. 한 아이가 소중하고 값비싼 밥그릇을 깨트렸다. 그럴 때 그 어머니가 "도대체 너는 나중에 뭐가 될까? 가르쳐도 때려도 소용없구나! 너는 아무것도 할 수 없는 서글픈 놈이 될 것이다. 무엇을 시켜도 너는 아무것도 못할 것이다. 밥이 아까운 놈이다." 그런다면 그 아이는 절망과 공포로 미래가 가득할 것이다. 구박하고 학대하면 그 아이는 희망을 잃는다. 자신에 대해 겁에 질려서 삶의 자신감을 잃고 정말 하고픈 일도 없고 할 수 있는 일도 없게 될 것이다.

한 아이가 대학입시에 두 번 떨어졌다. 재수하고도 대학을 못 간 아이, 부모는 그래도 그 아이에게 희망을 걸고 삼수를 시키기로 의논한다. 그 아이는 그제야 자신이 부모에게 엄청난 못난 자식이요 불효를 했구나 뉘우친다. 고2, 고3 때 너무도 공부를 우습게 여기고 지나온 자신이 이제는 부끄러웠다. 그럴 때 서울서 100리 길 먼 지방대학에서 합격통지가 왔다. 뛸 듯이 달려가서 등록했다. 아이도 부모도 생기차고 활기찬 나날을 보내고 보람된다 했다. 아이는 물 만난 물고기요 바람 만난 독수리가 되었다. 신나게 학교생활을 했다. 그는 처음 만난 학우들과는 잘 어울렸다. 장래가 희망으로 넘치는 즐거운 삶이 생긴 것이다. 긍정도 부정도 종이 한 겹의 두께에 불과했다. 그 학생의 집안은 생기 넘치고 신나는 기운으로 가득 찼다. 벌도 칭찬도 부모가 가려서 하면 좋은 결과가 오는 것이다. 탈무드의 가르침은 사람을 먼저 살리는 교육이다. 부모와 자식 사이에도 탈무드가 있으면 그 슬기로움이 둘 사이를 잘 인도해 준다.

탈무드에는 부모가 자식에게 매질을 늦추면 그만큼 자녀는 버릇이 나빠진다 했다. 아이의 그릇된 행동을 보면 지혜의 원천인 두뇌만 제외하고는 매질을 해야 한다는 것이 유대인의 자녀교육법이다. 자녀와 외출할 때 남에게 해서는 안 될 말을 하면 곧바로 집으로 돌아와서 엉덩이와 뺨을 때린다. 어떤 유대인은 길거리에서라도 아이를 때렸다 한다. 유대인 자녀교육은 엄격했다. 그런 점에서 유대인 부모의 손, 귀, 눈, 발은 모두 자녀교육의 도구가 된다. 자녀 마음을 고치는 데 필요한 모든 것을 효과적으로 사용한다. 매질에 대한 것은 구약성경에도 나와 있다. 잠언 13장에 '매질을 차마 못하는 자는 그 자식을 미워함이다. 자식을 사랑하는 자는 근실히 징계하느니라' 했다. 응석받이로 아이를 그냥 내버려 두면 부모 책임의 회피뿐만 아니라 아이를 미워하는 결과가 된다.

자식을 진실로 사랑하면 부모는 자식에게 매질을 한다. 자식 버릇을 고치는 것이 진실로 자식을 사랑하는 것이다. 그러나 누구든지 자기에게 자신이 없으면 자식에게 매질을 하지 말아야 한다. 부모가 자식을 강하게 키우느냐 허약하게 키우느냐는 매질에 달려 있다는것이 유대인의 사고방식이다. 그런데 부모가 감정으로 자식에게 매질을 하면 자식의 원망을 산다. 매질은 자주 해서는 안 되고 냉철하게 시행해야 한다. 부모가 자기 신념에 자신을 잃고 제대로 훈계하지 못하면서 자식에게 신념 있는 사람이 되라 하는 것은 무리한 말이 될 수밖에 없다. 매질을 싫어하는 것과 민주주의는 무관하다. 자신을 잃은 부모가 자식을 함부로 내버려 두면 그 자식은 방향 잃은 배가 된다. 그런데 놀라운 것은 이런 자식도 있다. 그 부모는 무식하고 가난하여 낳기만 하고 내버려 두었는데 자식이 자라나서 큰 일꾼도 되고 효도까지 하는 자식도 있다. 성숙한 자식이 되는 것은 부모의 교육 때문이 아니라 자식 자신의 각성에 의한 것이다. 의외로 그런 자식이 이 세상에는 많다는 것이다. 하나의 작은 기적이다. 그런 자식은 인격으로나 사업으로나 자수성가한 사람이 된다.

교육이란 사실 자식의 생의 태도가 습관화되게 하는 데 있다. 선한 습관, 생산적인 삶의 자세 등이 그렇게 만드는 것이다. 특정한 어떤 일은 특별한 시간 안에 처리하는 습관을 길러 주어라. 매일매일 삶의 습관 속에서 시간의 소중함을 가르치는 교육이 중요한 것이다. 유대인 가정생활에서 자녀들은 날마다 퇴근하시는 아버지가 귀가하는 시간에 맞추어서 반드시 샤워하고 옷을 갈아입고 기다려야 한다. 엄마가 그렇게 가르친다. 매일 하면 습관이 된다. 그리고 아버지가 집에 와서 바로 샤워하고 옷 갈아입고 식탁에 둘러앉아 그날의 대화를 한다. 부모자식 간의 인간관계도 이루어지고 자식은 사회생활의 규범도 배운다. 그런 가정에서 자란 유대인 아이는 커서 성숙한 어른이 된다. 이런 가정 분위기에는 엄마의 연출이 있는 것이다. 엄마가 아버지 사랑과 자녀 사랑에 균형을 가지면 화목한 가정이 된다. 이런 가정에서의 저녁식사는 밥만 먹는 것이 아니라 사랑을 더 많이 먹기 때문이다. 가정의 주인공은 늘 그 가정의 엄마요 주부요 아내가 된다는 사실을 잠시도 잊지 말아야 한다.

　유대인의 시간생활은 곧 삶의 모두이다. 모든 일이 시간에 자리 잡고 있기 때문이다. 유대인은 윤회설을 믿지 않는다. 다시 태어 난다거나 전생이 어떠냐는 등 아예 그런 말이 없기 때문이다. 유대 교, 기독교, 이슬람교는 사실은 한 뿌리에서 나왔기 때문에 전생이 나 후세를 평면적 사고방식으로 보는 것은 아니다. 그렇기에 인생 관이 단 일회성의 생존으로만 이 세상에서 끝나는 것으로 믿는다. 그래서 유대인은 짧은 일생에 자신에게 주어진 시간을 어떻게 유용 하게 쓰느냐가 관심의 초점이 된다. 유대인의 교육은 첫째로 시간 관리가 그 중심이다. 시간유용의 지혜를 가르치는 것이 중요한 핵 심이다. 유대인 아이들을 가르치는 핵심이 시간을 어떻게 관리하 느냐, 시간을 어떻게 쓰느냐이다. 그것이 생산적이고 인격적이어 야 한다. 바르 미츠바(성인식)는 13세 때 시행한다. 성인식에서 가장 중요한 선물이 바로 손목시계다. 이 선물은 시간관리에 도구로 쓴 다. 몇 시에 어디를 가고, 무엇을 하고, 누구를 만나고, 밥을 먹고, 어디를 가느냐를 다 시계를 보면서 실천한다. 시간이 얼마나 소중 한가를 시계를 보면서 잘 실천한다. '내일은 내일의 바람이 분다' 는 식의 사고방식을 유대인은 갖지 않는다.

　오늘의 일은 반드시 오늘 정한 대로 실천해야 한다. 일의 완성 을 위한 시간표 작업은 유대인의 생활태도라서 작업일정을 먼저 짠 다. 그리고 그 계획을 실천한다. 그것이 유대인의 사회생활이요 실 천하는 인간상의 진실이다. 이 시간표 짜기는 어려서부터 하게 한 다. 그리고 꼭 실천하는 습관을 키운다. 자녀들의 공부가 부진하다면 그것은 아이들의 시간관리 습관이 제때 안 되어 있다는 증거가 된다. 시간표를 정할 때 확실히 정해야 하고 한 번 정하면 반드시 실천해야 한다.

유대인 가정의 식탁은 식사시간을 잘 지킨다. 식사시간은 30분이다. 이것은 가정에서나 식당에서나 꼭 같이 실천한다. 30분이 넘으면 식탁을 치우거나 다른 사람이 그 식탁사용을 해야 하는 절박한 시간의 과정으로 알아야 한다. 루스 실로 랍비는 아침에 자녀에게 TV를 보여 주지 않는다고 한다. 그것은 기상, 세수, 옷 입기 등의 시간을 TV에 빼앗길 수 없기 때문이다. 소홀하게 시간관리를 하지 않게 하려는 것이다.

특히 유아기의 시간관리가 능률적인 공부방법의 기초가 된다. 가족이 한자리에 모이는 식사시간이 가장 좋은 교육시간이다. 어른과 아이가 한 식탁에서 가족사랑도 확인하고 책임과 예의를 교육한다. 이것은 가정의 행복이자 가장 좋은 어린이 교육의 현장이다. 유대인 가정은 식당에 TV를 놓지 않는다. 루스 실로 랍비가 어느 가정에 초대받았는데 막 식사를 시작하려는데 그 집의 초등학생 아들이 들어와서 식당 구석에 놓인 TV를 켰다. TV는 식탁에 있는 모두가 보이는 곳에 있었다. 랍비는 이 장면을 너무도 이상스럽게 느꼈다. 식사 때 TV를 보는 일이 랍비의 집에서는 없는 일이기 때문이었다. TV에서는 홈드라마가 나왔다. TV에서도 가족이 식사하는 장면이 나왔다. 그 가정에서는 아이들이 식사 때마다 TV시청을 하면서 식사하는 것이 습관처럼 되었다 한다. 요즘 부모자식 간에 대화단절 문제가 대두되고 있다. 그 원인이 식탁에서 TV를 보는 데 정신이 팔리고 가족의식을 잊어버린 데 있다는 사실이 아닐까? 식사시간에는 가족들이 화기애애한 분위기에서 식사를 한다. 가족의 유대감을 확인하는 시간이다. 낮에는 각각 다른 곳에서 일하다가 저녁이면 가정으로 모인다. 그래서 식사시간이야말로 가족사랑의 현장이 되고 영양섭취의 보람을 만끽하는 자리이다. 즐겁게 가정교육을 시행하는 시간이다. 단순한 식사만이 아닌 교육적·가정적 분위기의 귀한 보람이 있는 것이다. 이 귀중한 식탁에 왜 TV나 신문을 등장시켜 금은보다 소중한 것을 상실하게 할까?

유대인은 외식할 때는 어린 자녀는 동반하지 않는다. 레스토랑에서 자녀들과 같이 가면 어린이들이 뛰어다녀서 남에게 방해되는 일을 자주 본다. 유대인은 아예 어린이를 외식에 데려가지 않는다. 두세 살 어린이를 동행하면 반드시 식당에서 소란을 피우니 그것을 피하려고 어린이를 식당에 데려가지 않는 유대인의 깊은 마음을 볼 수 있다. 두세 살 어린이는 아직 외식의 즐거움을 모른다. 식당에서 남의 눈총이나 원망받을 어린이 동행은 삼가는 것이다. 그만큼 유대인은 남을 배려하는 마음도 크다. 대개 밖에서 식사하는 경우는 생일이나 기념일이나 축하할 일이 있을 때다. 그러나 그냥 집에서 그런 축하의 식탁을 마련하여 어린이 어른 할 것 없이 온 가족이 함께하는 경우가 더 좋은 일이다. 그런데도 어린이는 엄마 곁에 앉혀서 잘못되는 일이 없도록 신경 쓴다.

밥 짓고 설거지하기 싫어서 가족을 식당으로 내모는 주부도 더러 생겼다 한다. 그것은 하나만 알고 둘은 모르는 것이다. 손해가 크기 때문이다. 유대인은 어린이들에게 보람 없는 일은 결코 하지 않는다. 유대인들이 어른들만의 외식을 즐기는 것은 오히려 어린이들을 배려한 것이다. 남을 돕거나 협조하는 일은 손해도 아니고 희생도 아니라 여긴다.

탈무드에는 '날마다 오늘이 당신의 최후의 날이라 생각하라'는 말씀이 있다. 한 시간, 하루하루를 그런 마음으로 살아가야 한다고 가르친다. 유대인은 현실주의자들이다. 이들의 생활신조가 현실에서 보람도 의미도 이루어야 한다는 의식을 가진다. 그리고 유대인은 개인주의가 심하다. 개인주의는 먼저 자신에게 충실해야 한다. 자신의 일은 철저하게 자신이 책임진다. 유대인은 남에게 폐를 끼치지 않으려고 자기 행동을 억제한다. 먼저 자신에게 충실하면 그 결과가 타인과의 협조로 이어지는 것이라 여긴다. 식탁은 인간형성의 한 공간이다. 자녀가 가족과의 교류를 통해서 어떤 의미에서는 가족 일원으로서 참가하는 최초의 자리가 바로 이 식탁이다. 식탁을 둘러싸고 가족이 얼굴을 마주할 때 어른부터 아이까지 가정을 느낀다. 거기서 어린이는 어른 밑에서 자라며, 가정적 느낌에서 아이들은 생존의 안정과 평화를 경험한다. 어른의 말을 못 알아듣는 어린이도 식탁에서 행복한 환경을 최초로 느끼는 것이다. 그러나 한 살이 되기 전에는 결코 식탁에 아기를 앉히지 않는다. 서로가 불편하다. 한 살이 지나야 식탁에 앉을 수도 안정할 수도 있는 것이 사실이다. 유아는 식탁의 예의범절을 모른다. 엄마가 가르치고 앉혀서 식사를 두고 가족과 한몸임을 알도록 하는 것이 가정교육이다. 첫돌잔치가 식탁에 앉는 출발이다. 그때부터는 식탁에 함께 앉는 소위 식구가 되는 것이다. 부모가 밥 먹는 것을 보고 그대로 따라 하며 배운다. 그렇게 배우는 식탁예절이 평생을 가는 것이다.

밥 먹는 일이 인간교육의 첫걸음이다. 아직 말을 못하는 어린이는 눈으로 귀로 모든 것을 배운다. 그러니 어리다는 이유로 식탁에 앉지 못하게 하는 것은 어른들의 횡포다. 함께 앉으면서 식사예절을 배우도록 한다. 그것이 일생토록 그 사람의 습관이 된다. 식사를 하면서 인간교육을 가르친다. 유대인은 인간다운 식탁교육으로 유대인의 진실교육을 가르친다. 가족으로서의 인간형성이 바로 식탁자리에서 이루어지는 것이다. 아이가 식탁에서 편식을 하면 가족과의 일체감을 상실하게 되고, 가족들과 같은 음식을 함께 먹을 때 가족의식이 살아난다. 자녀들에게 많이 먹어라, 잘 먹으라는 말은 바로 건강의 첫걸음을 가르치는 교육이다. '치즈는 프로틴이 많이 들었으니까', '시금치는 철분이 많으니까'는 유대인 엄마들이 자식에게 먹기를 권하면서 하는 말이다. 한국 엄마들은 먹으라고 강요는 하지만 영양가 이야기는 별로 말하지 않는다. 음식물은 곧 성장의 요소이다. 음식물이 성장에너지가 되는 것이니 엄마가 주시는 음식은 바로 그 성장 에너지 공급원이 되는 것이다.

부모의 임무 중에 가장 중요한 것이 바로 이 음식을 주시는 것이다. 부모의 임무는 바로 여기 아이의 건강을 위한 음식제공에 있다. 그것이 첫째인 것이다. 다음이 교육이다. 엄마가 아이에게 '싫으면 먹지 말라' 하면 아이 성장에 지장이 있다. 이를 아이에게 다 맡기고 내버려 둔 엄마는 책임 유기가 된다. 그것이 아이에게는 큰 장애가 되어 돌아온다. 싫어하든 좋아하든 엄마는 아이에게 음식을 먹도록 가르치고 먹임으로써 아이의 정신적 체구를 키워야 하는 의무가 있다. 그것을 회피하면 아이는 비정상으로 자란다. 그래서 유대인 엄마는 '먹어라' 하고 집요하게 가르친다. 부모는 인내심을 가지고 먹으라고 계속 가르치고 먹여야 한다. 엄마의 강요로 어린이는 대부분 음식을 먹게 된다. 어머니가 손수 만든 음식은 가족을 단결시킨다. 아이들이 학교에 가면 사물을 판단할 나이다. 그러면 부모는 자식한테 더욱 엄하게 한다. 식사도 그냥 먹기만 하는 것이 아니라 서로 권하기도 하고 책임완수도 다하는 것이다. 아이에게 권해도 안 먹으면 '이 음식점엔 이 메뉴밖에 없으니 다른 집에 가서 먹어라' 한다. 그러면 아이는 마지못해서라도 먹는다.

자극성이 심한 음식은 억지로 권해서는 안 된다. 어머니가 만든 음식은 정말 가리지 말고 다 먹어야 한다. 어머니는 가족들을 생각해서 음식을 만들기 때문에 다 먹어도 뒤탈이 없다. 엄마의 사랑과 정성이 가득하기 때문이다. 부모가 고기를 먹는데 아이는 생선을 먹으면 따로 사는 실상이 되기 때문에 그러지 말아야 한다. 그래서 유대인 가정에서는 엄마가 준비한 음식은 가족이 다 함께 먹는다. 그래야 아이들이 자라는 데 식습관도 가족사랑도 다 익히기 때문이다. 어린이는 기호식품이 있어서는 안 된다. 성장을 위한 음식이니 가리지 말고 먹인다.

아이가 생활습관을 익히는 데 중요한 일은 손부터 씻고 몸을 닦는 것이다. 그것을 습관으로 익히게 한다. 깨끗한 몸과 단정한 옷차림은 그 사람의 품위를 말해 준다. 이것이 사회생활에도 아주 중요한 여건이 되기 때문이다. 유대인가정은 손 씻고 식탁에 앉을 때까지 그리고 음식을 취하기 전에는 결코 말을 해서는 안 되는 것이 그들의 전통이다. 그런 시간에 말을 떠벌리고 지껄이는 것은 품위 없고 유대인답지 못한 모습이니 그렇게 하지 않는다.

중세유럽에 페스트가 만연하여 수많은 사람이 죽었다. 그 당시 인구의 3분의 1이 사망했다. 그런데 일부 유럽인들이 이 페스트 균을 유대인들이 퍼뜨렸다고 소문냈다. 그것은 유독 유대인만이 이 페스트에 걸리지 않았기 때문이었다. 그 이유는 유대인이 목욕하는 습관 때문이라는 결론이었다. 당시 기독교신자들이 대부분이던 유럽인은 목욕습관이 없었다. 청결한 삶에는 페스트가 없었다. 그 시대 유럽인들 사이에는 '돈을 감추려거든 비누 밑에 두어라'라는 말이 있었는데 그만큼 비누사용 목욕은 드물었다는 것이다. 그리고 목욕도 식사법도 유대인은 정말 위생적이어서 그토록 페스트가 창궐하던 때도 병균이 유대인에게는 범접을 못했던 것이라 한다. 어느 도시에서는 유대인이 페스트의 독을 우물 속에 넣었다고 하여 박해가 심했다. 그러나 유대인을 아는 사람들은 그게 아닌 것을 잘 알고 있었다. 목욕습관, 청결생활이 몸에 밴 유대인의 삶이 페스트를 능히 이기는 것을 알기 때문이다. "우리 유대인은 신앙도 두텁지만 현실주의적 생활태도를 가진다."고 루스 실로 랍비는 강조한다. 건강생활은 현실주의 생활을 깨끗이 하는 게 습관이 되는데 도움을 주었다. 청결이 습관이 된 것이다. 자녀들도 어려서부터 청결한 일상이 습관이 된 것이다. 깨끗한 몸에 경건한 삶이 곧 유대인의 삶이었다.

용돈을 저축했다가 쓰는 것이 유대인 어린이들의 습관이다. 돈은 쓰는 것보다 저축하는 것을 먼저 가르친다. 유대인 부모가 자녀들에게 가르치는 가장 중요한 것이 바로 이 저축하는 습관이다. 용돈을 정기적으로 받는 아이도 있고 그렇지 못한 아이도 있다. 필요한 것을 부모가 직접 사 주는 경우가 많기 때문이다. 그렇지 않고 일정한 금액을 정기적으로 아이에게 주면 아이는 돈을 주머니에 넣어 다니지 않고 반드시 소액이라도 저축을 해 둔다. 그리고 꼭 필요할 때 찾아서 사용하는 것을 돈 사용법으로 알고 있다. 초등학교 때는 이런 학생이 많다. 고등학생이 되면 용돈액수가 커지고 씀씀이도 달라진다. 루스 실로 랍비 친구 아들의 경우는 8세 때 처음 용돈을 주었는데 잘 간직했다. 물론 은행에 바로 가서 계좌를 만들고 저금했다 한다. 그때 그 아이는 은행원으로부터 "아가야! 이자가 붙어 돈이 점점 많아질 것이다."라는 말을 듣고 좋아했다고 한다. 그만큼 은행거래를 일찍 한 것이다. 그 아이는 돈이 많아진다는 소리에 불안을 느꼈다고 한다. 이자라는 개념이 전혀 없었기 때문이었다. 그 아이는 그 뒤로 1주에 한 번씩 그 은행에 가서 자기가 예금한 것이 무사한지 확인했다고 한다.

　유대인 아이는 돈으로 물건 사는 일보다 저금하는 일이 더 중요하다는 것을 알게 된다. 그 용돈은 그 어린이가 자기 또래의 교제비로 사용하는 것이 보통이었다. 아이스크림을 사서 나누어 먹는다. 그럴 때 그 어린이는 부모로부터 허락을 받고 한다. 다만 아이들이 요구할 때 필요한 만큼만 준다는 것이다. 준 돈으로 필요한 것을 사고 남은 돈은 반드시 저금하라고 가르친다. 그리고 저금한 돈은 가족의 생일에 선물로 쓰도록 한다. 돈을 쓸 때는 마음과 합치되어야 한다는 것이 유대인 생각이다. 루스 실로 랍비는 아이들의 돈 사용에 마음이 함께 따라야 한다고 가르친다. 자선용 저금통을 마련하거나 용돈을 쓸 때 따뜻한 마음이 앞서는 일부터 하게 한다는 것이다. 유대인들 생각에는 거의가 다 '돈을 벌기는 쉬워도 돈을 쓰기는 어렵다.'고 생각한다. 저축한다는 것은 그만큼 돈에 대해서 신중한 생각을 가진다는 것이다. 항아리를 볼 때 겉만 보지 말고 그 안에 무엇이 있느냐를 보아야 한다. 인간도 외모보다 내면의 충실을 기해야 한다.

유대인은 내면의 충실에 전력을 기울인다. 예를 들면 동양인들은 명함을 보면 어마어마한 직함을 나열하고 있다. 유대인의 경우는 그런 직함을 다 떼버리고 남이 인정할 만한 실력을 기른다. 아이들도 옷을 단정하게 입히고 예의에 벗어나는 일이 없도록 교육하며 자라게 한다. 그리고 가정 안에서 소유권을 엄격히 구별함이 오히려 공공심을 기른다고 본다. 집 안에서 내 것 네 것을 구별하여 소유권을 밝히는 것이 자녀들에게는 오히려 가정 공동체의 실상을 알게 하는 교육적 의미가 있다는 것이다. 자녀양육에서도 소유권에 대한 문제는 중요하다. 집 안에서도 어느 것은 누구 것이라는 생각은 매우 중요한 것이다. 남의 것이라면 가족이라도 손대지 말아야 한다는 것이다. 모든 물건은 나의 것, 너의 것, 우리의 것 등 세 가지로 나뉜다. 특히 형제간에도 서로 빌려 쓰고 깍듯이 갚는 것이 중요한 사회생활의 기본법을 배우는 것이다. 꼭 빌려 주겠냐고 물어보고 빌려 쓰고 다시 주는 삶의 과정이 바로 사회생활의 기본이 된다. 소유권 구별이 인격형성에도 기본이 된다. 소유권의 교육이 기본적으로 안 되면 누명을 쓰고 실제로 도둑이 될 가능성이 있는 것이다. 잘 몰라서 범죄를 저지르는 것이다. 가족 모두의 것이 소중함을 아는 어린이는 길거리에 함부로 침 뱉지 않는 도의적 기본을 가지게 된다. 동물원에 가서도 함부로 동물에게 장난치지 않는 어린이가 된다.

어린이라고 해서 무조건 관용을 베푸는 것은 금물이다. 공중도덕뿐 아니라 가정교육의 문제이다. 어린이가 스스로 알게 하고 깨달아야 하는 것이 많다. 아이가 두세 살이 될 때까지 가르쳐야 할 것이 반드시 있다. 어린이를 그냥 두는 것은 공중도덕을 망치는 것이 된다. 유대인 엄마들은 결코 그냥 두지 않고 호되게 야단치고 가르친다. 진정으로 아이의 인격이나 인격을 존중하면서 아이들을 특별 취급하는 법은 절대 없어야 한다. 노인에게 공경심을 갖게 하는 어린이 교육은 아이에게 주는 유산이다. 왜냐하면 노인이란 그 민족의 전통을 전달하는 어른이기 때문이다. 노인은 다시 젊어지는 길이 없으며, 젊은이도 자신이 늙어 가고 있음을 알고 있다. 이 말은 유대인의 격언이다. 이 많은 유대인이 노인을 존대하는 것이 민족차원에서 매우 중요하기 때문이다. 인생을 아는 노인과 인생을 모르는 어린이 세대 간에 차이가 크다. 나이 때문에 어쩔 수 없는 것이다. 요즘 핵가족제도가 되어 가고 있어 단 두 세대뿐인 부모자식만으로 가족이 이루어진다. 그러나 할아버지 세대도 가정에 같이 있어야 인간생존의 존귀함이 무언중에 생기기도 한다.

유대인에게 있어서는 문화전통이 공기, 물과 같이 귀중한 것이다. 구약성경 특히 토라의 가르침을 지금도 그리고 앞으로도 충실히 지키는 것을 의무로 안다. 노인들은 전통의 전달인 메신저가 된다. 결코 늙음이 멸시당하는 일이 없다. 오랜 경험과 지혜는 반드시 다음 세대에 전달되어야 한다. 그러니 더욱 소중한 존재가 바로 노인이다. 그런 노인을 무시하면 그 사람이 바로 무시되어야 할 것이다. 유대인 5,000년의 역사를 배우고 생활을 받아들이는 노력을 계속해야 한다. 히브리말에는 한국어만큼 경어체가 없다. 그래서 노인에게는 공손한 태도로 존경을 표시하는 것이 유대인의 태도이다. 노인에게 난폭한 말이나 유대전통을 경멸하는 자는 반대로 경멸을 받을 것이다. 유대인의 노인에 대한 관심은 그 몸이 아니라 정신적인 고매한 인품과 지혜에 주목하는 것이다. 구약성경《레위기》19장에는 이런 말씀이 있다. '나는 센머리 앞에 일어서고, 노인의 얼굴을 공경하며 네 하나님을 공경하라. 나는 여호와니라.' 한국에도 핵가족 중심의 가정이 많아져서 노인문제가 큰 문제로 대두되고 있다. 노인이 병들면 자녀들이 차례로 모시고 간호하기도 하나 아예 병원에 입원시켜 버리는 일도 있다. 요즘 유행어로 현대판 고려장이 바로 노인요양원이라 한다. 이것이 점차 사회문제가 되었다.

유대인 역사 속에서는 단 한 번도 노인을 고려장시킨 일이 없었다. 노인은 지혜와 충고를 주는 사람으로 유대사회에서는 노인이 중요한 자리에 있다. 그래서 노인이 존경받는 것이다. 부모로부터 노인으로부터 받은 것을 자식에게 후배에게 주는 것이 유산이다. 오히려 빚을 갚은 것이다. 부모님이 내게 해 주신 대로 내 자식들에게 해 주는 것이다. 재산만 유산이 아니다. 아름다운 전통문화와 도의를 재산보다 더 귀중한 유산으로 자식들에게 주는 것이다. 부모는 베풀고 자식은 그냥 받은 것이다. 유대인 가정에서 부모와 자식 사이는 단순한 주고받고가 아니라 전통적 문화의식으로 부모가 자식에게 전달하는 것이다. 그래서 부모는 철저히 주는 자이고 자식은 받는 자라는 것이 유대인의 오랜 전통이다. 유대인들은 말한다. "나는 자식들에게서 아무것도 돌려받을 생각이 없다." 그리고 "부모에게 갚을 생각 말고 너희 자식에게 물려주어라!" 한다. 루스실로 랍비는 말한다. "내가 이스라엘의 IBM에 근무할 당시의 일이다. 봉급 받은 돈으로 어머니에게 드릴 선물을 꾀 큰돈으로 샀다. 어머니가 그때 내게 뭐하러 이 비싼 것을 샀느냐 하시기에 '어머님이 내게 하신 고마움에 비하면 아무것도 아닙니다.' 했다. 그때 어머니는 손을 저으며 아니다 하시며 '나는 너에게 돌려받을 생각을 전혀 하지 않았다. 그런 생각이라면 너의 자식들에게 주어라!' 하셨다. 그래서 나는 우리 아이들에게 어머님 말씀대로 실천하고자 한 것이다."

남에게 받은 박해는 잊지 않지만 관대하라고 가르치는 유대인이다. 유대인의 사고방식에는 복수라는 말이 없다. 복수는 하나님만이 하시는 것이다. 자식들에게 복수와 증오를 가르쳐서는 안 된다. 유대인의 역사는 박해와 핍박의 역사였다. 그런데 유대인 어느 책에서도 역사적 박해에 대한 증오는 한마디도 찾을 수가 없다. 복수는 오직 하나님만이 할 수 있다고 믿는다. 학교에서도 이렇게 가르친다. '악한 자가 너에게 한 짓은 잊지 말라. 그러나 용서하여라!'

유대인에게 했던 나치의 사악한 살인은 역사 속의 사건이지 지금은 독일인과 친구가 되어 우의를 다지고 있다.

탈무드의 마음

탈무드는 유대민족 5,000년의 역사에서 정신적 지주요 생활규범이 되어 온 것이 사실이다. 그런데 이 방대한 책을 어떻게 설명하겠는가? 하나의 보배 창고 같은 탈무드를 아는 것은 독자 여러분의 승리요 마음을 사로잡는 명석한 두뇌와 끝없는 노력의 결과로만 도달할 수 있는 바다 건너 언덕과 같은 것이다. 백과사전도 아니면서 백과사전 같은 역할을 하는 책이요, 인생론 책도 아니면서 이 책만큼 인간학의 깊이를 파헤친 책도 없다. 신학성경도 서적도 아니면서 이 책만큼 성경적인 책도 없고 심오한 신학적 내용을 취급한 책도 없다. 확실히 탈무드는 구약성경과 함께 유대민족의 성경이요 하나님의 꿈을 알게 하는 책임에 틀림이 없다 할 것이다.

탈무드의 원류는 구약성경이다. 물론 이 탈무드는 구전으로 오랜 세월 지내왔다. 하나님에 대한 말씀이 아니었으면 수천 년 구전해 오는 것이 없어지거나 아니면 변질할 수도 있었는데 끝까지 이 책이 남은 것은 유대교의 경전으로서의 존재의미가 확실한 것이다. 그토록 오랫동안 구전되어 온 것이 문자로 남은 것은 다행스러운 일이다. 그전에 유대인의 생존과 절대적인 관계가 있는 것이다. 탈무드는 규모가 너무도 방대했기 때문에 여러 곳에 흩어져 있었다. 이 중요한 내용을 이어받을 전승자를 여러 지방에서 골라 뽑았다. 명석한 두뇌 소유자를 뽑아 전승자로 삼은 것이다. 구전된 것도 오래지만 문자화하는 일도 여러 해를 지나서야 성립되었다. 문자화되면서 첨부된 색인이나 주해는 히브리어, 바빌로니아어, 프랑스어, 독일어, 스페인어, 북아프리카어, 터키어, 폴란드어, 러시아어, 이탈리아어, 영어, 중국어 등으로 되었다. 유대인들이 살고 있는 지역마다 이 탈무드가 읽혔다.

유대인의 히브리 문자는 사실 문자적으로 그리 발달된 글자가 아니어서 어구해석이 다를 수도 있었다. 그러나 그 나라말로 번역되어 읽히면서 그 뜻이 전달되어 왔고 경전화되면서 시나고규마다 탈무드가 읽히고 해석됐다. 그것이 탈무드의 세계화이다. 그래서 탈무드는 읽어 버리는 책이 아니고 배우고 익히고 해석하는 책이 된 것이다. 그것이 히브리어가 오늘날까지 남게 된 연유이다.

탈무드는 유대인의 영혼세계이다. 오늘날에는 유대인 가운데 탈무드를 남의 일처럼 보는 사람도 없지 않다. 그러나 역시 대부분의 유대인들은 탈무드를 통해서 유대인의 혼을 받아 안고 있다.

유대인에게 정신적이고 영적인 영양분을 제공받는 데가 바로 탈무드이다. 탈무드에서 유대인의 모든 생활규범을 배우고 있다. 그러니까 유대인의 삶의 바닥을 이루는 근원적 힘이 바로 탈무드이다. 위대한 연구, 위대한 학문, 위대한 고전연구라는 탈무드의 의미가 바로 유대인의 생존을 말해 주는 본적지 같은 정신적 바탕이다.

탈무드는 어느 권(卷)을 펴 보아도 저마다 그 페이지를 차지하고 있다. 그 첫 페이지는 독자인 유대인 자신의 경험담, 신앙고백을 쓰기 위해 비워 두었다. 언제부터인가 탈무드 출판자들은 그 책의 첫 페이지와 마지막 페이지는 백지로 남겨 두고 편찬했었다. 유대인은 탈무드를 다른 이름으로는 '바다'라고 불렀다. 그래서 가장 큰 것이 거기에 있고 물밑은 무엇인가 무궁무진하며 끝이 없는 것이다.

탈무드가 너무도 방대해서 포기하면 안 된다. 탈무드가 아무리 방대해도 인간의 손길이 닿아야 만들어지는 것이다. 한 걸음씩 다가가면서 그 순서를 밟아 올라가야 한다. 인간의 노력을 집대성하고 인간의 모든 의식을 한곳에 모으는 것이 중요하다. 비유한다면 수백 명의 위대한 인물들을 한 방에 모으고 녹음기를 그 방에 장치해 둔다. 그 위대한 인물들이 차례로 수백 시간씩 계속 말하게 한다. 토론을 하게 한다. 그리고 다 녹음한다. 고귀한 지식, 경험한 위대한 역사, 하늘의 계시 등을 다 모은다. 이것이 바로 탈무드인 것이다. 페이지마다에 세상 최고의 지식, 최고의 영감 등을 들을 수 있는 종합녹음기가 바로 여기에 있는 것이다. 그래서 수만 페이지에 걸쳐 1,000년이 수록되어 계속 이야기하고 있는 것이 바로 탈무드이다. 이 책을 펴 보면 인간 역사에서 가장 고귀한 지식과 지혜, 영감과 계시를 하나님의 생생한 목소리로 다 들을 수 있을 것이다. 탈무드를 펴 보면 최고의 영적이고 정신적이고 역사적이면서 인간적인 모든 의미를 남김없이 다 받을 것이다. 정신적 소득이 정신의 모든 창고를 가득히 채우게 될 것이다.

탈무드의 귀

귀는 듣는 일을 한다. 듣고 있는 사람의 의사에 관계없이 수많은 정보가 들려온다. 듣는 사람이 그 들은 것을 자기 것으로 하느냐가 문제이다. 흥미 있는 것을 듣느냐 유익한 교훈만 듣느냐 아름다운 소리를 듣느냐는 듣는 사람 선택에 따라 자기 것이 되는 것이다. 요리사가 음식을 만들듯이 듣는 귀에 따라서 들은 것을 얼마나 자신에게 유익하게 요리하여 섭취하느냐에 달린 것이다.

임금의 외동딸이 병든 이야기를 보면 망원경을 가진 이, 마술융단을 가진 이, 사과를 가진 이가 저마다 자신의 공로를 주장했다. 그러나 사과는 공주에게 바쳐져 이미 먹고 없는 것이니 그 사람의 공로를 제일 인정해 주었다는 이야기다. 효용가치는 이미 사용해 버린 것에 대한 대가가 중요하다고 보았다. 망원경도 발명해 낸 공로가 있고, 마술융단도 궁 안까지 단시간에 갈 수 있었던 공로가 있지만 이 두 가지는 아직도 원소유주가 가지고 있다. 신기한 약효를 지닌 사과는 이미 공주님이 먹고 없어진 것이다. 그래서 사과 임자의 공로를 평가한다. 이것은 탈무드의 가치가 어디에 있는지를 잘 알게 하는 것이다.

랍비가 로마황제의 여자를 만났다. 얼굴 생김새가 추한 랍비를 본 왕의 여자는 뛰어난 총명함이 어찌 이런 못생긴 그릇에 담겼을까 했다. 이 말에 못생긴 랍비는 화가 나서 "궁 안에 술이 있습니까?" 하자 왕녀는 물론 있다 했고 술이 담긴 그릇을 보니 병이나 옹기 항아리였다. 랍비가 술을 금이나 은 그릇에 담았더니 술맛이 변했다. 그래서 다시 항아리에 옮겼다. 왕은 "누가 이런 어리석은 짓을 했느냐?" 하며 화를 냈다. 랍비는 당당하게 말했다. "저는 다만 아무리 귀중한 것이라도 싸구려 항아리에 넣어 두어야 좋은 경우도 있다는 진리를 가르치고자 했을 뿐입니다." 했다. 옳은 말에 왕은 고개를 끄덕였다. 그릇은 효용가치대로 써야 하는 것임에 틀림없다. 마냥 비싼 것이 귀한 것은 아니라는 것이다.

아름다운 딸 셋을 둔 아버지가 있었다. 하나는 게으른 딸, 또 하나는 도벽이 있는 딸, 다른 하나는 험담하는 수다쟁이였다. 세 아들을 둔 어느 남자가 그 세 딸들을 며느리로 달라 했다. 딸 아버지가 세 딸의 결점을 말했다. 세 아들의 아버지는 자기가 책임지고 고치겠다 했다. 게으름뱅이에게는 많은 몸종을 고용해 주었다. 도벽 있는 딸에게는 큰 창고 열쇠를 주었다. 험담하는 딸에게도 아침마다 일찍 깨워 오늘은 무슨 험담을 할 거냐고 물었다. 얼마 뒤 딸들의 아버지가 결혼생활을 잘하는지 보러 갔다. 맏딸은 원하는 만큼 게으름을 피우며 산다며 무척 즐거워했다. 둘째 딸은 물건을 가지고 싶을 때 얼마든지 가질 수 있어서 행복하다 했다. 셋째 딸은 시아버지가 남녀관계를 몰아세워 괴롭다고 했다. 그런데 아버지는 셋째 딸의 말은 믿지 않았다. 어째서일까? 그녀는 시아버지까지도 헐뜯고 있었기 때문이다.

예루살렘으로 유학을 보낸 한 시골 부자가 아들이 공부하러 간 사이에 중병에 걸려 죽게 되었다. 그때 그 부자는 아들에게 연락할 시간이 없어 유서를 남기기로 했다. 유서에는 부자의 전 재산을 노예에게 준다 쓰고 아들에게는 그가 바라는 단 하나만을 준다고 했다. 부자가 죽자 노예는 기뻐서 즉시 예루살렘으로 달려갔다. 그리고 아들에게 유서 내용을 알렸다. 아들은 유서를 보고 너무 섭섭해서 랍비에게 그 사연을 다 이야기했다. 랍비는 아들의 말을 다 듣고 그 부자가 참말로 지혜로운 어른이라 말했다. 만약 전 재산을 아들에게 준다고 했으면 그 노예는 억하심정으로 자기 마음대로 재산을 낭비해 버리거나 감추어 버리거나 했을지 모른다. 그리고 예루살렘에서 아무것도 모르고 공부만 하는 외아들을 해코지했을지도 모른다고 랍비는 생각했다. 그리고 전 재산은 노예가 가졌으나

단 하나 노예를 아들에게 주면 노예가 가진 모든 것은 다 아들의 것
이 된다. 그 얼마나 현명하신 아버지인가.

왕이 상처 입은 왕자에게 붕대를 감아 주며 말했다. "이 붕대를
감고 있는 동안 먹거나 달리거나 물속에 들어가도 아프지 않을 것
이다. 그러나 붕대를 풀면 상처가 심해진다." 인생도 마찬가지다.
마음에는 선과 악이 다투고 있다. 법률은 마음속에 간직하고 성질
이 나쁘게 되지 않기를 바란다. 법이란 약과 붕대와 같다.

알렉산더 대왕이 이스라엘에 왔다. 이집트 점령길이었다. 평
소에 이스라엘 율법과 신앙과 삶을 좋게 보고 있었던 알렉산더 대
왕에게 유대인이 말했다. "우리가 가진 금은보화를 갖고 싶습니
까?" 그러자 대왕은 "나도 금은 많이 있소. 조금도 원하지 않소.
다만 당신들의 습관, 율법, 정당함이 무엇인지 가르쳐 주시오!" 했
다. 대왕이 머무시는 동안 두 남자가 상담 차 랍비를 찾아왔다. 한
남자가 쓰레기 더미를 샀는데 그것을 산 남자가 쓰레기 속에서 아
주 귀한 금화를 발견했다. 그 남자가 쓰레기를 판 사람을 찾아가서
"나는 쓰레기만 샀지, 이 속의 금화는 사지 않았습니다."라며 금화
를 돌려주려 했다. 본래 임자는 "내가 당신에게 판 것은 쓰레기더
미 전부요. 그 속에 무엇이 있든지 모두가 당신 것이오."라며 금화
를 돌려주었다. 그래서 랍비는 판정했다. "당신에게 딸이 있고 아
들이 있는데 두 사람을 결혼시켜 금화를 나누어 주는 것이 올바른
일이다." 했다. 그다음 알렉산더 대왕에게 랍비가 말했다. "대왕

님! 당신 나라에서는 이럴 때 어떻게 판결하십니까?" 그러자 대왕의 대답은 간단했다. "내 나라에서는 사람을 죽이고 내가 금화를 갖는다. 이것이 내게는 정당한 일이었다!" 정복자 알렉산더다운 말이다.

여우 한 마리가 포도밭 주변을 서성이고 있었다. 여우는 울타리 때문에 안으로 들어가지 못하고 있었다. 그러던 여우는 사흘을 굶어 몸이 가늘어진 뒤 틈새로 간신히 들어갈 수 있었다. 여우는 포도를 실컷 먹었다. 배가 불러서 포도밭 울타리를 빠져나가려 했던 여우는 도저히 나갈 수가 없었다. 할 수 없이 또 사흘을 굶어 겨우 빠져나왔다. 여우가 말했다. "포도밭에 들어갈 때나 나갈 때나 내 뱃속은 똑같구나!"

7명이 모였는데 그중 한 사람이 불청객으로 왔다. 그래서 "여기에 올 필요가 없는 사람이 있다. 곧 돌아가라!" 했다. 그러자 그 자리에 꼭 있어야 할 사람이 나가 버렸다. 왜 그랬을까? 부름 받지 않았거나 잘못 온 사람이 굴욕감을 느끼지 않도록 자신이 나가 버린 것이다.

한 아가씨가 여행 중에 혼자 산책하다가 길을 잃고 우물가에 왔다. 마침 목이 말라 급하게 우물 속으로 두레박을 타고 내려가 물을 마셨다. 그러나 올라올 방법이 없어 울면서 살려 달라 외쳤다. 그때 한 청년이 이 소리를 듣고 아가씨를 우물에서 꺼내 줬다. 둘은 서로 사랑하여 약혼하여 결혼하기로 했다. 갑자기 일이 생겨서 청년이 먼 나라로 떠나야 했다. 돌아오면 결혼하자 하고 청년이 떠났다. 청년이 여행 가서 그곳에서 한 여인을 만나 결혼했다. 아들을 낳아 공원에 나왔다가 아이가 잠들었다. 그때 족제비가 와서 아이를 물어 죽이고 말았다. 약혼할 때 족제비와 우물을 증인으로 삼아서 결혼 약속을 했다가 멀리 와서 다른 여자와 결혼하고 아기를 낳은 것을 깨달았다. 그 뒤로 그 청년은 또 아이를 낳아 길렀다. 그 아이가 우물가에서 물속의 그림자가 좋아서 깊이 들여다보다가 우물에 빠져 죽었다. 그러자 청년은 옛날의 약속을 되새겼다. 아내에게 그 이야기를 다 하고 이혼했다. 그리고 돌아왔다. 물론 약혼했던 그 처녀는 아직도 기다리고 있었다. 청년은 처음 약속을 지켜 결혼을 했다.

어느 날 뱀의 꼬리가 불만을 폭발시키며 머리에게 대들었다. "나는 왜 당신 부속물처럼 머리가 가는 대로만 따라다녀야 하느냐? 같은 몸인데! 방향도 머리 혼자 정하고 나를 무시하지 않느냐? 불공평하다. 나는 머리의 노예냐?" 그러자 머리가 말했다. "무슨 말이냐? 너는 보는 눈도 없고 귀도 없는데 행동을 결정하는 두뇌도 없지 않으냐? 나는 나만 위해 가는 것이 아니야! 우리 몸 전체를 위해 움직일 때마다 얼마나 애쓰고 있는데, 너를 생각해서 이 머리가 인도하는 것인데!" 그러자 꼬리는 크게 비웃었다. "그런 말 말아! 짜증만 나! 독재자가 하는 소리에 불과해! 그런 핑계로 제멋대로 결정하고 행동하지 않느냐?" 했다. 그러자 "그럼 네가 내 역할을 해

봐!"했다. 꼬리는 좋아하며 움직이기 시작했고 뱀은 수렁에 빠지고 말았다. 꼬리는 가시투성이 관목 속으로 가 애를 쓸수록 가시덤불 속으로 더 깊이 빠졌다. 머리의 도움으로 간신히 상처 입고 가시덤불에서 빠져나왔다. 꼬리가 다시 앞장서자 이번에는 불길 속으로 들어갔다. 몸이 뜨거워 요동쳤고 캄캄해져서 무서워졌다. 그러다 뱀은 결국 불타 죽어 버렸다. 머리는 꼬리의 불만을 해소해 주려다가 죽고 말았다. 지도자 선택이 생존조건이란 것을 뱀 이야기에서 충분히 알게 된다.

예루살렘의 한 부자가 먼 길 여행 중에 병이 났다. 자신이 소생하기 어려움을 알고 여관 주인을 불렀다. "나는 좋은 날이 머지않았소. 죽은 뒤에 예루살렘에서 날 찾아오거든 내 소유물을 다 주시오. 단 세 가지 영리한 행동을 하지 않으면 내 소유물을 주지 마시오! 내 아들이 내 상속자가 되려면 반드시 그 세 가지 영리한 일을 해야 하니 잘 보시고 판단해 주시오!"라고 했다. 노인은 죽고 유대인식 장례식으로 매장했다. 동네 사람들도 이것을 다 알게 해서 예루살렘에까지 소식이 전해졌고 아들이 예루살렘에서 왔다. 아들은 부친이 죽은 여관을 몰랐다. 그래서 아들은 그곳 나무장수를 찾아가 말했다. "예루살렘에서 오셨던 노인이 죽은 여관으로 나무를 지고 갑시다. 그 집에 가면 뗄 나무 값을 드리겠소!" 나무꾼은 얼씨구나 하고 앞서서 걸어갔다. 그 여관집에 가서 나무꾼이 나뭇단을 내려놓았다. 여관 주인이 "우리는 나무를 사겠다 하지 않았는데?" 하자 나무꾼이 말했다. "내 뒤에 따라오는 분이 이 여관에 나무를 가져가면 값을 준다 했소!" 했다. 이것이 첫 번째 영리한 행동이었다.

여관 주인이 기뻐하며 맞았다. 저녁식사를 마련해 식탁에 다섯 마리 비둘기와 한 마리 닭을 요리해서 내놓았다. 식탁에는 9명이 둘러앉았다. 집주인이 예루살렘에서 온 사람에게 말했다. "음식을 좀 나누어 주시오!" 그러자 "아니오. 주인어른이 나누셔야죠!" 했다. 주인이 "당신이 손님이니 손님 좋으실 대로 나누어 주시오!" 했다. 그러자 그 손님은 먼저 한 마리 비둘기를 두 아들에게, 또 한 마리 비둘기는 두 딸에게, 그리고 남은 비둘기 한 마리를 두 부부에 드렸고, 그는 두 마리의 비둘기를 자신을 위해 남겼다. 이것이 두 번째 영리한 행동이었다.

여관 주인이 난처해했다. 다음에는 닭을 나누었다. 먼저 닭 머리는 주인 부부에게, 두 다리는 아들들에게, 두 날개는 딸들에게 나누어 주고 큰 몸통을 자신이 먹었다. 이것이 세 번째 영리한 행동이었다.

여관 주인은 화를 냈다. "당신네 나라에서는 이렇게 합니까? 비둘기를 나눌 때에도 화가 났지만 가만히 있었소. 그런데 닭을 나누는 것을 보고 견딜 수 없었소! 왜 이렇게 나눕니까?" 예루살렘에서 온 아들은 말했다. "나는 음식 나누는 일을 맡고 싶지 않았습니다. 그런데 주인어른이 하라 해서 나는 최선을 다했습니다. 주인어른과 부인과 비둘기 하나, 이렇게 셋, 두 아들과 비둘기 하나, 이렇게 셋, 두 딸과 비둘기 하나, 이렇게 셋, 그리고 나와 두 비둘기, 이렇게 셋으로 나누었습니다. 주인어른이 가장이시니 닭 머리로, 아들들은 이 집의 기둥이니 닭다리로, 그다음 딸들에게 날개를 준 것은 곧 다른 집으로 시집 갈 것이기 때문입니다. 나는 먼 예루살렘으로 되돌아가야 하니 몸통고기를 얻습니다. 빨리 아버지 유산을 돌려주십시오!" 했다. 이만하면 유산을 받을 자격이 있지 않은가!

진정한 재산은 무엇인가를 탈무드는 이런 이야기로 가르치고 있다. 배를 타고 가던 여러 부자들이 랍비 앞에서 서로 자랑했다. 그때 해적이 나타나 부자들을 사로잡고 그들이 가진 귀중한 모든 것을 약탈했다. 해적이 떠났고 배는 낯선 땅에 기착했다. 랍비는 해박한 지식으로 낯선 땅에서 학생들을 가르치고 살았다. 그러고 몇 해 뒤에 그 재산을 자랑하던 옛 부자들을 만났다. 모두가 거지가되어 있었다. 부자였던 이들이 말했다. "랍비께서 진실로 부자였습니다. 물질부자는 다 우리 꼴이 되었습니다. 잃지 않는 재산이 진정한 재산이요 부자였습니다." 보이지도 않고 훔쳐가지도 못하는 재산 곧 지식, 지혜야말로 진정한 재산이라고 탈무드는 가르치고 있다.

한 고을에 닭이 요람에 누운 갓난아기의 머리를 쪼아 죽게 했다. 닭이 살인죄로 재판을 받았다. 증인이 본 대로 말해서 닭이 죽게되었다. 닭은 짐승에 불과하나 함부로 죽일 수 없다는 탈무드의 기록이다.

포도원 일꾼이 종일 일하고 받은 노임을 한 일꾼이 두 시간만 일하고 똑같이 받았다. 다른 일꾼이 불평하자 주인은 일한 시간이 중요한 게 아니라 일한 실적이 종일 한 사람과 차이가 없음을 보고 임금을 똑같이 주었다 했다.

탈무드에 나오는 남자 생애의 7단계가 있다. (1) 한 살은 임금님-임금 모시듯 한 살 아기를 모신다. (2) 두 살은 돼지-흙탕 속을 마구 뛰어 다닌다. (3) 열 살은 양-웃고 귀엽게 뛰어 다닌다. (4) 16세는 말-크게 자라 힘을 과시한다. (5) 결혼하면 당나귀-가정이라는 짐을 지고 걸어간다. (6) 중년은 개-가족을 살리려 남의 호의를 구걸한다. (7) 노년은 원숭이-어린이가 되나 아무도 관심을 안 가진다.

쇠가 만들어졌을 때 모든 나무들이 벌벌 떨었다. 그러자 하나님이 나무에게 말했다. "걱정 말라. 쇠는 나무가 자루를 제공해 주지 않으면 너희를 상하게 하지 못한다."

랍비가 한 시장에 와서 말했다. "이 시장에는 영생을 약속할 사람이 있다." 그러나 아무도 그런 사람이 어디에도 없다 생각했다. 그때 두 사람이 랍비에게 왔다. 랍비가 그들을 보며 말했다. "이 두 분이 정말 선인이다. 영생을 주어도 좋겠다." 주위 사람들이 그들에게 하는 일이 무엇이냐고 묻자 "우리는 익살꾼 광대입니다. 쓸쓸한 이에게 웃음을 주고 다투는 이들에게 평화를 줍니다."라 했다. 남에게 웃음을 주는 일이 얼마나 소중한가를 탈무드는 이렇게 말하고 있는 것이다.

다윗왕은 평소에 거미는 아무데나 집 짓는 더러운 동물이고 아무 소용없는 것이라 생각했다. 그런데 어느 전쟁에서 포위당해 나갈 길이 없었다. 할 수 없이 한 동굴에 숨었다. 그 동굴 입구에 거미가 집을 짓기 시작했다. 추격해 온 적군이 동굴 앞에 왔다가 거미줄이 있는 걸 보고 모두 돌아가 버렸다. 다윗이 적의 대장 침실에 숨었다가 칼을 훔쳐 다음 날 아침에 "나는 당신 칼을 가져왔으니 당신 죽이는 일은 간단하지!"라며 뽐냈다. 그러나 적장의 침실에는 갔으나 칼은 장군의 다리 밑에 있었다. 다윗이 단념하고 몰래 나오려 한 그때 한 마리 모기가 날아와 장군의 다리에 앉았다. 무의식중에 장군이 다리를 움직여서 다윗은 칼을 훔치는 데 성공했다. 다윗이 적에게 포위당해 위기에 처했을 때 미치광이 흉내를 냈다. 적군은 이 미치광이가 다윗임을 생각하지 못하고 그냥 살려 두었다. 무엇이든 세상에 필요 없는 것은 하나도 없다. 그 어떤 것이라도 소홀히 해서는 안 된다는 교훈을 다윗은 깨달았다.

항해하던 배가 항로를 잃었다. 다음 날 아침 바다는 고요하고 배는 안정되어 한 항구에 정착했다. 그곳에 닻을 내려 쉬기로 했다. 그곳은 섬이었고 고운 꽃도 많았다. 과일도 많고 시원한 그늘도 있었다. 배를 타고 온 사람들은 다섯 그룹으로 나뉘었다. 한 무리는 섬에 상륙하지 않고 자신의 목적지만 생각하고 배 밖으로는 절대 나가지 않고 떠나기만을 기다렸다. 두 번째 무리는 서둘러 상륙하여 꽃과 과일을 즐기며 원기를 회복하고는 곧 배로 돌아왔다. 세 번째 무리는 섬에 상륙하여 오래 머물다가 순풍에 배가 출항할까

당황하여 급히 배로 달려오느라 소지품도 잃었고 배 안에서 차지했던 좋은 자리도 남에게 빼앗겼다. 네 번째 무리는 바람이 잔잔하여 닻을 올린 것도 보았으나 설마 선장이 자신들을 버리고 떠날까 하고 생각하며 섬에 오래 머물다가 배가 출발하자 조급히 배 옆구리로 올라타다가 온몸에 상처를 입어 항해가 끝날 때까지 통증에 시달렸다. 다섯 번째 무리는 많이 먹고 취하여 출항 종소리도 못 듣고 결국 숲 속 맹수들의 먹이가 되거나 독이 있는 과일을 먹고 병이 나서 죽고 말았다. 이 다섯 그룹 중에 당신은 어느 그룹에 들겠는가? 생각해 보자. 섬은 쾌락이고 배는 인생 선행의 상징이다. 첫째 그룹은 쾌락 따위는 아예 관심도 없다. 둘째는 쾌락을 조금 맛보았으나 배에 타고 목적지에 간다는 의무를 잊지 않았다. 셋째는 쾌락에서 돌아왔으나 고생을 했다. 넷째는 돌아오긴 했으나 그 과정의 상처로 일생 고생을 했다. 다섯째는 유혹에 쉽게 빠지는 그룹이다. 달콤한 과일 속의 독을 모르고 죽음을 맞는다. 인생을 생각하게 하는 이야기다.

로마 황제가 어느 랍비의 집을 방문했다. "당신네 하나님은 도둑이다. 아담의 갈비뼈를 뽑아 여자를 만들었고 남자가 잠든 사이에 그 집에 허락도 없이 들어가서 남자 갈비뼈를 훔쳐 갔다니?"라고 물었다. 그러자 랍비의 딸이 곁에 있다가 끼어들었다. "황제의 부하를 한 사람 빌려 주십시오. 좀 곤란한 문제가 생겨서 조사하는 데 쓰려 합니다." 황제는 "그것은 대수롭지 않소. 도대체 그 문제가 무언가?" 하자 딸은 "어젯밤 도둑이 들어서 국고를 훔쳐 갔습니다. 대신에 도둑은 금 그릇을 놔두고 갔습니다. 왜 그랬는지 조사해야겠습니다."라고 했다. 황제는 "그건 참 부럽구나! 그런 도둑이라면 내게도 왔으면 좋겠다." 했다. 그러자 딸은 "그렇습니다. 아담의 몸에서 일어난 일이 이와 같습니다. 하나님은 갈비뼈 하나를 뽑아서 세상에 여자를 남긴 것입니다."라 했다. 황제가 이 말을 듣고 흐뭇해했다.

인간성도 좋으면서 재산도 많은 부자가 있었다. 그의 하인 가운데 하나를 택해 그를 기쁘게 하려고 많은 비싼 물건들을 배에 가득실어 두고 그 하인을 배에 태워 배도 가지고 재산도 가지고 다른 데로 가서 자유인으로 살라고 보냈다. 배는 바다에서 폭풍을 만나 부서지고 간신히 목숨만 건져서 한 섬에 다다랐다. 그 섬에 내려 벗은 몸에 빈손으로 갔는데 놀랍게도 그 섬에서 알몸의 하인에게 임금대접을 했다. 너무 이상해서 물었더니 그전에 있는 주인이 친절하게 말해 주었다. "살아 있는 인간이 이 섬에 오면 1년간 우리의왕이 되었다가 1년 뒤 여기서 쫓겨나서 외로운 섬에 버려지게 됩니다. 그 섬은 아무것도 없고 먹을 것도 없으며 어느 생물도 없는 섬입니다." 했다. 하인은 정말 고맙다 인사하고 1년 뒤의 일을 준비하기 시작했다. 꽃씨와 묘목, 과일나무 등을 확실히 준비해서 가져다 심었다. 이 무인도가 즐겁고 행복한 섬이 되었다. 자기 섬으로잘 가꾼 이 섬을 진짜 자기 왕국으로 만들었다. 이야기는 처음 친절한 주인은 하나님, 하인은 영혼, 파선으로 갔던 섬은 이 세상, 주민은 인류, 1년은 인간의 일생, 빈 섬은 내세, 꽃과 과일은 선행으로 가꾸는 일에 비유한 것이다. 유대인은 이런 세계관을 가지고 인생살이를 개척해 나가는 성공적인 인간이 된다.

임금이 만찬회를 열어 하인을 초대하겠다고 했다. 그러나 언제인지는 말하지 않았다. 현명한 하인은 '왕이 언제 만찬회를 열지 모르니 만반의 준비를 하고 기다리자.' 하며 왕궁 정문에서 기다렸다. 그러나 어리석은 하인은 무심했다가 만찬회에 못 갔다. 언제 하나님이 당신을 부르실지 모른다. 믿음으로 준비하고 있어야 한다. 때는 인간의 뜻에 있지 않기 때문이다.

왕은 오차라는 맛있는 과일이 열리는 나무를 가지고 있었다. 이 과일나무를 지키려고 두 사람의 파수꾼을 보냈다. 한 사람은 소경, 한 사람은 절름발이였다. 이 둘은 흉계를 꾸몄다. 둘이 공모하여 이 과일을 다 따 먹자고 했다. 소경은 절름발이를 목말 태워, 절름발이는 방향을 가리키고 맛있는 과일을 실컷 훔쳐 먹었다. 왕은 매우 노했다. 두 사람을 잡아다가 심문했다. 소경은 자신은 앞을 못 보니 따 먹지 못한다고 했다. 절름발이는 다리가 불편해 저렇게 높은 곳의 과일을 못 딴다고 했다. 왕은 두 사람 말이 옳기는 하나 과일이 없어졌으니 믿지 않았다. 두 사람이 힘을 합하면 힘이 크다고 믿었다. 몸만으로는 아무것도 할 수 없다. 또 영혼만으로는 아무것도 할 수 없다. 양쪽을 합하면 나쁜 일도 좋은 일도 다 할 수 있다는 것을 탈무드는 이런 이야기를 통해 말해 주고 있는 것이다.

한 랍비가 로마에 왔을 때 거리에 포고문이 게시되어 있었다. 여기에는 '왕비가 아주 귀한 장식물을 분실했다. 30일 이내에 이것을 발견하고 가져오면 큰 상금을 주겠다. 그러나 30일 이후에 이것을 가지고 있는 자가 발각되면 사형에 처한다.'고 되어 있었다. 랍비가 이것을 보고 31일째에 장식물을 가지고 왕궁에 왔다. 왕비 앞에 이것을 내놓았더니 왕비는 랍비에게 "30일이 지나서 이것을 갖고 있으면 어떤 벌을 받는지 아시오?" 했다. 랍비가 그렇다고 하자 왕비는 "그런데도 왜 30일을 넘겼습니까? 기한을 지켰다면 당신은 큰 상금을 받았을 텐데요!"라고 말했다. 이에 랍비가 말했다. "30일 전에 누가 이것을 되돌려 드렸다면 그는 두려워하든가 경의를 표하든가 했을 것입니다. 그래서 어제까지 기다렸다가 이것을 가져왔습니다. 나는 결코 당신을 두려워하지 않고 오직 하나님만을 두려워합니다. 사람들에게 그렇게 가르치고 있습니다." 이 말을 들은 왕비는 경건한 태도로 "그런 하나님을 모신 당신에게 깊은 경의를 표합니다." 했다.

아키바 랍비가 여행 중에 당나귀, 개, 작은 램프를 가지고 있었다. 날이 어두워지자 랍비는 헛간 하나를 빌려 들어갔다. 잠들기는 아직 초저녁이라 램프를 켜고 책을 읽었다. 바람이 불어 램프가 꺼지자 할 수 없이 잠을 청했다. 밤중에 여우가 와서 개를 죽였고 사자가 와서 당나귀를 죽였다. 아침이 되자 랍비는 램프만 들고 길을 떠났다. 한 마을에 왔으나 사람이 없었다. 지난 밤 큰 도적떼가 와서 사람도 짐승도 다 죽이고 간 것이다. 순간 랍비는 생각했다. 지난 밤 램프가 바람에 꺼지지 않았다면 랍비도 그 도적떼에 발견되어 죽었을 것이다. 개가 살아 있었다면 짖어 대어 도적에게 발견되었을 것이다. 당나귀도 살아 있었으면 소란을 피워 자기가 죽었을 것이라 생각하니 지난 밤의 일이 눈물겹게 감사했다. 랍비는 생각했다. 최악의 상태가 희망이 되고 이 모든 게 다 하나님의 은혜였다. 랍비 아키바는 하나님께 감사 기도를 올렸다.

한 로마 장교가 랍비를 만나 물었다. "유대인은 매우 현명하다들었는데 오늘밤 내가 무슨 꿈을 꾸면 좋겠는가?" 당시 로마의 강적은 페르시아였다. 랍비는 말했다. "페르시아가 로마를 기습 공격해 로마군을 대파하고 지배하여 로마인을 노예로 삼는, 로마인이 제일 싫어하는 꿈을 꿀 것입니다." 다음 날 다시 만나자 로마 장교는 감탄하는 어조로 "당신은 어젯밤에 내가 꿈꿀 것을 어떻게 미리 예언할 수 있었소?" 하고 물었다. 그 장교는 꿈이 암시에서 생김을 몰랐던 것이다. 그래서 자신이 그 암시에 걸려 있었다는 것도 전혀 알지 못했다.

현명한 어머니가 시집가는 딸에게 말했다. "내 딸아! 네가 남편을 왕처럼 존경하면 그는 너를 여왕으로 대할 것이다. 그러나 네가 남편을 노예로 다루면 남편도 너를 노예로 대할 것이다. 네가 자존심만 내세우고 봉사를 게을리 하면 그는 너를 하녀로 대할 것이다. 또 남편이 친구 집을 방문할 때 목욕시키고 단정한 옷차림을 해 주면 남편이 너를 소중하게 대할 것이다. 가정을 늘 살피고 소지품을 소중하게 다루어라. 남편이 너에게 머리 위에 쓸 관을 바칠 것이다."

솔로몬왕에게 아름다운 딸이 있었다. 왕은 꿈에 딸의 미래가 보였다. 어울리지 않는 남자를 만나고 나쁜 남자임을 예감했다. 그래서 딸을 작은 섬에 숨기고 울타리를 높이 쳤다. 하나님께서 어떻게 하시나 시험하자는 것이었다. 왕의 꿈에 보았던 남자가 황무지를 헤매다가 밤에 추워 사자가 죽은 시체 속에 들어가서 잤다. 큰 새가 날아와서 털가죽 채로 물고 가서 그 섬 안의 왕의 딸이 갇혀 있는 곳에 떨어뜨렸다. 두 젊은 남녀는 사랑하여 결혼했다. 솔로몬왕도 어쩔 수 없었다.

어느 왕이 양을 많이 치고 있었다. 방목하는데 양을 닮지 않은 짐승이 끼어들어서 살았다. 양치기가 왕에게 보고했다. "잘 모르는 짐승이 양 틈에 끼어들어 있습니다. 어찌할까요?" 왕은 그 짐승을 잘 돌봐 주라 했다. 양치기가 이상하다는 얼굴로 바라보았다. 그러자 왕은 "그 양은 본래 내가 기르던 양이었다. 전혀 다른 환경에서 자라다가 왔으니 잘 어울려 크도록 하면 얼마나 기쁘겠는가!" 했다. 유대인을 양에, 이방인을 다른 짐승에 비유한 것이다. 탈무드는 어떤 신앙을 가지든 선량한 자는 모두 구원을 받는다 말한다.

한 남자가 아들에게 유서를 썼다. '내 아들에게 전 재산을 준다. 다만 아들이 진짜 바보가 되면 다 주겠다. 그 이전에는 상속하지 않는다.' 이 말을 듣고 랍비가 와서 말했다. "당신의 유언은 터무니없군요. 자식이 바보가 되어야 유산을 준다니 무슨 뜻입니까?" 그 남자는 이 말을 듣고 갈대 잎을 물고 괴상한 울음소리를 내며 마루에 엎드려 기어 다녔다. 이 암시는 자기 아들이 아기를 낳아 아이를 어르는 장면을 보여 준 것인데, 자기 앞에서 바보 노릇을 하는 애 아버지가 된다는 뜻이었다. 그래서 유대인 격언에 '아이가 생기면 바보가 된다'는 말이 있는 것이다.

한 로마인이 유대인 랍비에게 비난조로 말했다. "유대인은 입만 뻥긋하면 하나님, 하나님 하는데 도대체 그 하나님이 어디 있느냐? 확실히 알려 주면 나도 믿겠다." 이 말을 듣고 그를 데리고 밖으로 나왔다. "저 태양을 보시오!" 하고 말하자 로마인은 힐끗 해를 보려다가 "엉터리 수작 말아라. 눈이 부셔서 똑바로 못 보는 걸 어찌 보라 하느냐?" 했다. 랍비는 단호히 말했다. "하나님이 창조하신 태양도 바라보지 못하면서 그보다 몇천 몇만 배의 강한 빛으로 살아계신 하나님을 당신이 어찌 보겠소!"

어느 안식일 오후에 갑자기 로마 황제가 랍비의 집에 찾아와 그 가족들과 즐거운 시간을 보냈다. 음식도 전에 없이 맛있었고 과일이며 마실 것도 모두 흐뭇하게 좋았다. 그래서 다음 수요일에 오겠다는 약속을 남기고 황제는 궁으로 돌아왔다. 랍비 집 안의 그 향기로운 분위기와 음식, 다과, 웃음 등이 황제의 마음을 다 사로잡았다. 그런데 미리 약속하고 간 수요일에는 지난 안식일의 갑작스런 방문 때보다 준비도 많이 하고 귀한 음식으로 가득 차렸다. 그런데 황제의 마음은 지난 안식일 때보다는 흐뭇하지 않았다. 음식도 최고급이고 그릇도 최고로 준비했지만 황제의 마음은 어딘가 달랐다. 지난 안식일보다 못한 듯했다. 그래서 황제가 랍비에게 그런 심정을 말했다. 랍비는 "당연하지요. 그날은 안식일이었고 오늘은 평일이니까 그 향기로운 분위기가 당연히 다르지요. 유대인만의 향로를 로마 황제는 구할 수가 없지요. 유대인만이 가지는 향로가 있지요. 바로 안식일의 축복입니다."라고 했다. 황제는 그 안식일의 분위기는 신앙적이고 영적인 것이니 황제가 감히 어찌할 수 없는 것임을 느끼면서 궁으로 돌아왔다.

한 장사꾼이 어느 도시에 갔다. 물건을 사러 온 것인데 며칠 뒤에 크게 할인을 해서 판다는 소문이 있었다. 그날까지 돈을 감추어 둘 곳을 찾다가 외딴곳에 파묻어 두기로 했다. 강도에게 뺏기지 않으려고 한 곳을 찾아서 묻었다. 다음 날 잘 있는지 살펴보려고 갔으나 돈은 사라지고 없어졌다. 사방을 둘러보니 멀찍이 외딴집이 하나 있고 한쪽에 구멍이 있는 게 보였다. 그 집을 찾아가니 노인 한 분이 있었다. 상인이 말했다. "당신은 이 도시에 사시니 정말 머리가 좋으실 것입니다. 그래서 지혜를 좀 빌릴까 합니다. 실은 나는 이 도시에 많은 물건을 사려고 왔습니다. 지갑 두 개에 돈을 가득히 가져왔습니다. 하나에는 500개 은화를 넣고 다른 하나에는 800개의 은화를 넣었습니다. 작은 지갑은 다른 곳에 묻었는데 큰 지갑도 묻는 것이 좋을까요? 아니면 누군가 믿을 만한 사람에게 맡기는 것이 좋을까요?" 그러자 그 노인은 "내가 만약 당신이라면 아무도 믿지 않고 작은 지갑 묻은 곳과 같은 곳에 큰 지갑도 파묻겠습니다."라 했다. 노인은 욕심이 많았다. 장사꾼이 나가자 훔쳐온 지갑을 가지고 나가 묻혀 있던 곳에 그대로 다시 묻었다. 장사꾼은 이를 숨어서 지켜보다가 무사히 그 지갑을 되찾아왔다.

탈무드의 눈

눈은 얼굴에서 작은 부분이지만 그 역할은 놀랍다. 사람을 인도하고 모든 지식을 흡수하며 사물을 살리는 위대한 일을 한다. 생각이 깊고 아름다움을 잘 나타내는 바탕이 바로 눈에 있다. 반성하는 사람이 선 곳은 가장 위대한 랍비가 선 땅보다 더 큰 가치가 있다. 세계는 진실, 법, 평화 이 세 기반 위에 서 있다. 거짓말쟁이에게 주는 최대의 벌은 그가 하는 진실한 말도 믿지 않는 것이다. 사람은 세 가지 이름을 가진다. 태어났을 때 양친이 붙여 준 이름, 친구들이 부르는 이름, 죽은 뒤에 붙이는 명성이 그것이다.

인간은 한 조상의 후손이다. 모든 민족의 근원은 하나다. 그래서 잘났다고 으스대는 것은 바보짓이다. 자신이 자기 생명을 죽이면 그는 모든 인류를 죽인 것이다. 어떤 이는 젊고도 늙었고, 늙었어도 젊었다. 자기 결점만 너무 걱정하면 딴 사람의 결점을 모른다. 수치를 모르는 것과 자부심은 형제간이다. 하루 공부를 안 하면 그것을 되찾기는 이틀이 걸린다. 이틀 공부 안 하면 회복에는 나흘이 걸린다. 1년 공부 안 하면 되찾기에 2년이 걸린다. 나쁜 사람은 남의 수입에 신경 쓰고 자기 낭비에는 마음 쓰지 않는다. 앞을 못 보는 것보다는 마음이 보이지 않는 쪽이 더 두렵다. 만나는 모든 사람에게 배울 수 있는 사람이 세상에서 가장 현명한 사람이다. 가장 강한 사람은 자신을 억제하는 사람이다. 적을 벗으로 바꿀 수 있는 사람이 진짜 강한 사람이다. 가장 큰 부자는 지금 가진 것만으로도 만족할 줄 아는 사람이다.

◖ 유대인의 인간 평가 세 가지 기준

키소(돈지갑), 코소(술잔), 카소(노여움), 돈을 어떻게 쓰는가? 술버릇은 깨끗한가? 인내심이 강한가?

◖ 인간 유형의 네 가지

1. 내 것은 내 것이고 네 것은 네 것이다(일반적 유형), 2. 내 것은 당신 것이고 당신 것은 내 것이다(특별 유형). 3. 내 것은 당신 것이고 당신 것은 당신 것이다(정의감이 강한 유형). 4. 내 것은 내 것이고 당신 것도 내 것이다(나쁜 인간형).

◖ 현명한 사람 앞에 있는 세 가지 유형

1. 스폰지형(다 흡수한다). 2. 터널형(오른쪽 귀로 듣고 왼쪽 귀로 내보낸다). 3. 체형(중요한 것만 체로 거르듯 선택한다).

◑ 현인이 되는 일곱 가지 조건

1. 현명한 사람 앞에서 침묵한다. 2. 상대의 말을 가로채지 않는다. 3. 대답에 당황하지 않는다. 4. 늘 적절한 질문을 하고 조리 있게 대답한다. 5. 순서 선택을 잘한다. 6. 모르는 것을 솔직히 인정한다. 7. 진실을 받아들인다.

◑ 인간의 세 가지 벗

1. 아이. 2. 부유함. 3. 선행.

여자의 아름다움에는 어떤 남자라도 버티지 못한다. 여자의 질투심은 오직 하나뿐이다. 여자는 자기 외모를 가장 소중히 여긴다. 여자는 남자보다 육감이 예민하다. 여자는 남자보다 정이 두텁다. 여자는 불합리한 신앙에 빠지기 쉽다. 불순한 동기로 시작한 애정은 그 동기가 사라지면 바로 사라진다. 사랑하는 동안은 충고에서 멀다. 여자에게 술 한 잔은 좋다. 두 잔은 품위를 떨어트린다. 석잔은 부도덕하다. 넉 잔은 자멸한다. 정열로 결혼해도 정열은 결혼보다 오래가지 않는다. 남자가 여자에게 끌리는 것은 남자의 갈비뼈를 뽑아 여자를 만들었기 때문이다. 잃은 것을 되찾는 것이다. 하나님이 최초의 여자를 남자의 머리로 만들지 않은 이유는 남자를 지배하지 말라는 것이다. 발로도 만들지 않음은 여자를 노예로 하지 말라는 것이다. 갈비뼈로 만든 것은 남자의 마음 가까이 있도록 한 것이다. 가장 행복한 사람은 현명한 아내를 가진 남자다. 남자는 결혼하면 죄가 늘어난다. 악처보다 더 악한 것은 없다. 남자의 집은 아내다. 여자와 만나지 않고 결혼해서는 안 된다.

사람에게 상처 주는 세 가지는 번민, 말다툼, 텅 빈 주머니이다. 이 중 가장 큰 상처는 빈 주머니다. 몸의 모든 부분은 다 마음에 의존하고 있다. 돈은 장사밑천으로 해야지 술값으로 지불하지 말라. 돈은 악도 저주도 아니다. 사람을 축복하는 것이다. 돈 빌리면 그의 종이 된다. 부귀는 요새다. 빈곤은 폐허이다.

칼 가진 자는 책으로 설 수 없다. 책으로 선 자는 칼을 가지고 설수 없다. 자신을 아는 것이 최고의 지혜다. 학교 없는 도시에는 사람이 살 수 없다. 고양이한테서 겸손을, 개미로부터 정직함을, 비둘기로부터 정절을, 수탉한테서 재산의 권리를 배운다. 지식이 얕으면 곧 잃는다.

악의 충동은 구리 같다. 불 속에서 모양이 쉽게 달라질 수 있다. 만약 인간에게 악의 충동이 없으면 집 세우기, 아내 얻기, 아이 낳기, 일하기도 없다. 인간은 악의 충동을 내쫓으려 무슨 짓이든 한다. 남보다 뛰어난 이는 악의 충동도 그만큼 강하다. 악의 충동도 처음에는 달콤하다. 그러나 끝날 때는 쓰다. 13세부터 악의 충동은 선한 충동보다 강해진다. 죄는 미워하되 사람은 미워하지 말라. 죄는 처음엔 여자 같지만 그냥 두면 남자 같다. 죄는 거미줄 같다가 마지막에는 밧줄보다 강하다. 죄는 처음에는 손님이다가 나중엔 그 집 주인 노릇을 한다.

판사의 자격은 겸손과 선행이다. 그리고 위엄이 있고 경력이 깨끗해야 한다. 판사가 언도할 때는 자기 목에 칼 대는 심정이라야 한다. 판사는 진실과 평화를 지켜야 한다. 평화는 타협을 찾는 데서 생긴다. 고양이와 쥐도 자신이 먹고 있을 때는 다투지 않는다.

여우의 꼬리가 되기보다는 사자의 꼬리가 되어라. 한 마리의 개가 짖으면 모든 개가 따라 짖는다. 좋은 항아리를 가졌으면 그날 안에 사용하라. 내일은 깨질지 모른다. 정직한 자는 자기 욕망을 조종하지만 정직하지 못하면 욕망에 조종당한다. 남이 베푸는 자선으로 살기보다는 가난하게 사는 것이 낫다. 남 앞에서 부끄러워하는 사람과 자기 앞에서 부끄러워하는 자 사이에는 큰 거리가 있다.

◖● 세상에서 도를 벗어나지 않는 것 여덟 가지
   외형, 여자, 부유함, 일, 술, 잠, 약, 향료.
◖● 세상에 너무 쓰면 안 되는 세 가지
   빵의 이스트, 소금, 망설임.

통에 동전 한 개뿐이면 시끄러운 소리를 내지만 동전이 가득 차면 통은 조용해진다. 미망인 소유물을 전당포는 받지 말아야 한다. 결혼식의 목적은 기쁨이다. 장례식 참석자의 목적은 침묵이다. 가르침의 목적은 집중이다. 인간에게 있는 여섯 가지 쓸모 있는 것 중 셋은 스스로 다스릴 수 없고, 세 가지는 인간이 다스릴 수 있다. 눈, 귀, 코가 앞의 셋이고 입, 손, 발이 뒤의 셋이다. 장미꽃은 가시 틈에서도 자란다. 항아리 겉을 보지 말고 안에 담긴 것을 보라. 나무는 그 열매로, 사람은 업적으로 평가된다. 행동은 말보다 목소리가 크다. 훌륭한 사람이 아랫사람을 칭찬하는 것과 노인이 젊은이의 말에 귀 기울이는 세계는 축복이 있다.

◐ 노화를 재촉하는 네 가지

공포, 분노, 아이들, 악처.

◐ 사람을 안정시키는 세 가지

좋은 가정, 좋은 아내, 좋은 옷.

◐ 하나님에게 칭찬받는 세 가지

가난한 이가 물건을 주워 주인에게 돌려준다. 부자가 남 몰래 수입의 10퍼센트를 가난한 자에게 준다. 도시에 살며 독신으로 도리에 어긋나지 않는 자다.

◐ 상인이 지킬 세 가지

과대선전을 안 한다. 값을 올리려 저장하지 않는다. 계량을 속이지 않는다.

◐ 하지 말아야 할 것

다 옷 입고 있을 때 옷 벗지 말라. 다 벗고 있을 때 옷 입지 말라. 다 서 있을 때 앉지 말라. 다 울고 있을 때 웃지 말라. 다 웃고 있을 때 울지 말라.

탈무드의 머리

　머리는 인간 행위의 총사령부 격이다. 탈무드에 나오는 모든 이야기와 격언은 읽기보다 생각함으로써 그 의미와 교육 목적이 실천된다.

　세상에는 12개의 강한 것이 있다. 돌, 쇠, 불, 물, 구름, 바람, 인간, 공포, 술, 잠, 죽음, 애정 등이다. 화물을 가득 실은 두 배가 항구에 정박했다. 하나는 출항 준비를 하고 또 한 척은 막 입항했다. 출항 때는 성대한 전승을 하나 입항 때는 조용하다. 탈무드는 이것이 잘못된 관습이라고 본다. 떠나는 배는 미래다. 분명치 않다. 폭풍을 만날지, 침몰할지 모른다. 그러나 긴 항해 끝에 무사히 입항한 배는 기쁨에 차 있다. 임무완성의 기쁨도 있다. 인간도 마찬가지다. 태어날 때 축복한다. 인생이란 바다에 돛을 단 것이다. 미래는 미지다. 병에 걸릴지도 사고를 당할지도 모른다. 어떤 일을 할지, 어떻게 자랄지도 모른다. 이 때문에 인생을 축복하는지도 모른다. 히브리말에서 진실은 첫 알파벳 문자와 마지막 알파벳 문자와 꼭 중간의 문자로 쓴다. 왼쪽도 오른쪽도 한가운데도 다 올바르다는 것을 아이들에게 가르치기 위해서다.

탈무드에서는 주인과 하인, 노예도 똑같이 먹고 똑같이 대우해야 한다고 했다. 이스라엘 군부대 안에 가면 사병과 장교가 식사도 마실 것도 똑같이 하고 있는 것을 본다. 맥주가 모자라면 사령관이 오늘은 맥주를 다 함께 마시지 말라 한다. 이것이 유대인의 전통적인 삶이다. 유대인은 범죄를 저질러도 범죄를 저지르기 전과 다르지 않다. 자기 혼자 범죄를 저질렀어도 모두가 범죄를 저질렀다고 여긴다. 공동체 의식이 강한 탓이다. 자신이 물건을 훔치지 않았어도 하나님 앞에 용서를 받아야 한다. 내가 자선 베풀기를 덜해서 그런 범죄가 생겼다 여긴다.

인간은 태어날 때는 손을 쥐고 있으나 죽을 때는 펴고 있다. 왜 그럴까? 태어날 때는 세상 모든 것을 붙잡으려고 하고 죽을 때는 모두를 남겨 두고 남에게 주고 아무것도 갖지 않고 빈손으로 간다는 뜻이다. 유대인 가정에서는 반드시 아버지가 아이들에게 탈무드를 가르치는 교사가 된다. 아버지가 엄격하고 무서우면 아이들이 배울 여유를 갖지 못한다. 히브리인들에게는 아버지보다도 교사가 더 중요한 의미를 가진다. 만약 아버지와 교사가 감옥에 들어갔으면 교사를 구한다는 것이 유대인의 생각이다. 지식전달을 양육보다 귀하게 여기기 때문이다. 랍비가 학생에게 거룩한 것이 무엇이냐 물으면 학생들은 하나님을 위해 목숨을 버리는 것이라 한다.

유대인의 문학에는 증오의 감정을 표현한 대목이 거의 없다. 그 것은 증오의 감정을 품지 못하는 민족이기 때문이다. 독일인으로부터 그토록 살해당했으나 그들이 독일인을 미워하지 않고 있다는 것은 이상할 정도이다. 천도교에서 박해받았으나 그리스도교를 증오하지 않는다. 가톨릭협회가 자금이 필요할 때는 유대인에게 손을 벌린다. 유대인이 가장 돈도 많지만 동정심도 이해력도 크기 때문이라 한다. 유대인은 마음이 온화하므로 누구든지 슬픈 사연을 말하면 도움을 줄 것이라고 믿고 있다. 탈무드 정신은 인간은 모두 한 가족으로 보는 것이다.

탈무드에는 '착한 사람'을 두고 잘 자란 야자나무와 레바논의 잘 자란 삼나무에 비유한다. 건강하고 아름다운 나무, 쓸모 있는 나무를 사람에 비유한 것이다.

탈무드에는 두 개의 머리 이야기가 있다. 사고방식을 훈련하려고 이런 생각을 한다. 만약 갓난아이가 머리가 둘이라면 두 사람인가? 아니면 한 사람인가? 유대교에는 아이가 태어나 1개월이 되면 시나고규에 데리고 가서 축복을 받는다. 이때 만약 머리가 둘이면 두 번 축복 받느냐? 몸이 하나니까 한 번 받는가? 탈무드의 답은 명백하다. 한쪽 머리에 뜨거운 물을 부어 다른 쪽 머리가 비명 지르면 한 사람이고 딴 머리가 시원한 얼굴을 하면 두 사람인 것이다. 유대인이 어떤 사람인가를 말할 때는 이 이야기를 한다고 마빈 토케이어 랍비는 말한다. 이스라엘의 유대인이 박해받거나 러시아에 있는 유대인이 박해받는 이야기를 듣고 자기가 그 고통을 느끼고 비명 지른다면 그는 유대인이다. 아무 반응도 비명도 안 지르면 유대인이 아니다. 이렇게 응용범위가 넓은 우화나 비유는 탈무드에 많다.

랍비들은 설교할 때 왜 우화를 많이 인용할까? 우화의 교훈은 오랫동안 잊지 않고 기억할 수 있기 때문이다. 탈무드 시대에는 아내가 다른 남자와 성관계 가지면 남편에 대한 죄가 된다. 남편이 아내와 그 정부에게 아무리 가혹한 벌을 해도 좋게 여겼다. 남편은 처벌도 용서도 할 수 있다. 이런 것은 다른 민족의 사정이다. 유대인은 남편에게 그런 권리가 없다. 율법에 대한 범죄이다. 인간에 대한 죄가 아니다. 하나님께 대한 죄라고 생각한다. 유대인의 법에는 자백이 인정되지 않는다. 자백은 고문으로 얻기 때문이다. 이스라엘에서도 자백은 무효이다. 성관계는 합법적일 때 즐겁다. 성관계로 추하거나 부끄러움은 있지 않기 때문이다. 탈무드에는 교사는 아내가 꼭 있어야 하고 랍비는 반드시 결혼해야 한다. 아내가 없는 사람은 인간이 아니라는 사상이 있다. 탈무드에서는 성(性)을 생명의 강이라 했다. 강이 넘치면 파괴도 하지만 여러 가지 열매를 맺고 세상에 유용한 것이다. 유대인 남녀의 이상적인 모습은 강한 아버지와 상냥한 어머니다.

재판에서 만장일치 판결은 무효이다. 판결에는 반드시 두 가지 의견이 있어야 하기 때문이다. 사형 언도 때 전원일치는 무효라고 정해져 있다. 물레방아 이야기가 있다. 두 사람이 있다. 갑이 을에게 물레방아를 빌려 주었다. 사용료로 을이 갑의 곡물을 무료로 다

갈아 준다. 그리고 물레방아를 사용한다. 그렇게 계약했다. 그동안 갑은 부자가 되어 물레방아를 몇 개 더 샀다. 그래서 사용료로 돈을 달라 했다. 을은 곡식을 갈아 주고 싶었다. 탈무드 판결은 을이 갑의 가루 갈아 주는 것을 계속하게 했다. 만약 제3자의 가루를 갈아 주고 돈을 받으면 그 돈으로 사용료를 줄 수 있다 했다.

소유권 이야기가 탈무드에는 길게 나와 있다. 동물에게는 낙인을 찍고, 시계에는 이름을 새기고, 양복에는 이름을 수놓고, 자동차나 건물은 관청에 등기하고, 물건에 따라 다르지만 임자는 분명히 있다. 무엇에 사용하느냐가 소유자의 인격과 생존의 보람이 된다. 유대인은 이스라엘을 위해서 쓰려고 한다. 기독교 신자는 하나님의 영광을 위해서 쓴다. 세계를 위해서 쓴다. 한 푼 두 푼 모아서 가난한 자들을 위해서 선뜻 내놓는 이도 많다. 무엇을 위해 소득을 쓰는가가 그를 빛나게도 하고 부끄럽게도 할 수 있다.

탈무드의 손

　손은 머리가 생각하는 대로 실행한다. 그래서 머리의 명령에 따라 손은 움직이는 주인과 종의 관계라고 볼 수 있다. 그러나 손은 몸을 위해서 전적으로 열심히 움직인다. 탈무드를 깊이 연구한 사람은 오직 탈무드식의 사고방식과 그 가르침대로 움직인다. 모든 문제의 해결은 거의 대부분 손을 움직여서 해결된다. 두 형제가 다툴 때 자기 주장 때문이 아니라 어머니의 유언 때문이라면 어떻게 할까? 어머니 유언을 해석하는 차이 때문에 형제가 다툰다. 한 형제는 전쟁 중에 독일, 러시아, 만주 등지를 떠돌며 도망 다니는 처지였지만 형제간의 의가 좋았다. 그러다가 서로를 잃어버렸다. 형제를 잃은 슬픔이 커 그들은 따로따로 랍비를 찾아가서 상담했다.

랍비는 아메리칸 클럽의 모임의 강사로 갔다. 주최 측에서 일부러 두 형제를 초청했는데 서로 모르게 했다. 랍비는 인사하고 곧 탈무드 이야기를 했다. 한 형제가 이스라엘에 살았었다. 동생은 아직 독신이었다. 둘 다 부지런한 농부였다. 아버지가 돌아가시자 재산을 형제에게 나누어 주었다. 수락하면 공평하게 나누었다. 동생은 형님에게는 형수, 아이들 등 식구가 많으니까 곡식을 형님 곳간에 갖다 놓았다. 형님은 또 동생이 가족도 없이 사는데 노후 문제나 형편을 생각해서 곡식을 동생의 곳간에 가져다주었다. 아침이 되자 형제가 일어나 곳간에 가 보니 어제와 똑같은 양이 쌓여 있었다. 이런 일이 되풀이되었다. 한밤에 곡식을 나르다가 도중에 딱 만났다. 둘은 부둥켜안고 울었다. 그 울던 자리가 예루살렘에서 가장 고귀한 자리로 알려져 오늘날에도 내려오고 있다. 랍비는 아메리칸 클럽에서 가족의 애정이 대단한 것을 강조했다. 그 결과 형제의 반목도 눈 녹듯 사라지고 칭송이 자자하게 되었다.

한 가정에서 개를 키웠다. 개를 가족이라 여기며 귀여워했다. 한 아들은 개를 자기 침대 밑에 재웠다. 그러다 그 개가 죽었다. 아들은 친구를 잃은 듯 슬퍼했다. 개를 어디 묻을지 가족이 의논했다. 랍비를 찾아온 그 집 아버지가 개 매장에 의식이 있느냐 물었다. 랍비는 개에 대한 질문이 처음이라 당황했다. 랍비는 그 집을 한번 가 보기로 했다. 그 집에서 탈무드를 펴 보았다. 집에 있던 우유에 뱀이 들어갔다. 그런데 이 뱀은 독뱀이었다. 그래서 독이 우유에 녹았다. 그것을 개가 알았다. 가족이 창고에서 그 우유를 꺼낼 때 개가 심히 짖었다. 이유를 아무도 몰랐다. 그 우유를 마시려

하자 개가 뛰어 우유를 엎질렀다. 그리고 우유를 핥아 먹고 죽었다. 가족은 그때 독이었음을 알았다. 랍비가 이 개를 칭송했다. 랍비가 그 가족에게 이 개 이야기를 하자. 아들의 희망대로 개를 뒤뜰에 묻었다.

어느 유대인 부인이 백화점 세일에 다녀왔다. 집에 와서 보니 사지 않은 물건이 있었다. 아주 비싼 보석 반지였다. 그 부인은 양복과 외투를 샀을 뿐이었다. 아들과 둘이만 살아 풍족하지는 않았다. 아들에게 그 이야기를 하고 두 사람은 랍비에게 물어보기로 했다. 랍비는 탈무드의 이야기를 했다. 한 랍비가 나무꾼이 되어 살았다. 산에서 나무를 해서 지고 시내로 가져갔다. 왕복 시간을 단축시켜 탈무드에 열중했다. 그래서 아랍인한테서 당나귀를 샀다. 제자들은 랍비가 시내와 집 왕복 시간이 단축되었음을 좋아했다. 냇물에서 당나귀를 씻는데 목에서 다이아몬드가 나왔다. 제자들은 랍비가 가난을 면하고 공부 시간이 많아질 것을 생각하여 기뻐했다. 랍비는 당나귀를 샀지 다이아몬드를 사지 않았으니 다이아몬드를 아랍인에게 돌려주겠다 했다. 그러나 아랍인은 "당신은 당나귀를 샀고 다이아몬드는 당나귀에 딸려 있었으니 이것을 돌려 드리겠습니다." 했다. 그러자 랍비가 "유대인은 산 물건만 가집니다." 했다. 아랍인은 "당신들의 하나님은 훌륭하십니다."라고 말했다. 랍비가 하는 이 이야기를 듣던 부인은 곧 되돌려주려 하면서 무슨 말을 하면서 돌려주어야 하는지를 물었다. "그 반지가 백화점 것인지 판매원 것인지 모릅니다. '왜 되돌려주는가' 하면 유대인이기 때문이라 하십시오. 반드시 아들을 데리고 가십시오. 어머니의 정직한 모습을 일생 잊지 못할 것입니다."라고 답했다.

유대인 회사에 유대인이 고용되었다. 고용된 자가 공금을 들고 달아났다. 사장은 경찰에 신고하려 했으나 회사 간부가 랍비를 찾아갔다. 랍비는 어찌할까 하는 간부에게 "정말 공금을 가지고 갔는지 확인부터 해야 합니다. 정말 훔쳐 갔으면 교도소에 가야 할 것입니다. 그건 유대인의 태도가 아닙니다. 감옥에 가면 잃은 돈도 못 찾고 더 복잡해지니 사람부터 먼저 찾아서 일을 시키고 가져간 돈만큼 갚게 함이 좋겠습니다." 했다. 돈을 훔치면 벌금이 20퍼센트다. 말을 훔치면 벌금이 더 많다. 말에 해당한 트럭을 훔치면 400퍼센트 벌금이다. 결국 유대인의 사고방식은 감옥에 보내지 않는 것이다.

한 유대인 어머니가 난산으로 위독하자 그 남편이 랍비를 한밤에 불러 병원에 갔다. 임산부가 출혈로 위독했다. 랍비는 아기 상태를 물었다. 이 부부의 첫아이였다. 아기를 구하느냐 엄마를 구하느냐가 문제였다. 남편은 아내도 아기도 다 원했다. 아내는 아기만이라도 살리자 했다. 랍비가 결정해야 했다. 그것이 유대인 전통이다. 랍비는 엄마를 구하고 아기를 희생시키기로 했다. 부인은 살인이라며 반대했다. 유대인 전통은 아기는 태어나기 전에는 생명이 없다고 본다. 태아는 엄마의 일부분이다. 이럴 때 반드시 엄마를 살리는 것이 유대인 전통이었다. 이 부부는 랍비의 결정을 따랐다. 그리고 얼마 뒤 그 부부에게 다시 아기가 생겼다.

금슬 좋은 10년 된 부부가 있었다. 그런데 부부 사이에 아이가 없었다. 친족들은 이혼을 강요했다. 유대인 전통에는 결혼 10년 안에 아이가 없으면 이혼 조건이 된다. 그러나 남편도 아내도 이혼이 싫었다. 이혼은 가족들이 요구한 것이었다. 부부는 랍비를 찾아와서 상담했다. 대화를 하던 랍비는 부부가 서로 사랑하고 있음을 알았다. 랍비는 부부가 파티를 열고 친지와 이웃을 불러서 즐기며 둘이 얼마나 깊이 사랑하는지를 보이라 했다. 파티 때 아내에게 남편이 "내가 가진 것 중에 가장 좋은 것 하나만 요구하라." 했다. 그러자 아내는 "딱 하나 남편만 갖고 싶다." 했다. 이혼은 없고 그 뒤아이를 둘이나 낳고 살았다.

유대인 직원이 유대인 사장에게 불만을 품고 회사 돈과 서류를 훔쳐서 외국으로 달아났다. 찾을 길이 없었는데 우연히 한 달 뒤 도망자가 이웃나라 도시를 활보하고 다니는 것을 본 사람이 그 사장에게 알렸다. 유대인 사장이 랍비를 찾아와서 비행기 표를 주면서 그가 있는 이웃나라에 가서 설득해 달라 부탁했다. 랍비는 고민하다가 그러기로 하고 도망자가 있다는 이웃나라 도시로 갔다. 사흘 만에 그를 찾아 상담했다. 랍비는 유대인의 긍지와 자존심에 호소했다. 도망자는 자기가 억울했던 사연도 말했다. 그러나 랍비는 양쪽이 다 유대인이라는 것을 강조하여 호소했다. 그러자 도망자 유대인은 "내가 한 일은 내 자유입니다." 했다. 랍비는 탈무드 이야기를 했다. 많은 사람이 배를 타고 바다에서 항해 중인데 한 남자가 앉은 자리에서 도구로 구멍을 뚫고 있었다. 배 안의 사람들이 놀라서 아우성쳤다. 그러자 그는 "여기는 내 자리다. 내가 무슨 짓을 하든 상관 말라." 했다. 그 뒤에 그 배는 가라앉아 전원이 죽고 말았다. 유대인 도망자가 이 말을 듣고 돈과 서류를 랍비에게 주었다. 유대인은 훌륭한 민족이라고 강조했던 랍비 말에 도망자는 동의했던 것이다. 랍비가 돌아와 사장에게 돈과 서류를 주면서 원만한 해결을 의논했다. 그에게 퇴직금을 주기로 한 것이다. 한 사람의 자유로 모두를 죽이는 일은 범죄라는 데 도망자 유대인이 수긍한 결과였다.

랍비에게 수많은 사람들이 문제를 들고 온다. 수백만 가지 문제지만 같은 것은 없다. 진실과 거짓을 가려내는 일은 정말 어렵다. 탈무드는 이 두 가지를 가려내는 법을 가르치고 있다. 구약성경에 나오는 솔로몬왕은 슬기로운 왕이었다. 어느 날 두 여인이 한 아이를 두고 서로 자기 아이라고 다투었다. 솔로몬왕은 자세히 알아보았으나 어느 쪽 아이인지가 분명치 않았다. 유대인 전통은 사물의 경우 이럴 때는 절반씩 나누는 것이 원칙이었다. 그래서 솔로몬왕은 그 아기도 반으로 나누라고 판결한다. 그러자 한쪽 여인이 미친 듯이 울부짖으며 자기는 포기할 테니 아이를 살려 달라 했다. 솔로몬왕은 울부짖는 여인에게 "당신이 진짜 엄마다." 하고 아이를 넘겨주었다.

한 부부에게 두 아이가 있었다. 둘 다 아들이었다. 한 아이는 부부의 아이이나 다른 한 아이는 딴 남자와의 관계에서 생긴 아이였다. 어느 날 우연히 남편이 이 사실을 들었다. 그러나 둘 중 어느 아이가 남의 아이인지는 몰랐다. 그러다가 남편이 중병으로 죽게 된다. 그리고 그때 유서를 썼다. 진짜 혈통자에게 전 재산을 준다는 내용이었다. 그 유서는 랍비에게 넘겨졌다. 랍비는 두 아들에게 아버지 무덤에 가서 모독하는 태도로 몽둥이로 무덤을 내리치라 시켰다. 한 아들이 울면서 나는 우리 아버지 무덤을 몽둥이로 칠 수 없다고 했다. 랍비는 그를 진짜 아들로 판단하여 전 재산을 주게 했다.

한 사람이 중병에 걸렸다. 새로운 약을 먹여야 살릴 수 있다는데 그 약은 생산이 어렵고 수요도 많아 도저히 구할 수 없었다. 그때 가족이 랍비를 찾아와서 살려 달라며 그 약을 꼭 구해 달라 했다. 약을 취급하는 사람을 찾아가서 사정을 말하고 약을 구해 달라 하자 그는 랍비의 말대로 약을 가져오면 차례를 기다리고 있는 사람이 죽는다, 내가 살겠다고 남을 죽일 수는 없다고 했다. 랍비는 탈무드를 펼쳤다. 그 사람을 죽이지 않으면 내가 죽는다. 어떻게 할까? 내 피가 남의 피보다 더 진하지 않다. 랍비는 할 수 없다고 여겼다. 랍비는 그 약 구하기를 포기했다. 그 친구는 죽었다. 원칙은 지켰다.

한 위대한 랍비가 있었다. 행동이 고결하고 자애심도 깊었다. 존경하는 사람이 많았다. 하나님 신앙이 깊었다. 윤리도덕도 잘 지켜 어느 누구도 그를 욕하는 사람이 없었다. 그 랍비가 80세가 넘어 늙고 병들었다. 존경하는 이 스승님 주변에 여럿이 모여 앉았다. 그때 그 랍비는 큰 소리로 울었다. 제자들이 볼 때는 그 랍비가 울 만한 일이 없어서 다들 이상하게 여겼다. 제자들이 놀라서 왜 우시느냐 하자 랍비는 무겁게 입을 열었다. "나 스스로는 잘못 없는 듯 살아왔다. 그러나 남에게 친한 벗이 되어 주며 살았느냐 할 때 나는 아니라고 할 수밖에 없다. 그것이 슬퍼서 그렇다." 했다. 자기만의 일은 성공하였으나 유대인으로서의 사회 섬김에 얼굴을 내밀지 못한 것이 절망이다. 그래서 운다는 것이다. 주변 사람이다 어리둥절해했다.

한 농부가 있었다. 예루살렘 근처 큰 농장에서 수많은 양, 염소, 소를 키웠다. 평소에 돈을 아끼지 않고 자선했다. 여러 랍비가 이 농부에게 가서 돈을 받아서 선한 일에도 썼다. 그런데 그해 태풍이 몰아쳐서 과수원이 망가졌고 수많은 가축들이 다 죽었다. 이것을 본 채권자들이 몰려왔다. 있는 것을 모두 차압해 갔다. 결국 땅밖에 남은 것이 없게 되었다. 그때 그 농부는 "하나님이 주셨다가 하나님이 가져가신 것이니 어쩌겠느냐?" 했다. 그러다 랍비가 그들을 찾아왔다. 농부의 아내가 남편에게 말했다. "랍비를 빈손으로 가시게 할 수 없습니다. 뭐든지 드립시다." 했다. 농부는 남은 땅의 절반을 랍비에게 주었다. 그리고 다 정리해서 농장을 다시 살리는 데 전심전력을 다해서 조금씩 원상복귀를 해 나갔다. 랍비들이 농부를 위해 헌금을 모았다. 농장을 다시 일으키도록 수많은 이들이 협조했다.

사자 목에 뼈가 걸려서 사자가 죽게 되었을 때 이 뼈를 뽑아 주면 큰 상을 주겠다고 사자가 말했다. 사자가 입을 크게 벌리고 학이 긴 목을 집어넣어 그 뼈를 물고 나왔다. 사자는 살게 되었다. 학이 사자에게 무슨 상을 주겠냐고 하자 사자는 화를 내며 "내 목 안에 머리를 넣었다가 살아난 것이 바로 상이다."라고 했다. 이 말에 다들 놀라며 사자를 보았다 한다.

탈무드의 발

발은 역사의 미래와 과거를 다 밟고 있다. 그러기 위해서 현재를 탄탄히 밟고 있어야 한다. 여기서 탈무드의 수난 역사를 돌아보고 비유대인들은 이해하기 힘든 랍비의 사명과 과업을 살펴본다.

현존하는 탈무드는 1334년에 손으로 쓴 탈무드로 이것이 가장 오래된 탈무드이며, 1520년 베네치아에서 처음 인쇄됐다. 1244년에 파리에 있던 모든 탈무드는 천주교에서 몰수하였고 금서로 취급되어 24대의 짐수레에 실려서 다 불태워졌다. 1263년에 천주교 대표자와 유대인 대표자가 모인 공식석상에서 탈무드가 천주교와 반대되는 것인지 아닌지 토론했다. 1415년에는 유대인이 탈무드를 읽는 것이 법적으로 금지되었고, 1520년 로마에서 모든 탈무드가 압수되어 불태워졌다. 이런 일을 한 사람들은 탈무드를 한 번도 읽어 보지 못한 자들이었다. 탈무드를 전혀 모르고 혐오한 자들이었다.

1562년 교회가 검열하여 탈무드를 삭제하고 찢어 버렸다. 그래서 오늘날 남아 있는 탈무드는 온전한 것이 아니다. 탈무드를 마이크로 필름으로 찍을 때 페이지 사이에 다른 내용이 나왔다. 그래서 몇백 년간이나 잃어버렸던 탈무드의 부분이 발견되기도 했다. 탈무드를 읽을 때 중간에 연결이 안 되는 곳이 있었다. 그것은 천주교회가 삭제한 곳이다. 기독교를 비판한다고 여기던 부분이나 비유대인에 대한 기록 부분이 삭제된 것이었다. 현재는 탈무드가 우리나라 말로도 번역되었고 탈무드에 대한 관심은 세계적이다. 탈무드는 그냥 하나의 경전이 아닌 연구서이다. 유대인에게는 이것을 공부하고 연구하는 것이 인생 최대의 목표이다. 유대인 이해는 탈무드 이해에서부터 가능하다. 사실 유대인은 탈무드를 안 배우면 살 수 없다. 탈무드 공부는 단순한 지적 연구가 아니라 종교적인 것이다. 하나님 찬양의 제일은 유대인 연구였다. 유대인의 오랜 격언은 '공부가 바른 행동을 만든다'이다. 유대인의 도시나 작은 동네는 그곳의 학교 이름으로 알려진다.

랍비는 아침 5시에 일어나 탈무드를 읽는다. 점심 식사 때, 저녁 식사 뒤, 버스나 지하철 안에서도 유대인은 공부한다. 안식일에는 여러 시간 동안 탈무드를 공부한다. 20권 중에 1권 공부를 끝내면 유대인에게는 큰 경사였다. 친척이나 친구들이 모여 잔치를 한다. 유대인은 교황 같은 권위자가 없다. 그 대신 최고권위는 탈무드와 구약성경이다. 탈무드를 얼마나 공부했느냐가 권위의 척도가 된다. 탈무드 지식의 권위는 랍비에게 있다. 그래서 랍비는 유대인에게 최고의 지도자이다.

로마인이 유대인을 전멸시키려고 여러 방법을 생각했다. 유대인 학교를 폐쇄하고, 하나님 예배를 금지하고, 탈무드 책을 불태우고, 유대인 축제를 전면 금지하고, 랍비 교육을 금지하고, 랍비 교육 후 임명식 참석자, 랍비 취임자나 임명자 전원을 죽이고, 유대인 집단 도시를 멸망시키고, 갖은 수단을 다해 유대인을 핍박했다.

랍비는 유대인 스승이요 법관이었다. 의사요 권위자였다. 로마인은 유대인 조직을 충분히 알고 있었다. 랍비는 로마인의 이런 책략을 꿰뚫어보고 있었다. 어느 랍비는 제자 5명을 택하여 두 산 사이 무인지경에 들어갔다. 가까운 도시가 5킬로미터 정도 거리에 있었다. 이들 랍비로 임명받은 5명이 다 로마인에게 발각되었다. 랍비가 제자들에게 명했다. "나는 늙었다. 너희는 랍비 일의 계승을 위해 어서 숨어라!" 했다. 스승 랍비는 잡혀서 칼에 맞아 즉사했다. 다섯 제자는 도망갔다. 랍비는 유대인 사회의 기둥이요 상징이었다. 탈무드는 매우 중요했다. 하나님 신앙에 생명을 걸었다. 랍비세계는 서열이나 상하가 없었다. 랍비는 모든 질문을 다 대답했다.

오늘날 이스라엘의 종교학교는 9세부터 탈무드 공부를 시킨다. 고등학교 과정을 마치고는 종교학교에서 탈무드 이외의 공부는 안 한다. 보통 10년에서 15년간 탈무드 공부를 한다. 미국에서의 랍비 교육은 먼저 일반대학에서 학사학위를 받고 랍비 교육을 위한 대학원에 입학한다. 매우 엄격한 입학시험을 치르고 4년 내지 6년간 탈무드를 처음부터 공부한다. 랍비학교 입학 시험과목은 성경, 히브리어, 아랍어, 역사, 유대문학, 법률, 탈무드의 심리학, 설교학, 교육학, 처세철학, 철학, 논문, 구두시험 등이다. 공부하고 졸업하여 최후에 랍비 자격시험을 치른다.

모든 과목의 중간에 탈무드가 있다. 탈무드는 뛰어난 인격자가 가르친다. 탈무드 교수는 유대문화가 배출하는 최고의 현명한 인격자라야 한다. 탈무드 교수는 학생들에게 탈무드 교육을 강요하지 않는다. 스스로 랍비가 꼭 되겠다는 자각을 한 학생들만 가르치기 때문이다. 매일 탈무드를 4시간 동안 집중연구해야 한다. 1시간 탈무드 수업을 위해 20시간 이상 준비하게 한다. 그래서 탈무드 교육은 강의가 아니라 스스로의 계획으로 자기발전의 과정을 짜고 파고들어야 한다. 탈무드 교실은 헬리어와 라틴어를 자유롭게 말할 수 있어야 한다. 희랍 문화와 로마 문화에도 정통해야 한다. 랍비 되기 전의 학생은 독신이라야 한다. 기숙사에 입사하여 약 100명 정도의 학생이 함께 공부한다. 식사 때는 서로 대화한다. 공부시간에는 한마디도 안 한다. 오직 탈무드에 열중한다. 수도원과는 성격이 다른 랍비학교이다.

랍비가 어느 곳에서 일하느냐는 자유다. 초청받기도 하고 스스로 정한 곳에 가기도 한다. 한 곳에서 2년간 근무한다. 지역사회와 랍비는 계약근무다. 유대인 사회 속의 시나고규가 랍비의 일터가 된다. 유대인 20가구 이상 살고 있는 지역에는 회당이 있다. 거기에 1명의 랍비가 근무한다. 유대인은 회당 중심의 사회가 하나의 지역사회 단위로 되어 있다. 그러니까 랍비가 유대인 사회의 모든 면에서 지도자가 된다. 설교에서 일반교육, 상담을 직접 랍비가 한다. 15세기까지 랍비는 무급이고 자기 직업이 있었다. 지금은 공직자로 봉급이 지불되어 생활할 수 있다.

유대인 생활은 일출에서 하루를 시작한다. 먼저 손 씻고 식사 전 30분 정도 기도한다. 기도는 가능하면 가까운 시나고규에 가서 한다. 한국 교회에서 교인들이 새벽 기도를 하는 것과 같다. 기도문을 외워서 기도한다. 그 내용은 탈무드에 다 있다. 기도가 집단의식으로 끝나고 식사를 한다. 식탁에서도 간단한 기도를 하고 식사한다. 기도는 탈무드 내용으로 한다. 식후에도 잠시 또 기도한다. 유대인은 기도하는 민족이요 노래하는 민족이요 책을 읽는 민족이었다. 정오에, 일몰 때도 5분 정도 짧은 기도를 외운다. 밤에는 아카데미에 가서 공부하고 와서 잔다. 유대인은 매일 시간 내어 탈무드 공부를 한다.

유대인의 장례에서는 죽은 이에게 경의를 표해야 한다. 죽은 이를 늘 지키고 있어야 한다. 몸을 깨끗이 씻어 주고 가장 존경받는 사람이 시체를 닦아 준다. 가능한 빨리 매장해야 한다. 관례상 화장은 않는다. 원칙적으로 죽은 다음 날 매장한다. 아는 사람은 모두 장례식에 참석한다. 랍비는 조사를 낭독하고 상주가 기도문을 낭독한다. 시나고규에 가서 앞으로 1년간 기도를 매일 한다. 고인의 명복을 비는 기도이다. 매장이 끝나면 유가족은 집으로 온다. 1주간 고인을 위한 기도를 한다. 한 개의 촛불을 꼭 켜 놓는다. 촛불 앞에 지인들 10명 정도가 모여서 기도문을 외운다. 상주는 1주간

밖에 나가지 않는다. 시나고규에도 1주 뒤에 나간다. 1주 뒤 가족은 밖에 나가 집을 한 바퀴 돌아 본다. 유가족은 1개월간 얼굴을 씻지 않는다. 경건함을 지키기 위해서다. 장례식을 마치고 가족은 꼭 달걀을 먹는다. 상복을 입는 기간이 1주간이다. 그 뒤로는 자유롭다. 생활전선에서 일해야 하기 때문이다. 집을 한 바퀴 도는 것은 원은 끝이 없기 때문이다. 생명은 늘 이어져야 한다는 뜻이다. 슬픔은 1주로 끝낸다. 그러나 1개월간은 조심한다.

Talmud

제3편

탈무드의
믿음

:격언 모음

1. 보석_어버이에게는 아들딸이 영원한 보석이다.

랍비가 회당에서 안식일 설교를 하고 있는데 집에 있던 그의 두 아들이 갑자기 죽게 되었다. 아내는 아들들의 시체를 2층으로 옮긴 뒤 흰 천으로 덮어 두었다. 랍비가 집에 돌아오자 아내가 울며 말했다. "당신에게 물어볼 게 있어요. 누가 제게 귀중한 보석을 맡기고 보관해 달라 했는데 어느 날 갑자기 보석을 돌려 달라 했어요. 그럴 때 어찌해야 합니까?" 그러자 랍비는 "그야 당연히 보석을 주인에게 돌려주어야겠지요!" 했다. 아내가 "사실은 조금 전에 하나님께서 우리에게 맡기셨던 귀중한 보석 둘을 찾아 돌아가셨습니다." 했다. 랍비는 그 뜻을 알아듣고 입을 다물었다.

2. 웃음_고아가 웃으면 하늘과 땅도 웃는다.

한 아이가 부모를 살해한 죄로 재판정에 섰다. 아이가 재판장에게 말했다. "용서하십시오. 나는 가엾은 고아입니다." 이 말은 우스갯소리다.

언젠가 로드공항 총기사건을 일으킨 오카모도란 자가 재판정에서 "나는 스타가 되고 싶다!"라 말했다. 이스라엘 사람은 그를 두고 홋파라 비웃었다. 히브리말에 홋파란 말은 무례하다는 뜻으로, 이 이상 우롱할 수 없다는 의미이다. 고아는 의지할 자 없는 불쌍한 사람이다. 그런 사람을 웃게 한다면 이 세상 어디든 환할 것이다. 대수롭지 않은데도 따뜻한 웃음이 있다면 세상이 밝을 것이다.

유대인은 부모상을 당해도 한 달 이상 슬퍼하면 안 된다. 유대인이 믿는 하나님은 태양같이 맑고 즐겁고 웃음을 주는 분이시다. 하나님 앞에서는 우울한 기분을 가져서는 안 된다. 죄를 지으면 진심으로 회개하고 앞으로 그런 죄를 되풀이하지 않겠다는 다짐을 하고 기쁜 마음으로 하나님을 우러러보아야 한다. 웃음은 하나님의 선물이다.

　큰 소리로 웃는 것은 확실히 즐거운 일이다. 유대인에게는 웃음이란 힘이 솟구치는 샘물이다. 웃음을 모르면 지혜나 지식은 하찮은 것이다. 유대인은 '책의 민족'이자 '유머의 민족'이다. 웃음은 희망이며 여유다. 웃을 여유가 없으면 궁지에 몰려 움츠리게 된다. 웃음은 유대인에게 있어 지성을 갈고닦는 숫돌이기도 하다. 이런 웃음은 서로 크게 나눠 가져야 한다. 만약 울어야 할 경우가 생긴다면 하나님 앞에서 혼자 조용히 울어야 한다. 슬픔은 남에게 줄 만한 것이 못 되기 때문이다.

　생활 속에서 유대민족만큼 유머를 즐기는 민족은 없을 것이다. 고통받을 때 웃음을 선사하는 것은 물론 그런 웃음을 통해서도 많은 교훈을 얻는다고 자부하고 있다. 물론 모든 일에 성실한 것은 더할 것 없이 좋다. 그런데 이것이 지나치면 너무 굳어지게 되고, 한쪽에 치우쳐 생각의 폭도 좁아지고 만다. 반면에 유머와 기지, 해학은 사물에 대한 고정관념에서 벗어나 신선하고 새로운 이미지를 만들어 낸다. 자연과학, 사회과학, 어느 것 할 것 없이 진보는 언제나 상상에 의해 만들어진다. 아인슈타인이 말했다. "어떤 한 가지 사실에 남이 생각해 내지 못할 것들을 상상해 내는 능력이 필요하다." 유머와 기지에는 남달리 빠른 두뇌의 반사작용, 즉 연상

능력과 폭넓은 지식이 필요하다. 여기에는 쉼 없는 자기 발전의 노력이 요구된다. 유머는 우리 생활에서 결코 사라져서는 안 되는 소금과 같은 것이다. 웃을 수 있는 여유는 사람을 여유 있게 만들고 평화의 사자로 이끌어 준다. 웃음을 잃어버린 자는 앞뒤가 꽉 막힌 절망의 함정에 빠진다.

3. 삶_일생을 울면서 허송세월해서도 안 되고 웃고만 지내는 인생 낭비도 안 된다.

당장 이렇게 하라 하고 단정하는 것은 곤란하다. 우리가 함께 음미하고 일깨우는 삶을 암시하는 말이 중요하다. 하나님이 인간을 창조할 때 좌우대칭으로 균형 있게 하셨다. 짐승이나 물고기도 마찬가지다. 탈무드에서는 인간의 절반은 하늘에, 또 절반은 땅에 속하게 했다고 믿는다. 그래서 인간은 천성과 지성이 함께 깃들었다 한다. 인간은 갖가지 요소로 이루어져 좀 복잡하고 희로애락 중에서 어느 한 가지 감정에 빠져서는 안 된다. 인생은 균형이 중요하다. 하루 종일 울거나 화내서는 안 된다. 유대인은 한쪽에 치우친 맹신자를 싫어한다. 그것이 설사 정의라 해도 맹목적 행위의 반복은 성공도, 행복도 아니며, 인간답지도 않다고 본다. 매사에 균형을 이루고 일생을 살면 된다. 잠시도 균형을 망각해서는 안 된다.

4. 후회_이미 지난 것을 후회 말고 하고 싶던 일을 못한 것을 후회하라.

이미 한 일을 아쉬워하거나 안타까워하는 것과 하고 싶었던 일을 못해서 나중에 후회하는 것 중 어느 쪽이 더 후회될까? 노인들에게 물으면 대부분 뒤의 경우를 후회한다. 누구나 일에 실패하면 소중하고 큰 것을 잃지만 그때마다 잃는 것 못지않게 값진 교훈도 얻는다. 그런데 꼭 하고픈 일을 놓치면 얻는 교훈도 없다. 실패는 유한하다. 그러할 수 있는 가능성은 무한하다. 인간은 실패를 경험으로 간직한다. 그래서 실패는 성공의 밑거름이다. 실패로 좌절하나 경험은 값진 교훈이 되어 가능성의 희망을 가진다. 그래서 좌절을 가볍게 뛰어넘는다. 실패는 성공의 토양이 된다. 하나님은 밝은 사람을 축복한다. 낙관자는 자신뿐 아니라 남들까지 밝게 해 준다. 유대인은 정말 밝은 민족성을 가졌다. 참다운 슬픔을 알기에 그만큼 밝은 태양의 고마움을 기꺼이 즐길 수 있는 것이다.

5. 낙관_비관 길은 좁아도 낙관 길은 넓다.

삶에 대한 낙관은 다 포용해 받아 준다. 그러나 비관은 모든 것을 뿌리친다. 한 마을의 랍비에게 매일 노름으로 밤샘하는 자가 있다는 진정이 들어왔다. 랍비는 아무렇지도 않게 말했다. "잘하는 일이군! 그렇게 밤샘하면 탈무드 공부와 하나님 찬양하는 밤샘도 할 수 있을 테지!" 낙관은 이렇게 관용하고 포용한다. 자신에게나 선한 사람이나 악한 자에게도 나설 수 있는 길을 열어 준다. 유대인이 그 많은 시련의 역사를 겪으면서도 굴하지 않고 꿋꿋하게 살아남은 것도 바로 낙관하는 마음 때문이다. 이 낙관은 믿음에서 오는 정신의 힘이다. 믿음 없는 이는 낙관할 일도 비관한다.

6. 남의 행복_남의 행복을 돕는 것은 향수를 뿌리는 일이다.

남이 향수를 뿌리면 나도 향기를 맡는다. 유대인은 남에게 선물하기를 즐긴다. 이것을 의무로 여기는 것이 유대인 사회의 특징이다. 히브리말에 자선을 Tzedakah(체다카)라 한다. 영어 Charity의 어원이 기독교의 사랑이다. 남에게 베푼다는 뜻이다. 유대 사회에서는 당연히 해야 할 일이다. 유대인 가정의 아이는 저금통이 가득 차면 회당에 갖다 바친다. 자선에도 일정한 제한이 있어서 수입의 일정 한도 이상을 못하게 한다. 그것이 계율로 정해져 있다. 부자의 경우 5분의 1 정도가 허용되고 일반 가정은 반드시 10분의 1만 허용된다. 이것을 생활이 어려운 사람만 받는다. 유대인은 다 형제처럼 지낸다. 누가 어려운 처지가 되면 마치 친형제처럼 지낸다. 당연히 돕고 충고한다. 친절과 선행은 남을 기쁘게 하고 자기 자신도 즐거움을 함께 누릴 수 있다.

7. 친절_모르는 이에게 베푸는 친절은 천사에게 베푸는 친절이다.

유럽의 한 도시에 이름난 랍비가 살았다. 그 아들 또한 아버지같이 정직하고 경건한 믿음을 가지고 있었다. 하루는 아버지에게 간절히 호소했다. "아버지! 성경의 성인들을 만나고 싶어요!" 전설에 죽은 이들도 1년에 몇 번 이 땅에 온다 했다. 아들도 그 말을 믿었다. 아버지가 말했다. "그건 네게 달렸다. 늘 바르고 경건히 살면 성인을 만날 수 있겠지!" 아들은 이 말을 믿고 더 경건한 생활을 했다. 그런데 반년이 지나도 성인을 못 만났다. 아버지는 "오늘 착했다고 곧 모세를 만나겠느냐? 인내심을 가져라!" 했다. 그 뒤 5년이 지났다. 어느 날 거지가 회당에 와서 하룻밤 묵기를 청했다. 아들이 냉정하게 거절했다. "여기는 여관이 아니라 예배하는 곳이오. 어서 가시오!" 그날 아들이 집에 오자 아버지가 별 생각 없이 물었다. 아들은 숨김없이 거지가 왔던 이야기를 했다. 아버지가 한숨을 쉬며 말했다. "기회를 놓쳤구나! 바로 그 거지가 기다리던 성경 속의 성인인데…." 아들은 기가 막혔다. 어찌할까를 물었더니 아버지가 말했다. "기회는 또 있지만 언제 어떤 모습으로 너를 찾아올지는 알 수가 없구나!"

8. 오늘_내일 일을 걱정 말고 오늘 일에 최선을 다하라.

인간은 앞날을 모른다. 그렇게 위대하지 않다. 그러니 인생살이에서 내일을 걱정하지 말아야 한다. 우리의 미래는 비관도 낙관도 할 수 없다. 우리 스스로가 대단한 존재로 착각함은 금물이다. 누구든지 결코 앞날을 점칠 만큼 위대하지도 똑똑하지도 못하다. 운 좋다고 기뻐하거나 울거나 하는 것은 인간은 결코 미래를 모르고 산다는 증거이다. 우리가 속단하는 낙관도 비관도 인간의 힘이 그만큼 미래에 미치지 못한다는 것이다. 내일에 대해서 지나치게 낙관도 비관도 하지 말라. 인간의 한계로 미래를 전혀 예측 못하기 때문에 그나마 현재를 즐겁게 살아가고 있는 것이다.

9. 자살_날마다 자신을 죽이는 자는 이승에도 저승에도 갈 곳이 없다.

스스로를 날마다 죽이면서 자신을 비관하고 학대하여 삶의 의욕을 상실하고 그 때문에 육체와 정신의 건강을 망하게 하여 인생이 한꺼번에 무너지게 하는 사람이 있다. 유대인은 하루하루를 즐겁게 살아야 한다고 배운다. 누구나 날마다 새로운 일을 만나고, 그 새로운 일에 도전하여 성취할 가능성이 존재한다. 우리의 하루는 변화무쌍하게 펼쳐지고 있다. 그러니 지나치게 비관하거나 후회하거나 낙관하는 것도 금물이다. 날마다 스스로를 비관하는 이는 그 비관대로 되어 가고 있는 것이다. 유대인 사회는 자살을 가장 큰 죄악으로 생각한다. 자살한 사람은 장례식조차 치러 주지 않는다. 하루하루를 비관하는 자는 인생의 참맛도 모르고 살아가니 이미 이 세상을 사는 사람이라 할 수가 없다. 자살한 사람은 유대인 사회로부터 영원히 외면당하기 때문에 이들은 정말 갈 곳이 없다, 이승에도 저승에도.

10. 교육_이상이 없는 교육은 미래가 없는 현재와 같다.

이상이 없는 교육, 꿈이 없는 교육은 껍데기 교육일 뿐이다. 마르크스나 프로이트 같은 유대인들은 세계 문명에 큰 영향을 끼친 인물이다. 이들을 살펴보면 개혁적 인물이 많다. 특히 과학의 이론을 바꾸어 놓은 사람들이 많다. 그러면 유대인의 이상은 무엇인가? 유대인들은 하나님이 인간을 창조하여 세상을 맡길 때 그들에게 세상을 보다 살기 좋게 하라는 사명을 주셨다고 믿는다. 성경에서 세상에는 정의가 강물처럼 흐르고 있다고 기록했다. 지구에 살고 있는 모든 사람이 풍요 속에서 평화와 평등을 누리고 하나님을 믿으며 하나님의 말씀이 정의라고 믿는다. 유대인은 어릴 때부터 이런 가르침을 받으며 자랐다. 그래서 강한 소망으로 살았다. 유대인은 성경 가르침대로 살아간다. 그러나 개인을 스스로 창조하며 살아야 한다. 유대인은 천대와 멸시 속에 살면서도 강한 전물에 힘입어 정의 실현과 평등사회를 갈구하게 되었다. 그래서 유대인은 사회 개혁자가 많다. 〈아니마민(Animamin)〉은 아우슈비츠 수용소 안에서 만들어 부른 노래다. "나는 믿는다. 영원한 평화의 날이 오리라는 것을….'' 유대인이 아니면 이런 노래를 죽음의 시간에 누가 부르겠는가! 이것이 유대인의 본질이다.

11. 지식_살아 있는 사람에게서 빼앗을 수 없는 것은 지식이다.

유대인은 2,000년 가까이 땅을 뺏기고 이 나라 저 나라 쫓겨 다녔다. 그 수모와 고통 속에서 끝내 살아남아 이스라엘을 건국했다. 유대 아이들이 부모로부터 배운 것은 '이 세상에서 가장 소중하고 남에게 결코 뺏기지 않는 것은 지식이라는 것'이다. 탈무드 이야기 한 토막이다. 한 학자가 배를 타고 가는데 배 안의 한 상인이 물었다. "당신은 무엇을 팔려고 갑니까?" "나는 이 세상에서 가장 귀중한 것을 팝니다." 이 학자의 말에 궁금해진 상인은 그가 잠들자 그 짐을 뒤져 보았으나 아무것도 없었다. 그런데 배는 풍랑으로 난파되었고 얼마 뒤 해안가에 닿았다. 그 학자는 그곳 회당을 찾아가서 사람들에게 많은 이야기를 해 주었다. 마을 사람들은 그를 참 훌륭한 학자로 여겼고 많은 재물을 모아 주었다. 상인들이 감탄했다. "과연 당신 말이 옳았소. 우리는 팔 물건을 다 잃었지만 당신은 살아 있는 동안 잃지 않는 물건을 가지고 있었구려!" 지식이란 상품은 풍랑도 앗아 가지 못한 것이다.

12. 인간관계_친구는 불타고 있는 석탄과 같다.

아무리 친한 벗이라도 너무 가까이하면 안 된다. 친구는 불타고 있는 석탄과 같으니까! 적당한 거리를 유지하면 몸을 따뜻하게 할 수 있지만 너무 가까이하면 몸을 데이고 만다. 이는 아내도 마찬가지! 인간은 인간을 독차지하려 해서는 결코 안 된다.

13. 작아 보인다_누구든지 가까워지면 작아 보인다.

18세기 폴란드의 저명한 사상가인 벤 엘라이드는 이렇게 말했다. 사람이 물가에서 물속을 들여다보면 처음에는 자기 모습이 커 보인다. 그러나 허리를 굽혀 보면 작아 보인다. 누구라도 가까워지면 작아 보인다. 왕이든 독재자든 알고 보면 보통 사람과 다를 바가 없다. 자신을 남과 비교했을 때 작아 보이는 것은 자기를 잘 알고 있기 때문이다.

14. 적_애매한 친구보다 차라리 분명한 적이 낫다.

우리가 가장 상대하기 힘든 사람은 이도저도 아닌 친구다. 진정한 친구인지 아니면 적인지 구별이 안 되는 사람은 정말 상대하기가 곤란하다. 친구를 만나면 속마음을 털어놓는다. 그러나 그가 적인 줄 알면 적이 요구하는 것과 요구하지 않는 것을 명확히 알 수 있다. 상대방과 사귈 때 애매모호한 자세로 친구인 척하는 것은 비굴하다. 차라리 확실한 적이 낫다.

15. 표정_표정은 최악의 밀고자다.

옛날 이스라엘에서 있었던 일이다. 연락병이 사령관에게 달려와서 전략기지인 요새를 적에게 뺏겼다고 보고했다. 사령관이 너무 놀라 눈에 쌍심지를 켰다. 그때 부인이 사령관을 따로 불러 말했다. "저는 지금 당신보다 더 안 좋은 일을 당했어요!" "그게 무엇이오?" "당신 표정에서 당황한 기색을 보았어요! 요새는 싸워 다시 되찾으면 되지만 사령관인 당신이 흔들리면 부대 전부를 잃는 것보다 훨씬 더 위험하단 말이에요!"

16. 우물 안 개구리_꽃양배추에 사는 벌레는 꽃양배추를 세상의 전부로 생각한다.

이 세상은 넓다. 비행기가 불과 몇 시간 안에 지구를 돌 수 있다 해도 세계는 역시 크고 넓다. 그러나 사람은 자신이 속한 세계가 전부인 줄로 착각한다. 그래서 모든 일을 자기가 속한 세계의 관습이나 생각대로만 판단한다. 사람은 자기 마을이나 자기 나라의 지리적 조건에만 갇힌 것이 아니라 자란 곳, 회사, 직업, 계급 등에 갇혀 머물고 있다. 꽃양배추는 여러 곳에 있다. 그런 곳에 갇혀서 지내고 있다. 그런 면에서 자유를 잃고 있다. 그러나 유대인은 세계 여러 곳에 흩어져서 떠돌았기 때문에 한 세계의 포로가 되는 경우가 적다. 그렇지만 이런 격언이 옛날부터 있었다는 사실로 유대인 세계에도 꽃양배추가 있었음을 알 수 있다. 꽃양배추 속에 안주하여 사는 인생도 같은 인생이다. 그곳에서 떨치고 일어나는 데는 큰 용기가 필요하다. 자신의 선입관념, 고정관념에서 벗어나는 일이 자기 혁신이다. 우물 안 개구리에서 벗어나는 사람만이 더 넓은 세계를 볼 수 있다.

17. 생사_인간의 태어남과 죽음은 책의 앞뒷면과 같다.

옛날, 가문 좋은 여우와 천한 집안 여우가 길에서 딱 마주쳤다. 여기서 가문 좋은 여우가 다른 여우에게 자기 집안 자랑을 한껏 늘어놓았다. 그러자 다른 여우가 말했다. "네 집안은 너로 끝나지만 우리 집안은 나로부터 시작이라네!" 여우면 같은 여우이지 가문 좋은 여우는 없다. 인간 또한 혈통 좋은 인간이란 없다. 그냥 인간이면 다 같은 인간일 뿐이다. 인간에게 태어남과 죽음은 그리 큰 의미를 갖지 않는다. 중요한 것은 어떻게 살고 있느냐, 그리고 어떻게 살았느냐, 즉 그 삶의 내용이다. 어리석은 사람일수록 집안 자랑을 자기 자랑으로 삼는다. 돌아서며 비웃을 이야기로 거들먹거리니 정말 가련한 인간이다.

18. 기본_길을 열 번 물어보는 것이 한 번 헤매는 것보다 낫다.

유대인을 가리켜 '율법의 민족'이라 한다. 그 율법이란 누구나 이해되는 인생의 기본 법칙이다. 그런데 인간은 뜻밖에 기본을 가볍게 여기고 있다. 걷는 법, 먹는 법, 앉는 법, 달리는 법 등 어떻게 하면 좋을까? 이것은 예나 지금이나 다르지 않다. 전해 오는 값진 교훈은 수많은 사람을 관찰한 결과로, 이럴 때는 이러는 것이 좋다고 내린 결론이니 그대로 따르면 현명한 행동이다. 조사를 아무리 정확히 해도 수천 년을 거슬러 조사하고 통계 낼 수는 없다. 율법이란 바로 그런 것이다. 기본이 중요함을 보여 주는 것이다. 한 마을에 사는 농부가 닭이 알을 품는 것을 보고 똑같은 온도로 맞춰 주면 알이 부화됨을 알았다. 그는 연구 끝에 부화장치를 발명하는 데 성공했다. 그러다 달걀 상자를 옮기다가 떨어뜨리고 말았다. 아무리 탁월한 지혜와 깊은 생각에서 나온 것이라도 기본을 잊어서는 안 된다는 교훈이다.

19. 바다_단번에 바다를 만들려 하지 말고 우선 냇물부터 만들어야 한다.

단번에 바다를 만들 수 있는 이는 창조주뿐이다. 인간이 바다를 만들고 싶으면 먼저 냇물부터 만들어야 한다. 냇물이 지류를 만들고 많은 지류가 모여 큰 강을 이루게 된다. 냇물이 작은 것이라고 업신여기면 바다를 만들 수 없다. 이 말은 바다가 아니라 성공하려는 의지를 말하며 성실과 인내의 필요성을 말해 주는 것이다. 성공은 바다를 만들려는 의지와 같다.

20. 1 만들기_0에서 1까지는 1에서 100까지의 거리보다 멀다.

사람들이 1,000을 구하려 애쓰지만 1은 대수롭지 않게 여겨 0 밖에 얻지 못하는 이가 의외로 많다. 단번에 많은 재물을 얻으려 해서는 안 된다. 1을 만드는 데는 인내력이 필요하다. 0에서 1을 만들고, 이것을 소중히 여겨야 1,000을 만들 수 있다. 1을 만들면 1,000의 절반을 이미 만든 것이다. 성공한 상인들은 모두 0에서 1을 만드는 것이 얼마나 어렵고 얼마나 소중한가를 잘 알고 있다. 그 비결과 그 노고를 아는 사람은 1,000, 1만, 10만 그리고 무한 의 부를 축적할 수도 있을 것이다.

21. 기적_기적을 바라지만 그 기적에 의지하면 안 된다.

"랍비가 바라던 것을 하나님이 이루어 주시면 기적이다. 그러나 하나님이 바라는 것을 랍비가 이루면 진짜 기적이다."라는 우스갯 소리가 있다. 이 말은 랍비를 조롱하는 말이다. 유대인 사회에는 이런 속담이 많다. 겉으로 고상하고 경건하나 뒤로는 못된 짓 하는 랍비도 적지 않다. 유대인은 합리적이라 기적을 안 믿는다. 기적을 바라고 기도해도 행운을 기대해서는 안 된다. 행운에 모든 것을 맡 겨서는 안 된다. 행운을 잡으려는 노력은 있어야 한다. 세상을 떠 돌면서 유대인만큼 행운을 아쉬워한 이들도 없을 것이다. 정착민 은 행운이 필요 없다. 그러나 박해와 차별을 받으며 살았던 유대인 은 행운이 오기를 왜 바라지 않겠는가! 행운을 내 것으로 만들려면 노력이 필요하다. 행운이 온 것을 확인하는 데도 훈련이 필요하다.

감각을 예민하게 하여 확인해야 한다. 행운이 사람에게 오지만 그냥 오지는 않는다. 잘못하면 스쳐 지나가 버린다.

22. 시간_시간으로 돈을 살 수는 있지만 돈으로 시간을 살 수는 없다.

사람들은 돈을 시간보다 더 소중히 여긴다. 그 때문에 낭비하는 시간은 결코 돈으로 살 수 없다. 인간 평생 쓸 수 있는 가장 귀중한 것은 돈이 아니고 시간이다. 그 까닭을 탈무드가 알려 준다. 인간은 돈을 벌어 마음껏 가질 수 있으나 일생에 주어진 시간은 한정되어 있다고 충고한다. 탈무드에서는 한정된 것이 무엇이냐 하면 인간의 생명과 시간이라고 한다. 돈보다 시간이 더 귀중하다. 그런데도 사람은 돈을 쓸 때는 조심하면서 시간을 낭비하는 것은 대수롭지 않게 여긴다. 남의 돈을 빌릴 때는 신경을 쓰고 규모 있게 쓰려고 한다. 돈으로 신세를 지는 경우에도 무척 신경을 쓴다. 그런데 약속시간에 늦거나 남의 시간을 빼앗는 것에는 무신경하다. 이는 사람들이 시간보다 돈을 더 귀하게 여긴다는 증거다. 사람이 살아가는 데 시간과 돈 모두가 중요하다. 이 둘 중에 시간이 더 중요하다는 것을 명심해야 한다. 시간 부자, 시간 가난뱅이 같은 관념을 갖는 것도 중요하다. 돈에는 가난해도 시간에 가난해서는 안 된다.

23. 성공_성공의 절반은 인내심이다.

유대인은 성공하는 데는 인내가 필요하지만 인내만으로는 성공할 수 없음을 일깨워 준다고 이해한다. 유대인은 지적으로는 솔직하지 않다. 그들은 언제나 호기심에 불타고 사물을 여러 각도에서 보려고 애쓴다. 유대인은 다른 민족에 비해 질문을 많이 하는 편이다. '유대인은 왜 그렇게 꼬치꼬치 따지고 캐묻지?' 생각하기 쉽다. 사실 유대인에게 어떤 질문을 하면 다시 질문이 되어 내게로 돌아오기 일쑤다. 참을성 있게 하나하나 묻지 않고는 결코 성공하지 못한다. 성공의 문을 열려면 밀거나 당겨야 한다. 빌딩의 문이 자동이 아니라면 밀거나 당겨야 열린다. 성공의 문도 그 앞에 서 있기만 하면 안 열린다. 그 문을 열기 위해서는 직접 밀거나 당겨야 한다. 문을 열어야겠다는 의지가 있어야 하고 열어젖히는 행동이 뒤이어야 한다.

24. 마음_하나님은 인간의 마음을 먼저 보고 그다음 머리를 본다.

참된 인간은 그가 지니고 있는 마음에 의해 좌우된다. 그래서 먼저 착한 마음이 중요하다고 본다. 지식은 그다음 문제이다. 남달리 많은 학문을 닦은 학자라도 그 마음바탕이 가난하고 어두우면 마음씨 고운 가난한 농부만도 못하다.

25. 인간 평가의 세 가지 기준

키소는 지갑을 넣는 호주머니이고, 코소는 술을 마시는 잔으로 술 마시는 법이다. 카소는 노여움과 참을성을 말한다. 명성을 얻으려고 달리는 이는 명성을 따라잡지 못한다. 그러나 명성으로부터 도망치는 이는 명성에 붙잡히고 만다. 이름이 팔리면 곧 잊힌다.

사람을 알고 싶으면 그의 지갑과 쾌락 그리고 불평을 보아라. 인간은 사람이 말하는 것보다 낮고 사람이 생각하는 것보다 높다.

26. 인간에 대한 격언

아무리 돈이 많아도 자선을 베풀지 않는 사람은 요리가 가득 차려진 식탁에 소금이 없는 것과 같다. 장미꽃은 가시와 가시 사이에서 피어나는 꽃이다. 나무는 열매로 평가하고 사람은 업적으로 평가한다. 항아리 위에 돌이 떨어져도 항아리의 불행이고 항아리가 돌에 떨어져도 역시 항아리의 불행이다. 부는 요새요 빈곤은 폐허다. 많은 사람이 고민하지 않고 달아나려고 책을 읽는다. 자신의 말(言)을 자신이 건너는 다리(橋)라 생각하라. 튼튼한 다리가 아니면 당신은 건너지 않을 것이다. 비밀을 감추고 있는 한 비밀은 당신의 포로다. 그러나 당신이 비밀을 말해 버리면 당신은 비밀의 포로가 된다. 소문은 반드시 세 명을 죽인다. 소문을 퍼뜨리는 사람, 그것을 자제시키지 않고 듣는 사람, 그리고 그 화제에 오른 사람.

27. 도전과 용기에 대한 격언

영웅의 첫발은 용기다. 돈 없음은 인생의 절반을 잃은 것이고 용기 없음은 인생 모두를 잃은 것이다. 이 세상에서 너무 지나치면 안 되는 것 세 가지는 빵에 넣는 이스트, 소금, 망설임이다. 배고플 때는 노래를 하고 상처 입었을 때는 웃어라. 천사도 두 가지를 동시에 할 수 없다. 작은 불씨 하나가 온 세상을 태울 수 있다. 아무것도 선택하지 않은 것은 이미 하나를 선택한 것이다. 위대한 인간에게는 반드시 위대한 적이 있다. 올바른 자는 자기 욕망을 존중하지만 올바르지 못한 자는 욕망에 조롱당한다. 아무 방법도 없을 때 오직 한 가지 방법은 용기를 갖는 일이다. 지나치게 후회 말라. 옳은 일에 나설 용기를 해친다. 지나친 겸손은 교만과 다를 바 없다. 진실은 무겁다. 그래서 젊은이들만이 이를 운반할 수 있다. 당신에게 그 일을 맡긴 사람은 언제나 당신에게 희망을 걸고 있다. 실패는 경험이고 성공의 어머니다. 실패를 후회해도 경험과 교훈을 얻을 줄 알고 가능성을 실천 못하고 포기해 버린 것보다는 낫다. 어떻게 사느냐도 중요하지만 실천이 더 중요하다. 잘못을 인정하면 마음이 가벼워진다. 자신의 옳음을 인정받으려 하는 것이 마음을 제일 무겁게 한다. 한 척의 배에는 한 명의 선장만이 필요하다. 이미 좋은 지도자가 있는 곳에서 지도자가 되려 하지 말라. 그러나 지도자가 없는 데서는 리더가 되려고 노력하라. 승자는 문제 속으로 뛰어들고, 패자는 결과를 위해 산다. 승자가 즐겨 쓰는 말은 '다시 한번 해 보자!'이고 패자가 즐겨 쓰는 말은 '해봐야 별 수 없다!'이다. 승자는 다른 길도 있다 생각하고 패자는 오직 한 길만 고집한다. 승자는 일곱 번 쓰러져도 여덟 번 일어서고 패자는 쓰러진 일곱 번을 낱낱이 후회한다. 승자의 하루는 25시간이고 패자의 하루는 23시간밖에 없다. 승자는 눈을 밟아 길을 만들고 패자는 눈 녹기를 기다린다. 승자는 자기보다 우월한 자를 보면 존경하고 배울 점을 찾고, 패자는 질투하고 그 사람 갑옷의 구멍을 찾으려 한다. 승자의 주머니 속에는 꿈이 있고 패자의 주머니 속에는 욕심이 있다.

28. 처세에 대한 격언

삼나무처럼 딱딱하지 말고 갈대처럼 굽힐 줄 아는 사람이 되어라. 강한 사람은 자신을 누를 줄 알고 적을 친구로 만든 사람이다. 실패를 두려워함은 실패보다 더 나쁘다. 현명한 이는 배우려 하고, 굳센 이는 자신을 억제하고, 풍부한 이는 자기 소득에 만족하는 이다. 여우의 머리가 되지 말고 사자의 꼬리가 되어라. 희망은 미래를 자기 것으로 만드는 강한 무기다. 희망을 가진 이는 미래의 꼬리를 잡고 있다. 모욕에서 달아나라, 그러나 명예는 좇지 말라. 상대를 물어뜯을 수 없다면 이빨을 보이지 말라. 하늘을 나는 천 마리 새보다 새장 속 한 마리 새가 낫다. 1그램의 행운이 1킬로그램의 황금보다 낫다. 세상에 너무 지나치면 안 되는 여덟 가지는 여행, 여자, 돈, 일, 술, 잠, 약, 향료다. 남들이 칭찬하면 좋은 일이나 스스로의 칭찬은 나쁘다. 극형선고를 내리기 전의 판사는 자기 목이 매달리는 심정이어야 한다. 판사는 반드시 진실과 평화, 양쪽을 찾아야 한다. 그것은 타협에 있다. 판사는 겸허, 선행, 용기 그리고 깨끗한 사람이라야 한다. 남들이 다 울 때 웃지 말고, 남들이 웃을 때 울지 마라.

29. 술에 대한 격언

뱃속 위장은 3분의 1은 음식으로 채우고, 3분의 1은 마실 것으로 채운다. 나머지 3분의 1은 비워 두어라. 두뇌와 달라서 다 채울 수 없다. 술에 취해 물건을 팔아도 매매 행위이고 술에 취해 물건을 샀더라도 매매 행위이다. 술에 취해 살인해도 마땅히 처벌을 받는다. 악마가 인간을 찾아다니기 바쁠 때는 대신 술을 보낸다. 술에 빠진 인생은 헛된 것이다. 술은 고약한 심부름꾼이다. 위장으로 가라 해도 머리 쪽으로 간다.

30. 남녀에 대한 격언

여자를 고를 때는 겁쟁이가 되어라. 인생에서 늦어도 상관없는 두 가지는 결혼과 죽음이다. 신부는 다 아름답고 죽은 이는 다 경건하다. 그러나 아닐 때도 있다. 땅을 살 때는 서두르고 결혼은 신중하라. 서로가 재혼일 때는 침대에 네 사람의 남녀가 자게 된다. 첫사랑의 여자와 결혼하는 남자만큼 행운아도 없다. 하나님께서는 당신 여자의 눈물을 헤아리고 있다. 아내를 아는 것보다 열 나라를 아는 게 쉽다.

31. 우정에 대한 격언

오랜 친구 하나가 새 친구 열 명보다 낫다. 세 부류의 친구가 있다. 음식같이 매일 필요한 친구, 약같이 가끔 필요한 친구, 질병같이 늘 피해야 할 친구다. 화해할 때 먼저 사과하는 쪽의 인격이 높아진다. 어리석은 자를 업신여기지 마라. 그런 친구 때문에 당신이 현명해진다. 친구에게 돈 빌려 주지 마라. 친구도 돈도 다 잃는다. 친구가 꿀을 가졌다고 친구를 핥지 마라. 친구가 화낼 때 달래지 말고, 슬플 때 위로하지 마라. 나를 비판하는 친구는 가까이하고 칭찬하는 자는 멀리하라. 적에게 숨길 것은 친구에게도 숨겨라. 나쁜 친구는 내 수입에 신경 쓰고 내 지출은 생각 않는다. 친구인 체하는 자는 철새다. 곧 날아가 버린다. 개와 놀면 이가 옮는다. 당신의 가장 믿을 만한 친구는 거울 속에 있다. 친구 없는 이는 한쪽 팔이 없는 사람과 같다. 아내를 고를 때는 한 계단 낮추고 친구를 고를 때는 한 계단 높인다.

32. 가정에 대한 격언

열 명 자식을 기르는 아버지도 있으나 한 명 아버지를 돌보지 못하는 자식들도 있다. 게으른 젊은이는 나중에 불평 부모가 된다. 지혜로운 아들은 아버지를 기쁘게 하고 어리석은 아들은 어머니를 슬프게 한다. 아버지 자리에 자식이 앉아서는 안 된다. 일곱 살은 일곱 살답게, 일흔 살은 일흔 살답게 행동하라. 그 무엇과도 바꿀 수 없는 것은 젊을 때 결혼한 아내, 늙은 아내다. 가장 행복한 이는 좋은 아내를 얻은 남자다. 모든 악 중에서 악처만큼 나쁜 것도 없다. 남자의 집은 아내이다. 남자를 늙게 하는 네 가지는 불안, 노여움, 자녀, 악처다. 여자의 자랑 세 가지는 요리, 복장, 남편이다.

33. 삶에 대한 격언

세계는 진실, 법, 평화, 이 세 가지 토대 위에 서 있다. 포도주는 새 술일 때는 신포도 맛이다. 그러나 오래될수록 맛도 향기도 좋아진다. 지혜도 마찬가지다. 해가 거듭될수록 깊어진다. 자신보다 현명한 사람에게 지는 것이 어리석은 자에게 이기는 것보다 유익하다. 현인은 돈의 위력을 안다. 부자는 지혜의 위력을 모른다. 과부나 고아를 무시 말고 괴롭히지 마라. 하나님이 내리시는 것을 거절함은 큰 죄다. 마음은 하나님의 은총을 받고 몸은 푸줏간의 은혜를 입고 있다. 바닥에 엎드려 있으면 넘어질 일이 없다. 반성하는 사람의 자리는 랍비 자리보다 거룩하다. 인간은 20년간 배운 것도 단 2분 만에 잊을 수 있다. 인간에게 쓸모 있는 6개 기관에서 눈, 귀, 코는 다스릴 수 없고, 입, 손, 발은 다스릴 수 있다. 물고기가 낚이는 것은 미끼 때문이다. 법은 존경하되 법관은 존경하지 마라. 쥐를 욕하지 말고 쥐구멍부터 막아라. 인생이란 현인에게는 꿈이요 어리석은 자에게는 게임이요 부자에게는 희극이요 가난한 자에게는 비극이다. 잘못 살아가는 인간 세 부류는 성급히 화내는 자, 쉽게 용서하는 자, 너무 완고한 자이다. 건강은 귀중한 재산이다. 하나님은 아버지요 행운은 어머니다. 현명한 이는 모든 이에게서 배우는 사람이다. 아주 강한 자는 감정을 억누를 줄 아는 사람이다. 가진 것으로 만족하면 큰 부자이다. 모두에게 칭찬받는 사람은 모두를 칭찬하는 사람이다. 살 맛 안 나는 인생 세 가지는 남의 동정으로 사는 사람, 아내에게 구박받는 사람, 몸이 고통에 시달리는 사람이다.

34. 마음에 대한 격언

마음의 문은 입이요 마음의 창은 귀다. 마음에 바를 약은 없다.

인류를 사랑하기는 쉬워도 인간을 사랑하기는 어렵다. 남을 속이기보다 자신을 속이기가 어렵다. 가장 가까운 벗은 지성이요 가장 무서운 적은 욕망이다. 가진 것에는 소홀하고 못 가진 것은 탐낸다. 천국의 문은 눈물에는 열린다. 병자가 병자를 위해 기도할 때 두 배의 힘을 지닌다. 많이 가진 자는 하나님을 주머니에 모시고, 가난한 자는 마음에 모신다. 썩지 않은 과일에는 벌레가 파고들어 가지 못한다. 노예도 만족하면 자유롭고, 자유인도 불만족하면 노예가 된다. 의지에는 주인이 되고, 양심에는 노예가 되어라. 두 종류의 왕이 있다. 땅을 지배하는 왕, 마음을 지배하는 왕이다. 오르막이 있으면 반드시 내리막이 있다. 진정한 미덕은 높아지려는 사람에게 머물지 않고, 겸손한 사람에게만 머문다. 껍질만 보지 말고, 속에 있는 것을 보아라. 고양이한테서 겸허를 배우고, 개미에게서 정직함을 배운다. 비둘기에게서 정절을 배우고, 수탉에게서 재산을 지키는 권리를 배울 수 있다. 항상 더 불행한 일이 있다고 생각하라. 개 두 마리가 모이면 사자도 죽일 수 있다. 존경을 받으려면 지성이 있어야 한다. 지성이 모자라면 돈이 있어야 한다. 돈이 없어도 착한 아내가 부족함을 숨길 수 있다. 물고기는 물 없으면 죽고, 사람은 예의 없으면 죽는다.

35. 돈에 대한 격언

현금은 가장 능력 있는 중개인이다. 돈이면 모든 것을 살 수 있지만 돈으로도 못 사는 것은 상식이다. 돈은 악도 저주도 아니다.

축복해 주는 고마운 것이다. 정의 없는 돈벌이는 질병 같다. 사람을 상처 주는 세 가지는 번민, 말다툼, 텅 빈 지갑이며 여기서 가장 큰 상처를 입히는 것은 빈 지갑이다. 돈은 따라가면 달아나고, 필요 없다 하면 따라온다. 자만심과 돈은 인간을 압박하고 부패시킨다. 인생은 인내와 돈이다. 잘 쓰고 잘 저축하라. 태어날 때는 두 손을 꼭 쥐고 있다. 죽을 때는 두 손을 편다. 죽을 때는 빈손이기 때문이다. 몸은 마음에 의존하고, 마음은 돈에 의존한다. 돈은 닫혀 있는 어떤 문이든 열 수 있는 황금열쇠다. 부자가 되는 유일한 방법은 내일 할 일을 오늘 다 하는 것이다. 오늘 먹을 것은 내일 먹는다. 가난하면 적이 많지 않고, 부자이면 친구가 적다. 절약 모르는 상인은 털 없는 양과 같다. 빌린 돈을 안 갚으면 도둑이다. 요리 먹고 피해 다니기보다는 죽 먹고 당당함이 낫다. 돈을 빌릴 때는 웃고 갚을 때는 운다. 가난을 이길 아름다움은 없다.

36. 말에 대한 격언

지나치게 묻지 마라. '그렇게 궁금하면 천국에 와라!' 하실 것이다. 침묵도 하나의 대답이다. 입을 다물면 자기 어리석음이 감추어진다. 잠자는 것은 영혼의 휴식이다. 싸움을 잠재우는 좋은 약은 침묵이다. 입은 하나, 귀는 둘이니 듣기를 두 배 더 하라. 혀는 처음에 거미줄 같다가 마지막에는 배의 동아줄같이 강하다. 자기 자랑을 늘어놓는 것이 남을 헐뜯는 것보다 낫다. 중상모략은 무기보다 무섭다. 화살은 보이는 곳에 꽂히지만 중상은 먼 동네까지 날아간다. 거짓말은 나쁘지만 예외가 있다. 바로 평화를 위한 거짓말이다. 혀는 마음의 붓이다. 혀에게 '나는 잘 모릅니다!'를 가르쳐라. 남의 말보다 내 말을 잘 들어야 한다. 고약한 혀는 고약한 병보다 나쁘다. 몸의 고통은 곧 사라져도 모욕적인 말은 영원히 남는다. 바른 말은 귀에 닿은 칼끝이다. 밤 이야기는 소리를 낮추고, 낮 이야기는 주위를 살펴라. 중매는 거짓말 없이는 안 된다.

37. 이 순간

오늘이 당신의 마지막 날이라고 생각하라. 그리고 오늘이 당신의 첫 번째 날이라고 생각하라. 인간은 이제 100년을 살아간다. 그러나 한꺼번에 100년을 사는 것이 아니라 인간은 하루하루 살고 있다. 1분 1초를 살고 있다. 그러니 하루하루가 인생의 전부이다. 그러니 1분 1초가 전 인생이다. 사람은 마지막 열매를 맺을 수 있는 오늘 하루를 보내기 위해 노력할 것이다. 만약 생애 최초의 날이라고 생각한다면 더 없이 활기차고 희망찬 하루를 보내게 될 것이다. 당신이 살고 있는 것은 바로 지금 이 순간이다. 평면적인 시간인 크로노스, 아침이 지나면 저녁이고 밤이 되는 흘러가는 시간 속에 인간의 삶은 전혀 변화가 없다. 다만 영적인 시간 카이로스의 삶이 인간에게 새로운 삶의 의미를 줄 것이다.

38. 경계

누구나 주위 환경의 영향을 받으며 살아간다. 남을 이해하려는 마음, 상대방의 입장에서 보려는 생각도 있다. 그러는 사이에 자신도 모르게 상대방의 입장에서 생각하게 된다. 그러나 인간이 지닌 선한 마음도 스스로를 다치게 하는 경우가 자주 있다. 나쁜 사람과 사귀거나 나쁜 여자와 사귀게 되면 반드시 잃는 것이 생긴다. 그런데 '술집여자와 키스했으면 반드시 자기 이를 세어 봐라!'라는 속담은 정말 단순한 것을 말하고 있다. 여기서 술집여자는 나쁜 사람을 의미한다. 불가피하게 못된 사람을 만나더라도 돈 주머니를 잘 단속하라는 뜻이다. 또 이런 말도 있다. '산양한테는 앞쪽으로 다가서지 말고 말에게는 뒤쪽으로 접근하지 마라. 술집여자한테는 어느 쪽으로도 접근하지 마라!' 인간은 누구나 선한 마음에 가끔씩 경계심을 풀게 된다. 설사 그중에 선한 이들이 있다 해도 악인에 대해서는 항상 경계해야 한다. 조심하여 자신을 가누어야 한다. 이를 빼앗기고 난 뒤는 이미 때가 늦다.

39. 정당화

술집에 간다고 선한 사람이 악해지지는 않는다. 악인이 회당에 간다고 달라질 것은 없다. 이 말은 앞의 내용과 좀 모순된다. 결혼식 주례사나 설교에는 속담이 빠지지 않는다. 그렇다고 속담 자체를 진리로 오해하면 안 된다. 자기주장을 정당화하는 데 속담이나 격언을 이용하는 것이 쉽기 때문이다. 한 마을에 독실한 신자처럼 날마다 교회를 찾아가지만 품행이 나쁜 사내가 있었다. 하루는 랍비가 그를 불러 언행을 조심하라 주의를 주자 그 사내가 대꾸했다.

"그게 무슨 말입니까? 저는 하루도 빠짐없이 교회에 가는 충실한 신자인데요!" 그러자 랍비가 말했다. "여보게, 사람이 날마다 동물원에 간다고 동물이 되는 건 아니잖는가?"

40. 환경

인간은 함께 사는 사람의 영향을 받는다. 노인 남편이 젊어지지 않고, 아내가 늘 처녀처럼 파릇파릇하다면 이 결혼은 오래 지속되기 어렵다. 동양에도 이와 비슷한, 먹을 가까이하면 검게 된다는 말이 있다. 유행이나 시대의 흐름이라는 말이 있다. 어느 시대든 인간이 태어나면 그 시대를 거슬러 살아갈 수는 없다. 사람은 누구나 어떻게든 그 시대 그 주위 환경과 보조를 맞추어 살아가는 것이다. 자기가 속한 그룹에서도 마찬가지다. 누구나 자기가 어울리는 범위 내 사람들의 포로가 되는 것이다. 그래서 친구를 사귈 때도 항상 깊이 고려해야 한다. 인간은 함께 어울리는 사람의 영향을 받게 마련이다. 그러니 가능한 한 좋은 친구를 선택해야 한다. 아이를 보면 그 부모를 알 수 있고, 친구를 보면 그 사람을 알 수 있다. 아무리 현명하고 고결한 랍비라 해도 악인을 선도하고 그와 만나는 중에 어느 정도는 이상해질 수 있다. 그러니 보통 사람이라면 친구를 사귈 때 더더욱 조심해야 하고, 나쁜 것에 물들지 않도록 경계해야 한다. 선인이 악인을 선도하려 해도 자칫 잘못하면 그 뜻을 이루기보다는 자기마저 악에 물들기 쉬운 것이다.

41. 사귐_풀을 치다 보면 풀 맛을 볼 때가 있다.

나쁜 환경에 던져진 사람은 그 환경의 영향을 받기 쉽고, 좋은 환경을 만나면 좋게 되는 사람이 있다. 왜냐하면 인간에게는 서로 어울리려는 성질이 있고, 적응력이 강하기 때문이다. 누구와 깊이 사귀면 그 사람의 환경과 지나온 이력들을 고려해야 한다. 그 사람은 자신이 자라온 세계나 처해 있는 환경을 척도로서 몸에 지니고 있기 때문이다. 인간 본성이 착하다 할 수도 있다. 그렇다고 세상 모든 사람이 선한 것은 결코 아니다. 수도원이나 교회에서 자란 사람이 악인이 되기 어렵듯이 술집 여자나 도박장에서 일하는 사람이 정직해지기는 매우 어렵다. 스스로 꿋꿋하고 올바르게 살고, 가족이나 다른 사람들에게 도움이 되기 위해서는 먼저 자기 자신부터 확고히 세워야 한다.

42. 소문_소문보다 더 확실한 소개장은 없다.

위대한 랍비 아키바가 임종할 무렵에 그의 아들이 말했다. "아버지! 아버지의 친구분들에게 제가 얼마나 열심히 공부하는지 말씀해 주십시오." 사실 그의 아들도 아주 훌륭한 청년이었다. 아키바는 이렇게 대답했다. "아들아! 나는 너를 추천할 필요가 없다. 왜냐하면 너에 대한 소문은 가장 좋은 소개장이니까 말이다." 평판이란 세상에 수천 장의 소개장을 뿌리는 것과 같다. 그리고 한 인간의 업적을 소문만큼 대변해 주는 것도 없다. 그 소리는 웅변처럼 넓고 드높이 퍼져 나가기 때문이다.

43. 다툼_밀가루 장수와 굴뚝 청소부가 싸우면 밀가루 장수는 검어 지고 굴뚝 청소부는 하얘진다.

인생에서 가장 큰 재산은 친구다. 자기 주변 사람이다. 사람이 일생 동안 만날 수 있는 사람 수는 한정되어 있다. 다툼은 졸렬한 자기주장이다. 현명한 사람은 싸우지 않는다. 그리고 다툼은 자기 재산을 낭비하는 가장 빠른 방법이다. 서로에게 이득이 없다. 다툼 은 불필요한 감정에 사로잡혀 지나치게 자기를 내세울 때 벌어진 다. 현명한 사람은 자기 의견을 주장할 때 좀 더 사리에 맞는 방법 을 택한다. 이쪽에서 감정을 내보이면 상대방도 감정으로 맞서기 때문에 감정 대신 지혜로 상대방을 설득하는 것이 중요하다. 그리 고 현명한 사람은 상대방이 감정적으로 나오더라도 자신은 감정을 애써 누를 줄 안다. 서로가 제 잘못을 인정하지 않으면 항해는 불 가능하다. 그런데 화해를 하려고 할 때 한쪽만 잘못을 인정하는 경 우가 가끔 있다. 그러나 이렇게 해서는 화해가 이루어지기는 어렵 다. 왜냐하면 화해는 서로 간에 타협으로 가능하기 때문이다. 양쪽 이 다 제 잘못을 인정하고 대립관계가 대등한 관계로 전환되어야 하기 때문이다. 그래서 싸운 사람은 스스로 잘못을 인정해야 한다. 설령 자기한테 잘못이 없다 해도 무엇인가를 찾으려 노력해야 한 다. 이것이 화해의 원칙이다. 한쪽 잘못만 인정하고 화해로 덮으면 진정한 화해가 이루어지지 않는다. 서로가 잘못을 인정하고 그것 을 반성하는 것이 가장 좋은 화해 방법이다.

44. 말 한 마디_낯선 사람의 백 마디 모략보다 친구의 말 한 마디 가 더 큰 상처를 준다.

사회란 공동생활을 영위하는 모든 형태의 인간 집단을 의미한다. 가족, 마을, 조합, 협회, 교회, 국가, 회사 등 모두가 그 중요 형태라고 할 수 있다. 하나의 사회는 다양한 구성원들로 이루어져 있다. 그리고 그 구성원들을 나누어 생각해 보면 자기가 속한 사회는 결국 친구들로 구성되고 조직되어 있고, 그들에 의해 지탱되고 있음을 알 수 있다. 그런데 친구가 없다면 어떻게 될까? 아마도 인간은 사회에서 생활해 나갈 자신감을 잃고 말 것이다. 모르는 사람에게 모함받거나 중상을 당하는 것은 큰 상처가 되지 않지만 친한 사람에게 들은 말 한 마디는 설사 그것이 사소한 것이라도 큰 상처가 된다. 따라서 친구를 비판할 때는 매우 조심해야 하고, 절대로 중상모략해서는 안 된다. 만약 조심성 없이 비판하거나 중상하면 그것은 스스로 자신이 속해 있는 사회를 파괴하는 꼴이 되고 만다.

45. 자신_자신에 대하여 웃을 수 있는 사람은 남의 웃음을 사지 않는다.

자기 자신에 대해서 웃을 수 있다는 것은 스스로 객관화할 수 있다는 말이다. 스스로를 외부에서 냉정한 시선으로 바라볼 수 있다는 것이다. 자기중심적인 사람은 자기를 타인과 같은 시선으로 냉정하게 바라보지 못한다. 밖을 보는 눈은 있어도 안을 볼 수 있는 눈은 없다. 이런 사람은 남을 보고는 웃어도 남이 자기를 보고 웃으면 화를 낸다. 자신이 우스꽝스러운 점을 잘 아는 사람은 그것을 고칠 수 있고, 남에게 비웃음을 사더라도 그것을 너그럽게 받아들인다. 사람은 누구나 웃음의 대상이 될 수 있으며 그 대상은 즐거운 것이다. 웃음은 여유다. 자신에 대해 여유를 가질 수 있는 사람은 스스로를 궁지에 몰아넣지 않는다. 자신에 대해 웃을 수 있는 사람은 타인에 대해 웃을 때도 점잖다. 그래서 다른 사람에 대해 웃었다 해도 그 때문에 그 상대에게 상처를 주지 않는다.

46. 핵심_음식은 솥에서 만들어지지만 사람들은 접시를 칭찬한다.

이 말은 사람들이 뭔가를 잘못 알고 엉뚱한 것을 숭배하고 추종하는 것을 경계하라는 교훈을 담고 있다. 예루살렘에서 뚱뚱한 부인이 강아지 한 마리를 옆에 앉히고 앉아 있었다. 개가 한 사람 좌석을 차지하고 있었다. 남자 승객이 몸이 피곤하여 부인에게 말했다. "미안하지만 이 자리를 양보해 주지 않겠습니까?" 그러나 부인은 못 들은 척했다. 이에 남자가 한 번 더 말했다. "부인! 이 개 대신 제가 앉도록 해 주십시오!" 부인이 이번에는 고개를 저으며 거절했다. 화가 난 남자는 그 강아지를 밖으로 집어 던져 버렸다. 부인은 비명을 질렀고 옆의 사람이 끼어들며 말했다. "이보시오! 나쁜 것은 강아지가 아니라 부인이잖소?" 이처럼 공연히 엉뚱한 데 화풀이를 해서는 안 된다.

47. 고운 마음_지성만으로 존경받으려는 것은 마치 사막에서 물고기를 잡으려는 것과 같다.

사막에서 물고기를 잡으려는 사람은 없다. 지성이 있다는 것은 지식이 풍부해졌다는 것이다. 지성이 높은 사람은 남한테서 귀한 대접을 받는다. 왜냐하면 유식한 사람을 알고 있으면 편리하기 때문이다. 하지만 인간으로서 사랑받고 존경받는 것은 아니다. 그러나 아름다운 마음씨를 가진 사람은 인간으로서 사랑을 받는다. 언뜻 보면 지성을 가진 사람은 마음씨 고운 사람보다 더 극진히 대접받는 듯하나 결국은 마음씨 고운 사람이 승리한다. 마음씨 고운 사람이 풍부한 지식까지 가지고 있다면 이보다 더 좋을 수는 없다. 그런 사람은 타고난 지도자감이다. 사막에서도 사람들이 물고기를 구해 줄 것이다.

48. 응보_우물에 침 뱉는 자는 언젠가 그 우물물을 마시게 된다.

어느 랍비가 길을 가다가 한 사내가 집 안의 돌을 길 밖으로 내던지는 것을 보았다. 왜 그런 짓을 하느냐고 랍비가 물었으나 그 사내는 웃기만 했다. 그 뒤 20년이 흐른 어느 날, 그 사내는 자기 땅을 다른 이에게 팔았다. 그리고 그가 그곳을 막 떠나려는 순간, 사내는 전에 자기가 버렸던 돌에 발끝이 걸려 넘어졌다. 이렇게 자기가 저지른 것을 잊어버리고 있어도 그 일은 반드시 자신에게로 돌아온다.

49. 악함_선보다는 악이 빨리 번진다.

어느 날 랍비가 이런 질문을 받았다. "경건한 사람이 주위 사람에게 하나님께 돌아와 선행을 하도록 강력하게 권유하지 않는 건 무슨 까닭입니까?" 이에 랍비가 반문했다. "그게 무슨 소린가? 우리는 항상 사람들에게 선행을 베풀고 올바르게 살라고 권하고 있는데?" "하지만 악한 자들은 주위 사람들에게 악한 짓을 하도록 강하게 유혹하고 있습니다. 그들은 늘 자기 패거리를 짓고 우리보다 훨씬 더 열심히 사람들을 유혹합니다." 이에 랍비가 말했다. "그들이 패거리를 잘 짓는 건 인정하네. 그것은 올바른 사람은 혼자 걷기를 두려워하지 않지만 악한 자들은 늘 혼자 걷는 것이 두렵기 때문이지!" 악인은 흰 눈 같아서 처음 만났을 때는 순결하고 아름다워도 금세 흙투성이가 되고 만다. 악한 자들은 사람들 앞에서 처음에는 매우 아름다운 세계를 그려낸다. 온 세상이 흰 눈으로 덮인 순결한 설경처럼. 그러나 현실이라는 태양이 비치면 눈은 녹고 온통 진흙투성이 세계가 펼쳐진다. 악한 자가 제 아무리 아름다운 세계를 그려 보아도 절대 속아 넘어가서는 안 된다. 그다음 날 눈을 뜨면 진흙투성이 세계로 변해 있을 테니까!

50. 눈에는 눈, 이에는 이

한 유대인이 다른 유대인을 속여 100만 원을 갈취했다면 유대인은 재판소로 가기보다 함께 랍비를 찾아갈 것이다. 랍비가 바로 그 지역사회의 재판관 역할을 겸하고 있다. 이에 랍비는 당연히 100

만 원을 되돌려주라고 할 것이다. 그래서 일단 돈을 반환하면 가해자의 죄는 없어진다. 흰 옷처럼 하얗게 결백해진다. 반환만 하면 죄는 없어진다. 이것이 유대인의 전통적인 정의다. 그러나 많은 미국인에 의해서 '눈에는 눈, 이에는 이'란 말이 매우 잔인하게 해석되어 왔다. 결코 그렇지가 않다. 누가 자동차 헤드라이트를 깼으면 그에 상응하는 것을 반환하라는 것이 유대의 율법이다. 값비싼 것을 대가로 지불하는 것은 잘못이다. 고대에는 이발사가 잘못하여 손님 귀를 자르면 손님이 이발사의 팔 하나를 요구하기도 했다. 자기 밭의 올리브 나무 하나가 잘렸다고 상대방의 전 재산을 몰수하는 경우도 많았다. 때문에 타당한 정도로 배상한다는 의미로 나온 말에 불과하다. 그래서 이 말은 복수를 권장하는 것이 아니라 오히려 감정으로 복수하려는 것을 경계하는 것이다.

51. 한계_위대한 학자가 상인이 될 수 없고, 위대한 상인 역시 학자가 될 수 없다.

어느 한 분야에 뛰어나다고 반드시 다른 분야에도 뛰어나다고 할 수는 없다. 랍비라도 금고 열쇠를 잘못 간수하여 여기저기 흘리고 다닐 수도 있다. 온 세상의 부를 독차지한 듯이 보이는 큰 부자도 학문에는 문외한일 수 있다. 인간에게는 한계가 있다. 한 가지를 잘한다고 다른 것도 잘할 수 있는 것은 아니다. 어느 전문 분야에 탁월해도 그 외의 것에는 백지인 경우가 많다. 자기가 어느 한 가지를 잘한다고 지나치게 자신감을 가진다면 안 된다는 뜻이다.

52. 술_술이 들어가면 비밀은 밖으로 나온다.

노아가 포도나무를 심고 있었다. 이때 악마가 와서 물었다. "지금 무얼 심고 있소?" 노아가 천천히 말했다. "포도나무요!" 악마가 물었다. "포도나무가 대체 무슨 나무요?" "포도는 과일인데 달고도 새콤한 맛이 나지요. 그리고 발효시키면 즐겁게 해 주는 술이 된다오!" "그렇게 좋은 거라면 나도 좀 거들고 싶소!" 악마는 곧양, 사자, 돼지, 원숭이를 데리고 오더니 그것들을 죽여 그 피로 포도나무의 거름을 했다. 그 결과 노아가 술을 마시면 처음에는 양같이 순했다가도 좀 더 마시면 사자처럼 사나워지고, 돼지처럼 더러워졌다가, 원숭이처럼 소란을 피우게 되었다. 하나님께서 가장 의로운 인물로 여기던 노아까지도 이 지경이 되었는데 보통 사람이 어떠할지는 뻔한 일이다.

53. 평가_자기 고장에서는 평판에 의해 평가되고, 다른 고장에서는 옷차림에 의해 평가된다.

하루는 랍비 히야바 아바가 랍비 아시에게 물었다. "어째서 바빌로니아 학자들은 화려한 복장을 하고 있을까요?" 아시가 대답했다. "그것은 그들이 훌륭한 학자가 아니기 때문이오. 그들은 화려하고 좋은 옷을 입어서라도 사람을 압도해야 하기 때문이지!" 그러자 옆에서 듣고 있던 랍비 요나한이 말했다. "그건 당신이 잘못 알고 있는 것이오. 저들이 좋은 옷을 입고 있는 것은 다른 나라에서 온 사람들이기 때문이오. 자기가 살던 고장에서는 평판에 의해 사람이 평가되지만 다른 고장에서는 옷차림에 의해 판단되니까요!"

54. 평등_아무리 비싼 시계라도 바늘이 가리키는 1시간은 똑같으며 아무리 훌륭한 사람에게라도 1시간은 60분이다.

세계에서 민주주의를 처음 만든 것은 유대인이다. 이 사실은 고대 이스라엘의 유산을 살펴보면 잘 나타나 있다. 아마도 외부와 격리된 유대인 거리에서 해방되기 전까지는 다 함께 운명 공동체로서 영주도 지주도 성장하지 못했기 때문일 것으로 본다. 그래서 대다수 유대인들은 평범한 복장을 즐긴다. 이스라엘에서 넥타이 매고 다니는 사람들은 정부의 고위관리 가운데서도 그리 많지 않다. 유대인들은 권위주의를 싫어한다. 그래서 흔히들 유대인은 예의가 없다고 한다. 그러나 유대인들은 인간은 모두가 평등하게 존엄한 존재라고 생각한다.

55. 잘못_모든 잘못은 우리의 잘못이다.

세상을 살아가노라면 누구나 죄를 저지르게 마련이다. 그런데 동양의 도덕관처럼 엄격하고 꽉 짜인 듯한 분위기가 유대 사회에는 없다. 유대인이 죄를 범했어도 역시 유대인인 것이다. 유대인들이 이해하고 있는 죄에 대한 개념은 이렇다. 성경에 죄라는 용어는 '빗나간 화살' 이라는 뜻이다. 활을 쏘는 사람이 과녁을 명중시키지 못하고 공교롭게도 빗나가 맞추지 못하는 경우가 죄다. 원래 죄지을 생각이 없었는데 어쩌다 실수로 과녁을 빗나간 화살같이 잘못된 것이 죄이다. 그래서 유대인은 죄를 마음 편하게 생각한다. 유대인은 자기가 범한 죄에 대하여 용서를 빌 때 '나'라고 하지 않고 반드시 '우리'라고 표현한다. 자기 혼자 지은 죄이지만 반드시 여럿이 함께 저지른 것으로 말한다. 유대인은 모두 한 가족이기 때문에 혼자 죄를 범해도 여러 사람이 함께 죄 지었다고 생각하는 것이다. 내가 남의 물건을 훔치지 않았어도 누군가가 절도죄를 범했다면 나는 하나님께 그 잘못을 빌어야 한다. 이것은 내가 자선행위가 부족하여 생긴 일로 누군가가 절도행위를 벌였다는 것을 반성하는 의미이다.

56. 동반자_남녀가 결합하면 지금까지 없었던 새로운 세계가 하나 더 만들어진다.

이 새로운 세계는 처음 만난 남녀만의 새로운 것이 많이 생긴다는 뜻이다. 결혼하면 남자는 잃는 것이 있다. 물론 여자도 그렇다. 하지만 탈무드에는 남자 쪽이 존중되었으므로 여자가 잃는 것에는 언급이 없다. 로마 황제가 랍비를 불러 물었다. "남자에게 여자는 얼마나 소중한 존재인가? 유대인 하나님은 아담의 갈비뼈로 여자를 만들었다는데 그러면 그대들의 하나님은 다 도둑이 아닌가?" 성경을 보면 분명히 하와는 아담의 갈빗대로 만들어졌다고 되어 있다. 랍비가 대답했다. "누가 거기에 있었다면 경찰에 고발했겠지요. 그런데 어젯밤 우리 집에 든 도둑은 은수저 대신에 금으로 된 술잔을 놓고 갔습니다." "오 그래? 그거 횡재로군!" "예. 그렇습니다. 하나님께서 이 세상에 여자를 내려주신 것도 똑같은 경우일 것입니다." 남자가 여자와 함께 살게 되면 당연히 잃는 것이 있다. 수입과 자기만의 자유 같은 것이다. 그러나 그 대신에 황금잔과 같은 평생의 동반자를 얻지 않는가! 남녀가 만나 결혼으로 새로운 가정을 가지면 전에 없던 새로운 것이 많이 생긴다.

57. 정열_금과 은은 불에 달궈진 다음에야 빛을 낸다.

금과 은이 뜨거운 불에 달궈지지 않고는 빛이 찬란한 금 그릇과 은 그릇이 만들어지지 않는다. 그렇다면 항상 뜨겁게 달궈지고 녹아 있는 상태에서는 우리 생활에 소용되지 않는다. 남녀가 결합하고 난 뒤에는 뜨거운 정열도 좋지만 이미 조형되어 냉각된 금 그릇과 은 그릇처럼 냉정한 마음자세로 일상에 임하는 것이 보다 안정된 결혼생활을 해 나갈 수 있는 길이다. 사랑의 생활이 뜨겁고 식은 것을 조절해 주어야 한다.

불은 원시시대부터 추위를 막아내고, 음식을 익혀 먹고, 생활에 유용한 도구를 만드는 데 반드시 필요한 것이었다. 그러나 불은 애써 모은 재산을 불태우고 전쟁에서는 파괴행위로 잿더미로 만드는 데 이용되기도 했다. 정열은 불처럼 사랑과 일의 창조활동에서 빼놓을 수 없는 요소이지만 자기 자신은 물론 가정과 사회를 파괴해 버리기도 한다. 정열은 또 하나의 불이다. 그러나 우리는 이 불이 없으면 살아갈 수 없다. 정열은 이렇게 인생에서 중요한 역할을 담당하고 있다. 그러나 조심하지 않으면 화상을 입고 몸을 망칠 수도 있다. 옛날에는 동서양을 막론하고 밤이 되면 골목길에서 불조심을 외치고 다니는 야경꾼이 있었다. 사람은 누구나 자기 가슴속에 정열이라는 불을 태우고 있다. 그러므로 야경꾼처럼 자기 자신에게 끊임없이 '불조심'을 외치며 살아가야 하는 것이다.

58. 질투_천 개의 눈을 가지고 있지만 그 가운데 한 개의 눈도 올바로 보는 것이 없다.

랍비들은 질투를 주제로 많은 토론을 벌였다. 탈무드에는 '질투 없는 사랑은 진정한 의미의 사랑이 아니다.' 라고 기록되어 있다. 그렇다면 창세기의 아담과 하와는 질투했을까 하는 문제를 놓고 오랫동안 토론한 끝에 랍비들은 마침내 결론을 내렸다. 물론 하와도 아담에 대해 질투심을 갖고 있었다. 질투 없는 사랑은 있을 수 없다. 질투를 모르는 여자는 존재하지 않을 테니까! 하와는 아담이 외출했다 돌아오면 항상 그의 갈빗대를 세어 보았을 것이다.

59. 결혼_결혼이라는 굴레는 무겁다. 부부만이 아니라 자녀까지도 함께 운반해야 하기 때문이다.

많은 이들을 상대하는 교제는 쉽다. 싫어하는 이는 피하고, 보기 싫은 이는 그리 많지 않다. 인간사회의 관계에서 일대일의 교제는 정말 어렵다. 아무리 친한 사이라도 함께 살다 보면 자연히 상대방의 결점이 보이기 때문이다. 결혼이란 남녀가 함께 꾸려 가는 공동체 생활이므로 상대방의 장단점이 있는 그대로 드러난다. 당연히 자신의 추한 모습도 숨김없이 보인다. 세상에서 결혼만큼 아름답게 포장되어 보이는 것도 없다. 만일 사실대로 보이면 결혼을 기피해서 아무도 결혼하지 않을까 걱정된다. 남남이 만나 공동생활을 꾸려 가는 것은 인생에서 너무도 중요하다. 그리고 그 둘 사이에 자식은 부부를 한결 더 공고히 해 준다. 자식이 태어나야 부부의 일대일 관계가 복수의 관계로 나아간다. 자식이 결혼이라는 황금 쇠사슬을 함께 운반해 주고 있는 것이다.

결혼은 신상의 공동묘지라는 서양 격언도 있다. 결혼은 연애의 자명종 시계라는 유대인 속담도 있다. 결혼이란 어떤 브랜드의 술을 맛본 사람이 그 맛에 반해서 그 술을 만드는 양조장에 취직하는 것과 같다고 한다. 누구나 결혼 상대자를 선택할 때는 몇 번이고 신중해야 한다. 아무리 신중에 신중을 더해도 결코 지나치지 않다. 결혼을 위해서 결코 달려가서는 안 된다. 예나 지금이나 결혼을 향해 마구 내달리는 청춘이 많다. 특히 현실에 충실한 유대인들은 기독교인들같이 이혼을 금하거나 죄악시하지는 않는다. 물론 이혼은 불행한 일임에는 틀림없다. 유대인 부부는 끝까지 노력해도 원만한 관계를 유지할 수 없을 때 이혼하려고 한다. 불행한 결합이란 결론이 내려지면 서둘러 그 불행을 떨쳐 버리는 것이다. 그러나 대부분의 사람들은 결혼을 향해서는 달려가지만 이혼을 향해서는 남의 일처럼 느긋한 마음을 갖는다.

60. 분가_자식이 결혼할 때는 신부에게 혼인증서를 주고, 어머니에게는 인연을 떠나는 이연(離緣)장을 줘야 한다.

유대인이 성년이 되어 결혼하게 되면 부모의 집에서 분가하는 것이 보통이다. 부모는 신혼부부에게 새 집을 마련할 수 있도록 도와준다. 한 지붕 밑에서 사는 것이 좋지 않다고 생각한다. 왜냐하면 고부간의 갈등 때문이다. 어느 한편이 나쁘고 옳고가 아니라 그저 잘 화합되지 않기 때문이다. 세상사에는 왜라고 반문해서는 안 되는 일도 많다. 물 흐르듯 그렇게 일종의 관습과도 같은 것이다. 어머니와 며느리가 한 집에서 같이 사는 것은 한 자루 속에 고양이 두 마리를 넣는 것과 같다는 말도 있다. 물론 이것은 남자의 입장이라 공감이 크다. 창세기의 하와는 최고의 행운아라는 말이 있는데, 바로 시어머니가 없었기 때문이다.

61. 이혼_결혼할 때는 이혼까지도 예상해야 한다.

이 말은 두 가지 의미를 내포하고 있다. 첫째는 결혼할 때는 자기 어머니하고도 인연을 끊고 이 여자를 아내로 삼을 것인가를 먼저 생각해야 한다는 것이다. 둘째는 이 여자와 살다 보면 앞으로 이혼도 할 수 있다는 것이다. 결혼이란 항상 이혼의 원인을 가지고 있기 때문이다. 그런데 통계에 의하면 유대인들의 이혼율은 매우 낮은 편이다. 이것은 결혼에 대한 그들의 타당하고 현실적인 경계가 많은 까닭일 것이다. 유대인 부부의 이혼 원인은 크게 두 가지다. 그 하나는 시어머니다. 또 하나는 채 성숙되지 못한 두 사람이

어설픈 상태에서 결혼을 서두른 경우다. 어설프다는 것은 서로 상대방에게 기대려고만 할 뿐 자신의 책임과 의무를 소홀히 하는 것이다. 초혼은 하늘에 의해서, 재혼은 인간에 의해서 맺어진다.

유대교에서 이혼을 금하는 것은 아니다. 그러나 이혼은 바람직하지 못하다. 그래도 이혼할 부부가 있다면 랍비를 찾아가고 그 사유를 인정하면 이혼을 허락한다. 결혼이란 사실 얼마나 어려운 일인가? 불행한 결혼이라 판단되면 더 이상 유지가 힘들다. 성공적인 결혼은 남자에게 날개를 달아 준다. 그런데 대다수 사람들은 두 사람이 정말 잘 어울리는지 깊이 고려하지 못하고 오직 고독감을 떨쳐 버리기 위해 동반자를 구한다. 유대인은 20대 중반이면 결혼해야 한다고 배운다. 이것은 성경의 '사육하고 번성하여 땅에 충만하라'는 말씀에 의한 것이다. 결혼은 하나의 의무다. 여섯 가지 요소로 성립된 결혼은 그 첫째가 애정이다. 다음 다섯 가지는 신뢰라고 한다. 결혼 후 3주간은 서로 관찰시기다. 다음 3개월은 사랑하는 때이고 그 뒤 3년은 싸움으로 보낸다. 그 뒤 30년은 서로 용서하고 보낸다. 물론 결혼을 더 부정적으로 보는 의견도 있다. 독신자는 공작처럼 보이고, 약혼자는 사자 같고, 결혼하면 소와 말 같다 한다. 따라서 결혼할 때는 신중해야 한다.

62. 대우_하인이나 종들에게도 주인이 먹는 것과 똑같은 음식을 먹이지 않으면 안 된다.

주인이 편한 의자에 앉으면 하인에게도 편한 의자를 내줘야 한다. 남보다 지위가 높다고 반드시 높은 자리에 앉는 것은 옳지 않다. 어느 랍비가 이스라엘의 일선 부대장의 식사 초대를 받았다. 식사와 함께 병사가 맥주를 가져왔다. 그것을 본 부대장이 사병들이 마실 맥주도 있느냐고 물었다. "오늘은 맥주가 부족해서 이 자리에만 가져왔습니다." 그러자 하고 답하자 부대장은 "그렇다면 오늘은 나도 맥주를 마시지 않겠다."고 말했다. 이런 모습이 바로 유대인의 전통적인 사고방식이다.

63. 눈물_몸은 비누로 닦고 마음은 눈물로 닦는다.

몸의 때를 닦고 씻는 것은 비누다. 그러나 마음에 묻은 때를 닦아 주는 것은 눈물뿐이다. 이런 아름다운 속담이 있다. 천장 한쪽에는 한평생 기도가 무엇인지도 모르고 살았으나 울 줄 알았던 사람들을 위한 자리가 있다. 기쁨, 슬픔, 노함, 즐거움, 울음을 모르는 사람은 기쁨을 나타낼 때도 진정 기뻐하지 않고 기쁜 척한다. 우리는 맘껏 울고 나면 마음이 맑고 개운해진다. 마치 목욕을 하고 난 기분으로 상쾌해지는 것처럼. 하나님이 인간의 메마른 영혼에 단비 내려 대지를 적셔 주듯이 우리 마음에도 새싹이 돋고 신록이 우거진다. 문명이 발달된 현대사회가 기계의 노예가 되어 위기에 이른 것은 눈물을 부끄럽고 무익한 것으로 여겼기 때문이다. 모름지기 인간은 울고 싶을 때 감정대로 울어야 한다. 자기 자신과 이웃들을 위해서도 울어야 할 때가 있는 것이다. 남자는 울음을 감추고 속으로 통곡할 때가 있다. 그것이 더 깊은 울음이 된다.

64. 어린이_최선의 교육은 스스로 모범을 보이는 것이다.

어린이는 부모를 보고 자란다. 유대 현자 중 한 분인 야라쉬닐이 말했다. 부모라면 누구나 자식들이 큰 교양을 쌓고 신앙심 깊은 유대인으로 성장하기를 바란다. 그리고 그 자녀가 자라서 또 부모가 되면 역시 자기 아이들이 경건한 유대인이 되기를 바란다. 그러나 부모들 중 자기 스스로 많은 교양을 쌓아 경건한 유대인이 되려고 애쓰는 이는 자기 아이들이 그렇게 되기를 바라는 부모들보다 훨씬 적다. 탈무드에는 부지런함을 가르치지 않는 부모는 도둑질을 가르치는 것과 다름없다는 말이 있다. 이에 대해 한 학생이 랍비에게 물었다. "부모가 아들에게 부지런함을 가르치지 않는 것이 어째서 그 아들을 도둑으로 만드는 것과 같다는 것입니까?" 랍비가 대답했다. "자식에게 부지런히 일하는 것을 가르치는 부모는 자식에게 포도밭을 물려주는 것과 같다." 울타리 쳐진 포도밭에는 여우가 드나들지 못하듯이 부정한 생각이 자식의 마음속에 들어가지 못한다는 뜻이다.

65. 어머니_하나님께서 어머니를 창조하셨다.

탈무드에 랍비 요셉이 어머니가 가까이 오시는 소리를 듣고 인사를 하려고 몸을 일으키며 말했다는 기록이 있다. "거룩하신 성령이 내게로 오시고 계시니, 나는 마땅히 일어나 경의를 표해야 한다." 자식에게는 부모 특히 어머니라는 존재 가치가 전부라고 할 만한 것이다. 물론 유대인 가정에는 남자인 아버지가 호주로 모든 책임과 위엄을 갖추고 있다. 그러나 자식에게는 어머니의 역할이 너무나 막중하고 크다. 어머니의 자식 사랑은 바닥을 알 수 없이 무한하다. 지구 상에서 모든 것을 통틀어 보아도 어머니보다 위대한 낱말을 찾을 수가 없지 않은가! 그래서인지는 몰라도 탈무드에는 어머니에 대한 격언이 헤아리기 힘들 정도로 많다. 그중에서도 어머니를 잃은 아이는 문고리 없는 문과 같다는 격언은 가슴을 아프게 한다. 어머니가 없는 아이들에게는 너무나도 가혹하기 때문이다. 모든 어머니는 자기 자식이 이 세상에서 제일 똑똑하고 잘나 보인다. 그래서 이런 말들이 있다. "어머니의 눈은 유리 눈이다. 그래서 제 자식의 잘못이나 결점은 보지 못한다." "어머니가 두르고 있는 앞치마는 자기 아들의 잘못을 감싸 줄 만큼 큰 것이다." "어머니는 당신 자신이 아들의 잘못이나 결점을 숨겨 주는 베일이다."

66. 교사_아버지보다 교사를 먼저 구한다.

유대인 가정에서는 아버지가 자기 아들에게 탈무드를 가르친다. 이때 아버지가 자주 화를 내거나 너무 엄하게 대하면 아이들은 아버지가 무서워 배우겠다는 마음을 잃어버린다. 유대인 사회에서는 자기 아버지에 앞서 교사를 생각한다. 가령 아버지와 교사가 함께 감옥에 있는데 그중 한 명만 구해야 한다면 아이들은 아버지보다 교사를 먼저 구한다. 지혜와 지식을 전수해 주는 교사를 다른 누구보다도 중히 여기기 때문이다.

67. 고통_아이일 때는 두통을, 크면 심통을 앓는다.

어린이가 우는 것은 그 아이가 곧 제 자식이기 때문에 즐겁고 기쁜 두통거리일 뿐이다. 아이가 한 살일 때는 집 안을 뛰어 다니며 어지럽히고, 형제끼리 다투기도 하고, 호기심에 무엇이든지 물어봐서 부모에게 골칫거리가 된다. 그러나 그런 행동이 마냥 신통하기만 하다. 자식을 길러 본 부모라면 누구나 공감할 것이다. 그런데 어느 순간부터 그 두통에서 해방되는데, 아이가 튼튼한 청년으로 성장했을 때이다. 아이가 성장한 뒤에는 부모를 해방시키는 것이 아니라 오히려 마음의 고통을 안겨 주고 있는 것이다. 그래서 어린아이들은 부모를 잠 못 들게 하지만 이들이 다 크면 부모가 살아갈 수가 없다는 말이 있다.

68. 노인_어리석은 자의 노년기는 겨울이지만 현자의 노년기는 황금기다.

사람은 살면서 누구나 나이를 먹는다. 그렇다면 젊은 시절에는 무엇에 힘써야 할 것인가? 옛날 랍비들은 이렇게 말했다. "스스로 나이가 들면서 노년기를 준비해야 한다." 이를테면 노년기를 맞아 자기 창조를 시작하고 그래서 더 젊어서부터 노인을 공경하게 된다는 말이다. 모름지기 인간은 '무슨 일을 하는가?' 보다는 '어떤 모습의 인간인가?'가 더 중요한 것이다. 그러나 오늘날과 같이 물질만능과 소비문화가 조장된 사회에서는 '어떤 모습의 인간' 보다는 '무슨 일을 하는 인간'이 더 강조되고 있다. 그래서 활동적 인간이 더 성공한 인물로 대접받는다. 각 매스컴의 광고를 보면 젊음의 매력과 활기찬 의욕에 지나치게 큰 박수를 보내고 있다. 비록 나이 들어 장년이 되고 노년기가 되었어도 끊임없이 활동적인 모습이 되고 있다. 이런 사회 풍조에서 노년은 실패의 모습이요 계절로 보면 겨울인 셈이다. 그런데 실패와 패배만 기다리고 있는 사회는 인간에게 얼마나 가혹한 미래인가? 이 격언이 우리 사회의 틀림없는 현실이라면 우리는 얼마나 가혹한 세상에 살고 있는가?

주위에서 "나이보다 젊어 보입니다!" 하면 벌써 노년기에 접어든 것이다. 그 뒤 나이 들면 소변을 보고 바지 지퍼 올리는 것을 자주 잊어버리지만 거기서 더 늙으면 소변을 보기 전 바지 지퍼를 내리는 것도 잊어버린다는 유머가 있다. 나이 든 사람이 존경받는 사회에는 안정과 평화가 깃들어 있다. 어느 사회에나 노인들은 두려움의 대상이 아니다. 젊은 시절에 노인을 공경했던 사람만이 노인이 되었을 때 자긍심을 가질 수 있다. 자신의 노년기가 비참해지지 않으려면 노인을 공경해야 한다. 노인을 공경하지 않는 자는 천벌을 받으리라는 경로사상의 아름다운 전통윤리는 동서의 고금을 관통하는 인류의 근본이 되었다. 경로사상에는 자신의 부모와 자신의 노년기가 잠재되어 있는 것이다. 노인 공경은 곧 자신의 미래를 돌보는 것이다.

69. 손님_손님과 생선은 사흘이 지나면 악취가 난다.

초청받아 갔을 때 그 집 사람들이 환영한다 해도 너무 오래 머물러서는 안 된다. 탈무드에는 손님은 비와 같아서 적당히 내리면 좋지만 장마 져서는 안 된다고 했다. 이와 비슷한 말은 많다. 손님은 첫날에 닭고기로 대접받고, 이튿날은 달걀로 대접받으며, 사흘째는 콩을 대접받는다. 요즘 같은 초스피드 시대에는 하루를 한두 시간으로 생각해야 할 것이다. 한편 손님을 초대한 주인 입장에서도 어려운 점이 많다. 찾아온 손님에게 대문을 열어 주기는 쉽지만 돌아가기를 바라는 마음으로 대문을 열어 주기는 쉽지 않다. 그러는 사이에 그 집 사람들의 얼굴 표정이 시계를 대신하게 된다.

70. 쉬는 날_쉬는 날이 사람에게 주어졌지, 사람이 쉬는 날에 주어진 것은 아니다.

21세기가 되면서 세계는 더 풍요해졌고 더 좁아졌다. 여가 시간도 더 많아졌다. 선진국일수록 사람이 일하기 위해서 사는 것이 아니라 여가를 즐기기 위해서 일한다는 생각이 일반화되고 있다. 즉 노동이나 일로 자신을 잃게 되니 자신을 찾기 위해서는 쉬고 즐거운 시간을 가져야 한다는 사고방식이 중요하다. 그런 사람이 많아지고 열심히 놀지만 노는 방법이나 즐기는 방법을 살펴서 자신을 찾고 재창조하는 것이 중요하다. 그냥 소모는 상상일 뿐이다. 일이든 휴식이든 인간은 무엇을 하느냐보다는 어떤 인간이 되느냐가 더 중요한 것이다. 과거에는 일에 떠밀려갔듯이 이제는 여가에 떠밀려가고 있는 것이다. 인간은 일이라는 괴물에게 던져진 먹잇감이 아니듯이 쉬는 날이라는 괴물에게 던져진 먹잇감도 아니다. 쉬는 날은 우리 스스로가 개발하기 위해서 쓰는 것이라야 한다. 쉬는 날을 통해서 우리 마음도 풍요와 안식, 보람과 새 의미를 찾는 것이다.

71. 중용_너무 오래 앉아 있으면 치질에 걸리고, 너무 오래 서 있으면 심장에 나쁘고, 너무 많이 걸으면 눈이 나빠지니, 이 세 가지는 아주 적당히 조절해야 한다.

너무 오래 걸으면 눈이 나빠진다는 말을 동양인은 이해하지 못할지 모른다. 원래 이스라엘은 사막의 나라여서 너무 오래 걸으면 눈에 모래가 들어온다. 유대인의 처세술은 한마디로 표현하자면 무엇이든 알맞게 해야 한다는 것이다. 동양에서도 지나치게 많으면 모자람만 못하다 해서 알맞아야 함을 강조하고 있다. 유대인 삶의 철학에서 모든 것을 알맞게, 적당하게 해야 함을 강조하고 있다.

72. 유대인_유대인이 안식일을 지켜 온 것이 아니라 안식일이 유대인을 지켜 온 것이다.

유대인은 예부터 지나치게 완고하여 제사나 관습을 고집해 왔다. 그런데 유대인이 여기저기 흩어져 여러 민족들 사이에서 섞여 살아오면서도 유대인다움을 결코 상실하지 않았다. 유대교의 규율을 엄격히 지켜 왔기 때문이다. 유대인 관습도 규율도 엄격히 안 지켰다면 벌써 유대인다움을 잃었을 것이다. 유대인답게 죽는 것은 대단치 않다. 그러나 유대인으로 사는 것은 대단한 것이다. 여기서 새삼 유대인들이 어떤 박해를 받았는지 생각해 볼 필요가 있다.

- 바다가 잉크로 가득하고 갈대가 붓이며 모든 사람이 글을 쓴 다 해도 유대인이 1년간 받은 박해를 다 기록할 수가 없다.
- 유대인을 올리브 나무에 비유한다. 누를수록 기름이 많이 나 온다. 올리브 열매처럼, 유대인을 박해할수록 큰일을 이루 어 내기 때문이다.
- 유대인을 박해하는 나라는 오래가지 못한다.
- 세상이 잘 안 돌아갈 때 유대인이 제일 먼저 안다. 세상이 잘 돌아갈 때는 맨 나중에 그것을 안다.
- 유대인을 비둘기에 비유한다. 새가 지치면 나무에 앉아 쉰 다. 그러나 비둘기는 한쪽 날개로 날고 한쪽 날개에 기대어 쉰다.
- 왕국들은 망하고 흥하지만 유대인은 결코 망하지 않는다.

73. 이상주의_장미 향기를 맡고 그 향기에 취해 장미꽃으로 양배 추 수프보다 맛있는 수프를 만들 수 있다고 착각하는 것이다.

이것은 극단적인 것과 과격한 것을 경계하는 말이다. 세상을 살 아가는 데는 중용의 도가 중요하다. 일상의 안전을 무시한 채 무의 미한 모험을 일삼아서는 안 된다. 우리가 살아가는 일상은 여러 요 소로 성립되며 어느 특정한 요소에 치우쳐 있지 않다. 장미를 먹고 자 하는 이상주의자들은 많은 사람으로부터 조롱거리가 된다. 젊은

이들 중에 이상주의자가 많고 노년층 사이에 보수주의자가 많은 것은 경험의 양에 비례함을 입증하는 것이다. 유대인들은 탈무드나 토라 등의 고전을 곰팡이 핀 옛날 책으로만 취급하지 않는다. 이것들을 지금 만든 신간처럼 신선한 맛으로 읽고 즐기는데 그것은 역사의 오랜 경험에서 축적된 교훈을 그만큼 소중히 여기기 때문이다.

74. 정원_정원을 보면 정원사를 알 수 있다.

모든 인간은 한평생 살면서 정원을 가꾸는 정원사와 같다. 정원에는 갖가지 수목이 우거져 있다. 계절마다 어김없이 꽃을 피우는 꽃밭이 있다. 연못이나 냇물을 만들 수도 있다. 그리고 항상 나무와 잔디 같은 것을 관리해야 한다. 말로 자신의 공적을 자랑하고 스스로를 능력 있고 훌륭한 사람으로 보이게 하는 것은 어렵지 않다. 그러나 진정으로 인간의 가치를 증명하는 것은 실체적인 업적밖에 없다. 그리고 정원이야말로 그 업적이다. 지금 막 만들기 시작한 정원이라도 대충만 둘러보면 그 정원사가 믿을 수 있는 사람인지 아닌지를 알 수 있다. 정원은 그 집의 얼굴이다. 정원의 규모나 조직은 수목이나 바위가 제자리를 차지하고 있는지를 살펴보며. 그 집의 오밀조밀한 구조와 미학적인 감각으로 얼마나 성숙하게 이루어 놓았는지를 보면 알 수 있다.

75. 개성_식사는 자기 입맛에 맞추고 옷차림은 유행을 따른다.

사람은 누구나 남들과 비슷한 생활을 하고 싶은 욕망이 있다. 여기에는 적어도 평균적인 생활수준을 누리고 싶은 소망과 남들과 비슷한 생활을 하는 것이 좋다는 본능적인 타산이 작동한다. 그래서 사람들은 거의 비슷한 집과 가구, 가전제품, 승용차 등을 소유하는 것이다. 혼자서만 남들과 다른 행동을 하면 사회로부터 따가운 눈총을 받고 소외당한다. 자기 개성을 옷차림이나 머리 모양 같은 시시하고 말초적인 것으로 나타내고 만족해서는 안 된다. 오히려 개성이 없는 사람들이 이런 치장을 하고 싶어 한다. 이상한 옷차림이나 겉모양에 신경 쓰기보다는 좀 더 중요한 자신만의 개성을 살리려고 노력해야 한다.

76. 자물쇠_자물쇠는 정직한 사람을 위해서 존재한다.

집을 비울 때 왜 사람들은 자물쇠로 문을 잠글까? 이것은 정직한 사람이 안으로 들어가지 못하게 하기 위해서이다. 만일 나쁜 사람이 그 집에 들어가 물건을 훔치려 하면 문이 잠겼든 아니든 간에 수단 방법을 가리지 않고 어떻게 해서라도 안으로 들어갈 것이다. 문이 열려 있다면 아무리 정직한 사람이라도 들어가고 싶은 유혹에 빠질지 모른다. 집을 비울 때나 차에서 내릴 때 잠그는 것은 정직한 사람이 못된 유혹에 빠지지 않게 하려는 의도에서다. 공연히 다른 사람을 유혹해서는 안 된다. 그러기 위해서는 문을 꼭 잠글 필요가 있는 것이다. 자물쇠는 주인의 의사 표시로 누구든지 그 표시를 따라야 한다. '지금 사람이 없으니 다음에 오시오!'라는 의사 표시로 자물쇠를 걸어 둔다.

77. 따분한 사람_따분한 사람이 방을 나가면 누군가 방에 들어온 듯한 기분이 든다.

따분한 사람은 어떤 사람인가? 따분한 사람은 교양, 학문, 해박한 지식과는 아무 관계가 없다. 누구나 경험하듯이 학문이 풍부한 사람도 지독하게 따분할 수 있다. 사람을 따분하게 하는 사람은 남의 관심을 끌지 못하는 사람을 말한다. 랍비들은 따분한 사람을 이렇게 정의했다. 남이 어떻게 느끼는지, 그 사람의 기분이야 어떻든지 상관없이 남과는 어울리지 않는 사람이다. 훌륭한 아인슈타인이라 해도 남의 기분을 살피지 않는다면 따분한 인간이 될 수밖에 없다. 그가 물리학을 전혀 모르는 농부를 만나 '상대성 원리'가 어떻고 하며 혼자 몇 시간을 일방적으로 떠들었다면 농부는 그가 간 뒤에 누가 온 듯한 기분이 들 것이다. 이 말은 좋은 손님은 들어서면서부터 집 안을 밝게 하지만 나쁜 손님은 나가면서부터 집 안을 밝게 한다는 말과 같다.

78. 돈_가난하기 때문에 올바르고, 부자라고 해서 옳지 않은 것은 아니다.

『미드라시』라는 책은 성경의 구절들을 개개인의 상황에 적용시켜서 해석하는 유대교의 성경주석방법이고, 또 그 내용을 담은 책이다. 여기에 이런 내용이 있다. 두 사람이 찾아와서 서로 다른 말을 했다 하자. 그중 한 사람은 돈이 많고, 다른 한 사람은 가난뱅이라고 할 때 당신은 과연 누구 말을 진실로 믿겠는가? 답변은 이렇다. 부자라고 해서 늘 거짓말만 할 수는 없을 것이고 가난한 사람이라고 해서 늘 올바르게 살아간다고 할 수도 없을 것이다. 물론 이와 반대되는 답변도 마찬가지다. 돈은 악하지도 않고 인간을 축복하는 것이다. 부자와 현자 중 어느 쪽이 더 위대한지에 대해 랍비의 제자들이 모여 이야기를 나누었다. 랍비가 말했다. "그거야 현자가 더 위대하겠지!" 제자들이 다시 물었다. "그러면 왜 부잣집에는 현자나 학자가 다 출입하는데 현자의 집에는 부자들이 찾지 않을까요?" 랍비의 대답은 이랬다. "현자나 학자는 현명해서 돈이 필요하다는 사실을 알지만, 부자는 돈만 가지고 있을 뿐 현자로부터 지혜를 배워야 한다는 사실조차 모르고 있기 때문이지!"

79. 행복_잃고 나서야 행복이 소중함을 실감한다.

사람은 행복하지 않으면 만족을 모른다. 누구나 다 아는 사실이다. 그러면 행복이 무엇이냐? 어떤 상태를 말하는가? 그리고 그 크기는 어떻게 알 수 있는가? 이런 질문에 대한 대답은 사람마다 다를 것이고, 선뜻 이것이다 하고 자신 있게 대답하는 사람도 드물 것이다. 그것은 당연하다. 인간은 누구나 평생을 이 문제에 대한 해답을 구하기 위해서 살고 있는지 모른다. 여기서 행복을 실감할 수 있는 방법을 찾아보자. 그 하나는 우리 자신이 행복해짐으로써 알 수 있는 방법이다. 많은 사람들이 자신이 얻어 누리는 것을 통해 알 수 있는 방법이다. 다른 방법은 잃은 것에 따라 행복을 알게 되는 방법이다. 건강과 질병을 예로 들면 알 수 있다. 평소 건강할 때는 건강에 대한 행복을 모른다. 그러나 건강을 잃고 병마에 시달리게 되면 그때 가서 그간 무관심했던 건강에 대해 절감한다. 행복도 그렇다. 우리가 행복에 취해 있을 때는 전혀 못 느끼다가 잃고 나서야 그 소중함을 깨닫는다. 그것이 행복이었구나 한다.

80. 자선_강요에 의한 자선은 절반의 가치밖에 없다.

두 행인이 한 골목길에서 걸인의 구걸을 보았다. 한 사람은 동전 하나를 적선했지만 다른 한 사람은 그냥 지나쳤다. 이때 사신이 나타나 두 행인에게 말했다. "가엾은 사람에게 적선한 이는 앞으로 50년을 더 살 것이다. 그러나 외면한 이는 곧 세상을 떠나게 될 것이다." 이 사신의 말에 얼굴이 창백해진 이가 말했다. "지금 당장 많은 돈을 주겠습니다. 그러니 용서해 주십시오!" 그러자 사신은 말했다. "아닐세, 배를 타고 바다로 나간 뒤에 그 배 밑바닥에 구멍이 났는지 어떤지를 살펴보아 무엇 하겠는가?" 때가 될 때 꼭 실천해야지, 때를 놓치면 소용이 없는 것이다.

81. 겸손_가장 훌륭한 지혜는 친절과 겸손이다.

남달리 믿음이 독실한 사람이 랍비에게 불만을 털어놓았다. "저는 지금까지 하나님을 찬양하는 일에 온 정성을 쏟았습니다. 그런데도 아무런 발전이 없더군요. 저는 역시 재주 없고 무식한 놈일 뿐입니다." 이 말에 랍비가 기쁜 얼굴로 말했다. "당신이야말로 가장 큰 축복을 받게 될 것입니다." 이 말에 그 사람은 어리둥절했다.

"당신은 스스로가 어떻다고 하는 지혜를 깨우쳤소. 당신의 겸손한 태도가 바로 그것이오." 여기서 말하는 겸손이란 무엇인가? 그것은 다름 아닌 상대방을 인정하는 일이다. 자기만 내세우지 않고 상대방의 의견과 뜻을 인정하려고 노력하는 태도를 말한다. 친절과 겸손은 형제와 같다. 결코 겸손해지지 않고는 친절할 수가 없고, 친절하지 않고는 겸손할 수가 없기 때문이다.

무거운 포도송이는 아래로 처지고, 다 익은 곡식은 고개를 숙인다. 이 말은 인간이 겸손하면 허리를 굽힌다는 뜻이다. 원숙한 인격의 소유자는 늘 겸손하다. 겸손의 모습은 허리를 굽히는 모습이다. 성경에는 '하나님은 광명과 암흑, 하늘과 땅, 물, 그리고 모든 생물을 만드신 그다음에 비로소 인간 아담을 만드셨다.'라고 나온다. 하나님께서 천지창조의 맨 마지막 날에 인간을 만드신 것은 인간의 오만함을 경계하신 것이다. 인간을 다른 생물보다 늦게 창조하여 다른 생물에 대해 우월감이나 자만심을 갖지 않고 자연에 순응하는 지혜를 터득하게 했던 것이다. 허리를 굽히는 것은 이런 창조 섭리에 부합되는 인간의 겸허함을 보이는 자세다. 허리 한 번 굽혀 천하를 얻은 사람도 있고 허리 한 번 안 굽혀 평생을 노예로 살다가 비참하게 죽은 사람도 얼마나 많은가!

82. 자기도취_자기 결점만 찾으려 애쓰는 사람은 남의 결점을 못 본다. 남의 결점만 찾아내는 사람은 자기 결점을 찾지 못한다.

탈무드를 보면 이 세상에서 가장 가엾고 불쌍한 사람은 자기 자신한테 취해 자기만 의식하는 사람이란 기록이 있다. 자기 잘못을 너무 지나치게 의식하고 있는 사람은 남들이 온종일 자기만 바라보고 있다고 착각한다. 지나치게 자신감을 갖지 못한 사람은 자기를 지나치게 과신하는 자와 똑같다. 이런 사람은 매사에 지나치게 자기중심적이고 오만하다. 이것은 자기과신에서 비롯된 잘못된 생각이다. 자기가 제일 잘났다고 믿는 사람과 자신이 세상에서 제일 못난 사람이라고 믿는 사람은 둘 다 자기도취에 빠진 사람이다. 그 함정에서 재빨리 벗어나야 온전한 사람이 되는 것이다.

83. 숫자 7_유대인에게는 목숨과 같은 중요한 것이다.

유대인에게는 '7'이라는 숫자가 매우 중요하다. 1주일 가운데 7일째 되는 날에는 안식이다. 안식일은 하나님의 날이다. 그리고 7년째 되는 해는 밭을 갈지 않고 묵혀 쉬게 한다. 그리고 49년째는 매우 경사스러운 해로 이해는 밭을 갈지 않고 묵히고 다른 이에게서 돈 빌린 채무도 소멸된다. 1년에 두 번 대축제인 유월절과 추수감사절은 모두 7일간 계속된다. 유대의 달력은 세계에서 가장 정확하다. 과거 노예였던 유대인들이 이집트에서 탈출하던 날이 유대 역사에게 가장 크고 중요한 날인 만큼 그것을 첫 번째 달로 삼고 있다. 그때부터 7개월 후에 신년을 맞이한다. 회계연도나 학교의 연도는 모두 7월에 시작된다. 과거 유대인의 생존을 감사해서 7이라는 숫자를 소중하게 여긴다.

84. 이중성_인간은 강철보다 강하면서도 파리보다 약하다.

맨해튼의 엠파이어스테이트빌딩에 오르면서 우리는 인간의 힘이 대단하다는 것을 느낀다. 이렇게 강철을 마음대로 다루는 인간도 하찮은 파리나 모기에 물려 고통을 당하기도 한다. 때로는 이것들이 옮기는 전염병에 걸려 생명을 잃는 때도 있다. 인간이 강철보다 강하고 파리보다 약한 존재라는 말은 유대인 자녀들에게 만능의 힘을 가진 인간도 작은 벌레에 괴롭힘을 당할 만큼 아주 미약하다는 사실을 알게 함으로써 인간이 자기 존재보다 약한 것에도 항상 두려움을 가지고 오만하지 않도록 경계해야 하는 교훈을 준다. 이를테면 겸허함을 모르는 사람에게는 이 세상 모든 것이 위험하다는 충고가 된다. 인간은 재물을 모으고 명성을 얻으면 오만해지기 쉽다. 우리 인간은 우리 손으로 꽃피운 문명에 의하여 얼마나 성공적인 세계를 이루었던가? 그러나 한편으로는 얼마나 작은 것에도 무기력한 모습을 보이고 있는가? 모름지기 인간은 성공할수록 겸손한 자세로 생활해야 한다. 겸손이 인격의 척도가 될 수 있다.

85. 선인_착한 사람은 큰 야자수처럼 무성하고 레바논의 삼나무처럼 늠름하다.

탈무드를 보면 세상에 꼭 필요한 것 네 가지가 있다. 그것은 금, 은, 철, 구리인데 이것들을 대신할 대용품이 있다. 그러나 전혀 다른 것으로 바꿀 만한 것이 없는 것으로 세상에 꼭 필요한 것은 '착한 사람'이다. 착한 사람은 야자수요 삼나무로 비유되고 꼭 필요한 존재이다. 야자수는 한번 잘라 버리면 다음에 싹이 날 때까지는 4년이 걸린다. 레바논의 삼나무는 높이 자라서 멀리서도 잘 보인다. 그 늠름한 자태가 얼마나 든든한지 위대한 인격자에 비유된다. 솔로몬왕은 이 삼나무를 수입해서 궁전과 성전을 건축했다고 한다. 쓰임새만 대단한 게 아니라 보기에 정말 놀라운 존재인 것이다. 큰 나무 밑에는 큰 나무가 자라지 못하나 큰 인격자 밑에는 또 큰 인격자가 자랄 수 있는 것이 식물과 인간의 차이다. 위대한 인물 밑에서 위대한 인물이 또 자란다.

86. 세상에 강한 것 열두 가지

세상에 강한 것은 먼저 돌이다. 돌은 쇠에 깎인다. 쇠는 불에 녹고, 불은 물로 끌 수 있다. 이 막강한 물은 구름에 흡수되고, 물을 흡수한 구름은 바람에 날려서 흩어진다. 그러나 바람도 인간을 어찌하지 못한다. 흩어지게도 날아가 버리게도 못한다. 그러나 인간은 공포나 괴로움에는 비참하게 깨지고 만다. 얼굴도 형체도 없는 공포와 괴로움을 만나면 인간은 아주 허약한 존재가 된다. 이때 공포감을 없애기 위해 술을 마시면 잠시 공포감을 잊어버린다. 술은 잠을 자면 그만이다. 잠은 또 죽음을 꺾을 수 없다. 그러나 이 죽음도 애정을 누를 수는 없어 이기지 못한다. 그래서 강한 자의 세력도 절대적이지 못한 것이 세상의 이치다. 이런 조화는 하나님의 섭리 가운데서 생긴 것이다.

87. 탓_길을 걷다가 넘어지면 먼저 돌을 탓한다.

길에서 넘어지면 돌을 탓하지만 돌이 없으면 언덕을, 언덕이 없으면 자기 신발을 탓한다. 끝내 자기 잘못으로는 인정하지 않는다. 언제나 자신만 옳다고 생각하는 것은 겸허함이 부족하기 때문이다. 정말 자신의 잘못을 인정하기란 어렵다. 그러나 임금이라 해도 이 세상 모든 것을 다 갖지는 못한다. 인간은 함께 어울리며 공동체 생활을 하고 있으므로 서로서로 양보해야 한다. 스스로 잘못을 인정하지 않고 피한다면 다른 누군가가 대신 잘못을 했다고 조작해야 한다. 자기는 늘 옳고 언제나 다른 사람이 잘못되었다고 생각한다면 공동체인 그 사회는 어떻게 되겠는가? 그래도 이렇게 위험한 생각에 손쉽게 빠져드는 것이 우리 인간이다. 우리는 이런 생각을 극복해야 한다. 공동체의 일원으로 서로서로 겸손해야 하고 자기 잘못을 솔직하게 시인할 줄 알아야 한다. 남탓만 하고 자기는 빠지는 미꾸라지 같은 사람은 이 사회의 지도자가 될 자격이 없고 책임감이 희박한 사람으로 낙인이 찍힐 것이다.

88. 변화_이미 행해진 것은 변하지 않지만 인간은 날마다 변해 간다.

죄는 미워해도 인간은 미워해서는 안 된다는 성경 말씀처럼 그릇된 행위는 지탄받아 마땅하나 과오를 저지른 사람은 미워하지 말아야 한다. 인간은 나날이 변화해 가고 있기 때문이다. 인간은 점차로 개선되어 간다. 성경에는 노력하는 만큼 발전하는 것이 인간이라 했다. 인간 신뢰에 대한 믿음과 낙관을 가르치고 있다. 날마다 새로운 일이 생긴다. 이것은 신이 우리에게 준 선물이다. 인간은 매일 새로 태어나므로 결코 좌절해서는 안 된다고 가르치고 있기 때문이다. 변하는 것과 변하지 않는 것 두 가지가 다 인간에게 있는 것이다. 변하는 것은 하루에도 몇 번씩이나 변한다. 그러나 변하지 않는 것은 백 년이 지나도 그대로 있다. 여기에 그 인격의 존엄성이 있는 것이다. 변화해야 할 것은 빨리 변해서 탈피하는 것이 그 본인에게는 좋은 것이다. 변화가 발전을 가져오고 새로운 역사를 남기기도 한다.

89. 행복과 불행_행복에서 불행으로 바뀌는 것은 순식간이지만 불행에서 행복으로 바뀌는 것은 오랜 세월이 걸린다.

지금은 가장 행복한 삶을 누린다 해도 그가 불행의 밑바닥으로 떨어지는 것은 순식간이다. 그와 반대로 불행의 늪에서 허우적거리는 사람은 행복의 정상을 차지하기까지에는 실로 엄청난 세월이 필요하다. 아니 평생의 시간이 걸릴지도 모른다. 인간이란 본래부터 지나친 욕망에 사로잡혀 있으므로 쉽게 만족할 수가 없다. 그래서 살고 있는 환경에 적응하고 만족할 수 없으므로 평생토록 행복을 자각하지 못하고 사는 경우도 있다. 행불행은 이미 만들어져 있는 기성품이 아니라 종이 한 장 차이로도 행복이다, 불행이다 생각하게 될 수도 있다. 그러나 아예 행불행을 의식하지 않고 사는 것이 더 중요한 것이다.

90. 시험_하나님은 바르게 살려는 사람을 시험한다.

성경에 나오는 랍비 요하난의 말씀이다. "도공은 이미 망가진 그릇을 손으로 두드려 시험해 보지 않는다. 그러나 잘 만들어진 그릇은 이리저리 두드리면서 시험해 본다. 하나님께서도 이처럼 이미 잘못된 악한 이는 시험하지 않고 바르게 살아가는 선인을 시험해 보는 것이다." 랍비 벤 허니나도 비슷하게 말씀하셨다. "자기가 팔고 있는 삼베가 좋다고 생각하면 계속 그 삼베를 다듬이질하여 윤기를 낼 것이다. 그러나 그 베가 품질이 나쁘다면 그러지 않을 것이다. 두들겨 봐야 곧 해져 버리기 때문이다. 이처럼 하나님께서도 바르게 사는 인간만 골라 시험해 본다." 랍비 에레아잘도 이런 말을 하셨다. "튼튼한 소와 병약한 소, 이 두 마리를 가진 농부가 있다면 그 농부는 건강한 소에게 쟁기를 채울 것이다. 이처럼 하나님은 건강하고 바르게 사는 자에게 무거운 짐을 지게 한다." 보다 더 희망 있는 미래를 위해서 인간은 슬기롭게 돌보고 보다 더 보람찬 미래를 위해서 일하고 있다. 희망 없는 것은 애초에 포기해 버리고 만다.

91. 배움

돈 빌려 달라는 것은 거절해도 되지만 책을 빌려 달라고 할 때 거절하는 것은 도리가 아니다. 이 말은 탈무드 율법 가운데 하나다. 예부터 유대인은 책의 민족, 학문의 민족이라 불릴 만큼 배움을 중시해 왔다. 유대민족에게 배움은 사람 몸속의 피와 같다고 여긴다. 인간의 몸속에 피가 흐르지 않는다고 생각할 수 없듯이 배움이 없는 유대인은 상상도 할 수 없다. 이렇게 배움을 종교적 의무로 삼는 민족은 오직 유대인밖에 없는 것이다. 인간은 누구나 태어나서 자라는 동안 말을 배운다. 그러나 여러 민족들은 얼마 전까지만 해도 소수를 제외하고는 읽고 쓸 줄 몰랐다. 그런데 유대민족은 태어나면서부터 성경과 탈무드를 배우고 쓰고 공부를 한다. 배움이 곧 하나님의 가르침이라고 믿는다. 모든 이들이 함께 해야 하는 것으로 알았다. 그리고 이렇게 강한 전통의식은 오늘날까지 면면히 이어지고 있는 것이다. 학문은 인간을 계속 계발하고 이로써 인간의 존엄성을 지니게 된다. 책에서 지식을 얻고 인생에서 지혜를 배운다.

현대인은 지혜와 지식의 차이를 제대로 알지 못한다. 몇백 년 전과 비교할 때 인간이 알고 있는 지식은 실로 엄청나며 그 양은 계속 늘어나고 있다. 그런데 탈무드 등 유대인들이 배우고 있는 많은 고전들을 살펴보면 인생을 통한 지혜는 오히려 퇴보되고 있음을 느낀다. 유대인 가정에서는 매주 안식일마다 식구들이 한자리에 모이고 아버지가 탈무드를 가르쳐 준다. 유대인에게 교육이라면 좋은 시설을 갖추고 있는 학교보다도 각 가정을 먼저 떠올린다. 그만큼 가정교육을 중시한다. 유대인 아이들이 학교에서 배우는 것은 지식에 그치지만 가정에서는 온갖 지혜를 깨우치게 된다. 인간의 지혜가 탈무드라는 경전을 낳았고 인간의 지식이 대륙 간 탄도미사일을 만들어 냈다. 지식은 날마다 새롭게 발전해 가지만 지혜만은 옛날 그대로 차이가 없다고 유대인들은 믿고 있다. 그래서 수천 년 전에 만들어진 성경과 탈무드를 믿는 것이다. 유대인들은 지식을 기록한 책과 지혜가 기록된 책을 구분하고 있으며 지식의 책 못지 않게 지혜의 책을 탐독하게 해야 한다고 믿었다. 그러나 유대민족의 고전을 보면 책을 통해서 배우는 지혜보다 부모를 통해서 배우는 지혜가 더 소중하다고 믿고 있다.

기도는 짧게 하고 배움은 오래하라. 유대인들은 배움, 곧 학문을 오래하여 하나님을 찬양하는 것과 똑같이 여긴 데서 유래했다. 그러면 하나님을 가장 위대한 존재라고 믿는 그들이 왜 기도시간을 짧게 하라고 했을까? 그 이유는 간단하다. 인간이 기도하는 것은 인간이 하나님께 가는 일방적인 말이고 배움은 하나님께서 인간에게 베푸는 진리의 이야기이기 때문이다. 그래서 하나님께 하는 기도는 맑은 정신으로 짧게 하는 것이 옳고, 하나님의 진리를 배우는 일은 오랜 시간에 걸쳐 한다는 것이다. 이처럼 유대인은 진리 연구를 하나님 찬양으로 알고 있다. 지식과 지혜를 존중하는 것을 하나님을 찬양하는 행위로 여기는 것이다. 혹시 하나님을 찬양하지 않는 유대인이 있다 해도 그들이 인생에서 학문을 소중히 여기는 것은 바로 이와 같은 유대인의 전통에 의한 것이다. 기독교에서는 기도를 하나님과 인간의 대화로 여긴다. 그래서 긴 시간 기도를 하게 된다. 그러나 유대교의 신앙에서는 기도는 하나님을 잊지 않고 마음에 모시는 의식행위로 여기므로 짧아야 한다 했다.

92. 지식_지식은 흐르는 물과 같다.

　성경《이사야서》에는 '목마른 사람은 모두 물가로 오라!'는 말씀이 있다. 그러면 왜 성경에는 가르침을 물로 표현했을까? 물은 높은 데서 낮은 데로 흐르는 속성을 지녔다. 지식 또한 있는 데서 없는 곳으로 흘러가야 하는 것이다. 탈무드에서는 지식을 포도주나 우유로 비유하고 있다. 랍비 오사와는 이렇게 말했다. "성경에는 포도주와 우유를 구하라, 그리하면 그대들은 살 수 있다고 했다. 아니 하필 포도주와 우유를 구하라고 했을까? 그것은 바로 그릇에 담겨 있기 때문이다. 이 그릇이 바로 책이다. 진정한 가르침이란 마음이 가난한 사람들 속에만 깃든다는 말이기도 하다." 마음속에 빈자리가 없이 무엇인가 가득 차 있으면 마음속에 새로운 지식을 담을 자리가 없는 것이다. 어떤 이는 마음에 보배가 가득 들었고, 쓰레기나 가시넝쿨로 가득 차 있는 이도 있다. 이런 깨달음은 자기 스스로 해야 하는 것이다. 남이 억지로 마음속에 지식을 넣을 수는 없는 것이다.

93. 탑_하나님은 인간이 만든 마을과 탑을 보시려고 오셨다.

　성경의 창세기에 나오는 이야기. 여기서 하나님께서 보시려고 오신 탑은 바벨탑을 가리킨다. 옛날 랍비들이 모여 "왜 하나님은 땅에 오셔서 굳이 바벨탑을 보시려 했을까?" 하는 문제로 토론을 벌였다. 성경에 의하면 하나님께서 바벨탑을 보시고 불태워 파괴해 버렸다. 이에 랍비들이 의견을 모았다. 하나님은 인간에게 어떤 일을 시도하려면 반드시 여러 조건을 직접 확인하고 고려한 뒤 일을 하게 가르쳐 주시려고 땅에 내려오셨던 것이다. 인간이 하나의 언어로 뭉쳐 하늘높이 탑을 쌓아 하나님이 계시는 곳까지 가서 보자 하며 바벨탑을 만들었다. 하나님께서 화가 나서 인간의 언어를 복잡하게 하여 인간을 바벨탑 지역에서 흩어지게 하셨다. 인간의 교만을 다스린 것이다. 그래서 그때부터 종족마다 언어가 달라지게 되어 인간이 흩어지게 되었다 한다.

94. 어리석음_어리석은 사람 중에 슬기로운 사람이 있다.

세상에는 세 종류의 어리석은 사람이 있다. 첫째는 자신의 어리석음을 아는 사람이고, 둘째는 자기가 슬기롭다고 자부하는 사람이며, 셋째는 자기와 남이 다 어리석다고 생각하는 사람이다. 유대 민족은 지식이 많고 적음보다는 현명한가, 어리석은가를 가장 중요하게 생각한다. 그리고 현명하다고 생각하는 것은 조상의 가르침을 잘 배워 지키는 것을 의미한다. 슬기로운 사람이 영리하지 못한 경우가 있는가 하면, 영리하면서도 어리석은 자가 있다. 슬기롭고 현명하다는 것은 어떤 일이든 자기 힘으로 처리할 수 있다고 생각하는 것이 아니라 실제 그 일을 처리할 수 있는 능력을 갖춘 사람을 말한다. 탈무드를 읽고 나면 앞의 세 종류의 사람 가운데 자신의 어리석음을 알고 있는 사람은 끝내는 슬기로운 사람들 속에 낀다는 사실을 알게 된다. 자신의 어리석음을 아는 사람보다 더 슬기로운 사람은 없다. 자신을 아는 것이 가장 어려운 문제이기 때문이다.

'바다 속에 완전히 가라앉은 배는 항해하는 다른 배의 장애가 되지 않는다. 그러나 절반만 잠긴 배는 장애가 된다.' 남과 어울려 살아가는 사람치고 완벽하게 어리석은 자는 있을 수 없다. 자기 스스로 그렇다고 인정하는 사람도 없고, 자기 존재를 부정할 정도로 자존심 없는 사람이 있겠는가? 누구나 자기 자신은 소중한 법이다. '적당히 어리석은 자가 더 어리석다'는 말은 정확하지 않거나 어설픈 지식을 함부로 쓰면 자신은 물론 남들까지도 다치게 한다는 것을 경계하는 말이다. 인간은 다른 이로부터 인정받기 위해서 정확하지도 않은 지식을 남발한다. 이런 본능적인 유혹은 생각보다 강하다. 스스로가 충분치 못한 지식의 소유자임을 잘 알면서도 그렇다. 이와 비슷하게 가득 채운 항아리가 반쯤 든 항아리보다 움직이기가 쉽다는 격언도 생각해 볼 만하다. 어설픈 지식은 무식보다 더 무식하다. 오해를 지식으로 믿기 때문이다.

95. 겉모양_염소에게 수염이 있다고 랍비가 될 수는 없다.

랍비들은 대개 수염을 기르고 있다. 성경에서는 얼굴을 비롯해서 온몸에 상처를 입지 않으려고 조심해야 한다고 가르치고 있기 때문이다. 그래서 랍비들은 면도를 하지 않는다. 염소가 수염이 있다고 랍비가 될 수 없다는 말은 겉모양이 아무리 똑같다 해도 속이 다르면 아무런 의미가 없다는 것을 일깨우는 경구이다. '만약 수염의 모양만 같다고 본다면 염소도 이 세상의 최고 현자일 수도 있다.' 이 말은 또 반대로 랍비가 수염을 길렀다 해서 염소가 될 수 없다는 것과 같은 말이다. 껍데기만 같은 것은 비슷해 보여도 실상은 전혀 다른 것이다.

96. 당나귀_당나귀는 예루살렘에 가도 역시 당나귀일 뿐이다 .

예루살렘은 이스라엘의 수도요 성지 순례자들이 가장 선호하는 도시다. 아주 옛날에는 지금의 뉴욕이나 파리처럼 모든 분야에서 중심이요 성지였다. 유대교, 이슬람교, 천주교, 기독교의 최고 성지다. 옛날에는 유행의 발상지였다. 당나귀는 중동지역에서 가장 오래된 운송 수단으로 이용된 가축이었고 우매하고 어리석은 자를 일컫는 대명사였다. 그래서 '당나귀는 예루살렘에 가도 역시 당나귀'라는 말이 생겼다. 이 말은 어리석은 자는 오늘날 뉴욕이나 파리에 가도 어리석은 자라는 뜻이다. 당나귀에게 학사모를 씌우고 가슴에 훈장을 달아 주고 커다란 금귀고리를 달아 준다 해도 역시 당나귀일 뿐이다. 그런데 속에 든 것도 없는 자가 겉치레에만 힘쓰는 경우가 많다. 몸에 값비싼 장신구를 치렁치렁 달고 직함을 문패만큼 새겨 갖고 다니며 으스대는 자가 되어서는 안 된다. 여기서 당나귀와 다른 점이 있다면 사람은 한 번이라도 예루살렘에 다녀오면 한두 가지는 배워서 온다는 점이다.

97. 돈

유대 사회에는 돈에 대한 속담, 격언이 너무 많다. 무언가 가득 든 주머니는 무겁다. 그러나 빈 주머니가 더 무겁다는 속담도 있다. 텅 비어 있음에도 세상에서는 가장 무거운 것이 바로 빈 돈 지갑이다. 인간은 사실 돈 없이 살 수가 없다. 성경은 인간에게 빛을 주고 돈은 인간에게 따뜻함을 준다. 돈에 대해서 이렇게도 표현할 수 있다. 세상에는 세 가지 중요한 일이 있다. 첫째가 돈, 둘째가 돈, 셋째 역시 돈이다. 그만큼 돈은 매우 중요하다. 돈의 힘은 실로 막강하다. 돈 앞에서는 저주의 욕설도 잠잠해진다. 돈이란 어떤 더러움도 씻어 주는 비누와 같다. 고결한 성현 군자인 양 돈이 인생을 더럽힌다고 욕하지 말라. 어디까지나 돈보다는 인간이 훨씬 위에 자리 잡고 있으니까. 인간이 돈 때문에 인간다운 삶을 잃을 수는 없지 않겠는가? 돈은 힘이 세기로 장군보다 앞서고, 호령의 효과도 군왕보다 크며, 때로는 가장 아름다운 것보다 더 예쁜 것이기도 하다. 그러니 유대인은 돈을 최고로 여기고 살아왔다.

사회인이라면 누구나 자기 나름대로 돈 버는 방법을 알고 있다. 그러나 돈을 올바르게 쓰는 법을 터득하고 있는 사람은 과연 얼마나 될까? 모름지기 세상에서 모든 돈의 주인은 사람이어야 한다. 돈이란 상상 이상의 불가사의한 마력을 지니고 있다. 즉 이 세상에서 모든 물건은 써 본 뒤에 그 가치를 알 수 있지만, 돈은 자기 스스로 벌어 보지 않고는 진정한 가치를 알 수가 없다. 쓸 수 있는 돈을 가지고 있다는 것은 좋은 것이다. 그런데 그것을 올바르게 쓰는 법까지 알고 있으면 더욱 좋다는 속담이 있다. 이런 돈이 인생의 전부가 아니라는 사실을 모르는 사람은 없다. 유대인은 돈을 나쁘게 생각하지 말라고 가르친다. 그것은 모든 책임을 돈에 떠넘기는 것과 같다는 생각이다. 돈은 사실 좋지도 나쁘지도 않다. 그렇다고 돈이 만사를 다 해결해 주는 것도 아니다. 만능이 아니다. 돈이 좋게 되고 나쁘게 되고 하는 것은 돈을 소유한 인간에게 달려 있기 때문이다.

돈은 도구의 일종이다. 사회생활에 필요한 도구이다. 모든 것을 좋게 하지도, 나쁘게 하지도 않는다. 돈은 빛나게도 썩게 하지도 않는다. 돈이 인간생활에서 모든 면에서 반짝이며 빛을 내게 한다거나 또는 모든 악의 근원이 된다고 생각하는 것은 잘못이다. 돈은 인간에게 하나의 편리한 수단일 뿐 결코 목적일 수는 없다. 세상에서 가장 강한 힘을 지닌 존재는 바른 인간이다. 진실로 인간다운 것은 돈의 노예가 되는 것이 아니라 돈을 지배하는 것이다. 성경의 창세기를 보면 하나님은 인간에게 이 세상을 지배하게 하는 동시에 보다 좋은 대상으로 만들도록 세상을 인간에게 맡겼다고 기록되어 있다. 돈은 인간이 만들고 인간 마음대로 쓰고 다스릴 수 있는 것에 불과하다. 사람의 지배를 받는다. 그러나 인간이 추락하면 돈의 지배를 받는다. 돈보다 차등의 존재가 되는 인간은 인간이하가 된다. 세상 모든 사람들은 이런 생각을 다 잊어버리고 산다. 한편 돈을 천시하는 사람도 적지 않다. 이것 역시 옳지 않다. 돈은 쓰기에 따라 좋을 수도 나쁠 수도 있다. 그 밖에 다른 문제는 없다. 사람이 돈을 써야지, 돈이 사람을 쓰면 비정상적이다.

많은 민족이 나라를 세우고 역사를 창조해 나가는 동안에도 유대인은 어둠 속에서 끝없는 박해를 받아 왔다. 그들은 자기들만 머무는 제한구역으로 밀려났고, 토지 소유나 물건을 만들어 파는 것도 법으로 금지당했다. 게다가 살고 있는 데서도 언제 쫓겨날지 모르는 불안한 나날을 보냈다. 조국이 있는 민족이라면 자기들이 살고 있는 땅의 나무와 돌, 시냇물 등 자연을 가까이 느끼고 산다. 그러나 유대인들은 오늘날에도 그런 생각을 가지고 있지 못하다. 그들은 정말 오랜 슬픔의 유전자를 지니고 있는 것이다. 그러면 과연 그들에게는 무엇이 힘이 되고 그들을 지탱하게 해 주는 구심체가 되는가? 그것은 오직 돈뿐이었다. 특히 유대인들은 기독교 사회처럼 돈을 천시하거나 돈이 일만 악의 씨앗이라 생각하지 않는다. 돈은 쓰기에 따라 얼마든지 좋게 만들 수 있으며 돈 그 자체에는 아무런 책임이 없다고 생각한다. 그러나 확실히 돈은 힘이 되어 준다. 유대인 가운데 오늘날 세계 금융계에 거물급 인물이 많아 돈을 최고로 많이 거머쥐고 있으니 아무도 유대인을 사회에서 비방하거나 사장시킬 수가 없는 것이다.

인간이 권력자를 공경하는 것은 그 권력자를 공경하는 것이 아니라 그가 가지고 있는 권력을 공경하는 것일 뿐이다. 어느 날 랍비를 찾아온 두 사람이 있었다. 그중 한 사람은 그 지역에서 손꼽는 부자이고 다른 한 사람은 몹시 가난한 사람이었다. 두 사람이 대기실에서 기다리고 있었는데 조금 더 일찍 도착한 부자가 먼저 랍비의 방에 들어간 지 한 시간 만에 나왔다. 그런데 그다음에 들어간 가난한 사람은 들어간 지 겨우 5분 만에 방을 나서게 되었다. 이에 대해 가난한 사람이 항의했다. "부자와의 상담은 어째서 한 시간이고, 나와는 왜 단 5분 만에 끝나는 거죠? 이건 불공평하지 않습니까?" 랍비가 자상하게 미소 지으며 대답했다. "오해 마시오! 당신은 스스로 가난하다는 것을 잘 알고 있었지만 부자가 자기 마음이 가난하다는 것을 깨우쳐 주기까지 한 시간이나 걸렸던 것뿐이오." 부와 가난은 재산의 많고 적음보다는 재산을 운용하는 심리적인 수준이 더 큰 것이라 볼 수 있다.

돈 빌리면 빚진 사람이 된다. 꼭 필요한 것을 빌려 쓰고 머지않아 갚을 수 있는 힘을 기르는 것이 실력이다. 그러나 갚을 능력을 생각지 않고 당장 빚지는 데만 정신 팔리는 것은 언제 닥칠지 모르는 위기임을 깨달아야 한다. 피부병에 걸려 몸이 몹시 가렵다 하자. 이때 손으로 긁어서 가려움을 없애는 것은 근본적 치료는 아니다. 일시적으로 가려움이 가시는 효과가 날지 모르지만 병은 더 도지게 된다. 가려운 부분을 손으로 긁으면 잠시나마 시원함을 느낄수 있다. 다른 사람으로부터 빚을 지는 것도 이와 같다 할 것이다. 따라서 모든 것의 근본부터 치유해야 옳은 것이다. 특히 빚을 지는 것은 자신이 빚의 노예가 된다는 사실을 미리 알아야 한다. 돈을 빌릴 때는 갚을 수 있는 구체적인 방법을 정해야 한다. 그것이 얼마나 신빙성이 있는지도 잘 점검하고 빚을 져야 한다.

돈은 만능이 아니다. 돈으로 인간의 본질을 바꿔 놓을 수는 없다. 아무리 화려한 옷을 입고 있어도 옷 속에 가려진 인간까지 변화시킬 수는 없다. 인간을 변화시킬 수 있는 것은 그 사람 자신뿐이다. 그런데 돈은 없는 것보다 있는 것이 더 좋다. 몸에 잘 어울리는 옷은 사람을 좋게 보이게 하듯이 풍요롭게 한다는 물질만 좇아가서는 안 된다. 그러면 사람이 우습게 보인다. 인간은 누구나 자신이 숭배하는 것에 가까워지고 싶어 한다. 그리고 쉽게 그것에 물들어 간다. 물속에 빠진 사람은 그 자신까지도 물같이 되어 버릴 것이다. 인간은 옷을 위해 살아가는 것이 아니듯이 돈이나 물질을 위해 존재하는 것이 아니다. 그렇다면 인간은 한낱 옷걸이에 지나지 않는다. 옷이 인간의 품위를 말해 주듯이 돈은 인간을 품위 있게도 한다. 어떻게 쓰느냐에 따라서 영광이 따른다. 그와 반대도 마찬가지다. 돈을 잘못 쓰면 패가망신하고 만다.

유대 사회는 청빈에 대한 관념이 동양처럼 강하지 못하다. 유대인은 돈을 선으로는 안 보지만 돈이 우리에게 많은 기회를 제공한다고 생각한다. 인간의 삶에서 돈의 힘으로 많은 것을 실현할 수 있기 때문이다. 문학작품 속에서는 가난이 아름답게 표현되기도 하지만 가정에서는 고통스러운 모습뿐이다. 또한 설교할 때는 가난함이 한없이 맑고 깨끗한 것이지만 우리 실생활에서는 비참함일 뿐이다. 돈 없는 가난을 청빈으로 찬양하는 것은 옳지 않다. 돈을 후하게 여기지도 않는다. 어쨌거나 돈은 우리에게 유용한 것이므로 가능한 많이 갖고 있는 것이 좋다. 그런 다음 그것을 어떻게 쓸지의 문제는 돈을 소유한 사람의 인격에 달려 있다. 인격이 돈을 다스리면 돈은 영광의 도구가 되고, 돈이 인격을 다스리면 인간이 노예가 된다.

유대인들은 오랜 세월 가난하게 살아왔으므로 서로 돈을 융통해 왔다. 그래서 돈 빌리는 데 대한 속담도 많다. 돈을 빌려 주는 법과 빌리는 법을 말하기에 앞서 돈 빌리는 그 자체에 대한 훈계가 더 많다. 유대인들이 돈을 천시하거나 돈을 빌려 주고 금리를 챙기는 일을 죄악시하지는 않는다. 오늘날 세계 금융업의 은행장들 중에 유대인이 제일 많다는 것은 그만큼 돈 관리를 잘한다는 말이다. 돈 관리는 늘 신중해야 한다. 중세 유럽에서 유대인들에게 많은 돈을 빌려 주는 일이 많았다. 이것은 돈을 빌려 주고 이자를 받을 수 없는 기독교인들과의 교제가 막혔기 때문이었다. 돈을 융통해 주거나 차용해 쓰는 행위가 결코 비도덕적이지는 않지만 그렇다고 결코 유쾌하지도 않은 일이다. 가능하면 돈 거래는 하지 않는 것이 낫다.

어느 랍비가 친구한테 돈을 빌려야 할 형편이 되었다. 그런데 그 친구는 차용증서는 물론이고 증인 입회를 요구했다. 랍비는 친구와의 우정을 의심하며 물었다. "자네가 날 믿지 못하겠다는 말이군. 나는 랍비요 율법 연구의 권위자일세!" 친구가 말했다. "바로 그 점이 걱정이네! 자네는 율법 연구에만 몰두하고 마음이 온통 율법에 가 있으므로 남한테 진 빚은 까맣게 잊어버릴 테니까!" 다른 랍비가 큰 길에서 거지에게 기부하려 하자 한 랍비가 말했다. "많은 이들 앞에서 기부하려면 차라리 안 하는 편이 좋을 것이오!" 탈무드에는 이런 말도 있다. "아무도 안 보는 곳에서 기부하는 사람은 모세보다도 위대하다."

98. 상술_내 물건이 필요한 사람에게 파는 것은 상술이 아니다.

진정한 상술은 필요치 않은 사람에게 파는 것이다. 엽총이 필요한 에스키모인에게 엽총을 파는 것은 상술이라고 할 수 없다. 조금만 노력하면 누구나 팔 수 있기 때문이다. 진정한 상술은 제빙기를 전혀 필요로 하지 않는 에스키모인에게 팔아먹는 것이다. 거기에는 장사의 기술이 필요하기 때문이다. 유대인의 상술은 철저하다.

중세 이후 유대인은 오랫동안 박해를 받고 살아왔다. 그런 탓에 떳떳한 직업을 가질 수도 없었다. 그래서 개토의 많은 사람들이 중개인이 될 수밖에 없었다. 그들은 철저히 장사꾼으로 길들여졌다. 그 지역에서 구하기 힘든 물건을 애써 팔고 나서는 곧 똑같은 물건을 찾아 헤매는 웃지 못할 일도 있다. 대부분의 유능한 상인들은 이런 방법으로 단련되어 있다. 상술은 계산술, 심리상담술, 호기심 유발법 등이 총동원되어 판매라는 결실을 위해 갖은 수단이 다 동원되는 놀라운 기술행위다.

99. 단결_갈대 하나는 부서지기 쉽지만 갈대 백 개를 묶으면 아무도 꺾지 못한다.

유대인공동체센터(JCC)는 유대 사회의 중요 단체의 하나다. 이 단체는 이름과 달리 유대인만으로 만들어지지 않는다. 러시아, 영국, 프랑스, 미국, 이스라엘 등 여러 나라 유대인들과 소그룹을 이루고 있다. 그러니 유대인 계율을 지키는 사람, 안 지키는 사람도 있다. 그리고 제각각 행동하므로 통일성을 갖기가 어렵다. 그러나 어떤 긴장감이 존재한다. 그런 가운데 어느 작은 단체가 서로 반목하는 두 그룹으로 분열될 위기도 있다. 이에 그 조직을 지도한 랍비는 그들에게 탈무드의 이야기 한 토막을 말했다. "갈대가 하나일 때는 쉽게 부러진다. 갈대 백 개를 묶으면 아무도 쉽게 꺾을 수 없는 법으로 아무도 감당 못한다. 또 개들만 한데 모아 놓으면 서로 으르렁거리며 싸우지만 늑대가 나타나면 싸움을 그치고 힘을 합하게 된다는 것을 아시오." 랍비는 오늘날의 유대민족은 여전히 안전을 보장받지 못한 상태에 놓였다고 말했다. "그러니 싸움을 그치고 힘을 합치시오!"라 했다. 아랍, 러시아, 그리고 반유대주의자들에게 둘러싸여 있으므로 유대인끼리의 싸움을 무조건 피해야 한다고 연설했다. 랍비의 충고 덕택인지 유대인공동체센터는 지금까지 별다른 충돌 없이 서로 도우며 잘 살아가고 있다. 작은 힘이라도 뭉치면 큰 힘이 된다.

100. 말조심_입 다물 줄 모르는 사람은 대문이 닫히지 않는 집과 같다.

유대인은 호기심이 많은 민족이다. 어떤 질문을 유대인에게 하면 그것이 다시 질문으로 되돌아오기가 쉽다. 유대인은 토론을 즐기는 민족이고 말을 잘한다. 대문을 닫지 않는 집에 금은보화를 둘 수는 없다. 이런 격언은 탈무드에서 속 이야기다. 탈무드는 유대인의 강한 호기심으로 혼자는 평생 읽어도 다 못 읽을 방대한 양의 기록으로 남아 있다. 그 가운데 입에 관한 경구가 많다. 그 주제는 보통 '말을 삼가라!', '비밀은 누설하지 말라.', '상대방의 말에 귀를 기울이라.' 등이 있다. 유럽의 유대인 지역에 말하기 좋아하는 남자가 있었다. 그는 쉴 새 없이 떠들어서 상대방에게는 말할 기회를 주지 않았다. 하루는 이 남자가 랍비를 찾아와서 말했다. "우리 마을에 있는 랍비가 당신 욕을 합니다!" 랍비가 이 말에 벌떡 일어나 소리쳤다. "그럴 리가 없다!" 그 남자도 언성을 높였다. "내 이 두 귀로 똑똑히 들었단 말이오!" 랍비가 정색을 하며 말했다. "그럴 리가 없소. 당신과 이야기할 때 그 랍비는 말할 기회조차 없었을 테니까!"

비밀을 지키고 누설하지 않는 것은 현인에게도 매우 어려운 일이다. 한 현인이 어떤 이에게서 질문을 받았다. "현자께서는 비밀을 어떻게 지키고 있습니까?" 현자가 대답했다. "내 마음을 내가 들은 비밀의 무덤으로 삼아 지키고 있소!" 비밀은 마치 돈과 같다. 아무리 붙잡아 두려 해도 잠시 방심하는 사이에 흘러나가 버린다. 돈과 같이 올바로 쓰는 그 순간까지 잘 간직해야 한다. 더구나 비밀은 돈보다 훨씬 위험하다. 비밀을 들으면 항상 마음속에 '경고-주의 요함'이라는 붉은 딱지를 붙여 두어야 한다. 그리고 사람들을 만나서 그 비밀을 털어놓고 싶을 때마다 마음속에 그 붉은 딱지를 생각하는 것이다. 비밀 한두 가지 감추지 못할 정도의 얕은 마음 계곡에는 시원한 생수도 없다. 구중궁궐 깊은 곳에 비밀이 감추어진 것이 궁궐의 매력이다. 밴댕이 속같이 모조리 까뒤집어져 버린 것에 무슨 매력이 있고 무슨 호기심이 있겠는가!

당나귀는 큰 귀를 가지고 있지만 실제로는 아무것도 듣지 못한다고 한다. 그래서 일찍부터 어리석은 사람을 당나귀라 일컫는 것이다. 그 대명사로 쓰였다. 어리석은 이에게 가장 큰 적은 자기 자신이다. 자기가 가만히 있으면 어리석은 사실을 알 수 없지만 당나귀처럼 긴 혀로 말을 하게 되면 곧 발각된다. 어리석은 사람의 혀는 널름거릴수록 그 길이가 길어진다고 한다. 그러나 아무리 그래도 현명한 사람이 이야기할 때와는 달리 아무런 의미가 없으며 오히려 그 혀 주인의 어리석음만 떠벌리게 되는 것이다. 말이 많으면 실수하기 마련이고 그것이 어리석음의 척도가 되는 것이다. 아무리 혀를 많이 놀려도 혀에는 뼈가 없다. 혀는 연체동물 같음을 의식해야 한다. 입을 잘못 놀려서 큰 손해를 보는 사람이 많다. 말이나 목소리는 제2의 얼굴이다. 이미 한 말은 결코 주워 담을 수 없다.

　당신의 친구에게는 다른 친구가 있다. 그 친구에게는 또 친구가 있고 그 친구에게도 또 다른 친구가 있다. 그러니 당신은 친구에게 말을 조심해야 한다. 남에게서 들은 비밀을 다른 이에게 말하고 싶은 충동은 매우 참기 힘들다. 그러나 비밀은 반드시 엄수되어야 한다. 인간의 입은 금고다. 금고는 쉽게 자주 열면 안 된다. 입이 확실히 금고라면 열릴 때까지 오랜 시간이 걸리는 금고일수록 좋다. 성경 구절은 남의 소문을 전달하는 것도 경계하고 있다. 남을 헐뜯는 중상모략은 친구에서 다른 친구로, 입에서 입으로 전해지게 마련이다. 그러면 당신의 조심성 없는 행동으로 인하여 누군가의 원한을 사게 될 것이다. 금고는 튼튼하고 아무나 열 수 없어야 한다. 꼭 필요할 때만 열고 늘 닫아 두어야 한다. 그것이 보관의 사명을 다하는 금고의 참 모습이다.

101. 귀_입보다 귀를 상석에 앉혀라.

　인간역사에서 세 치 혀로 망한 사람은 많아도 귀로 망한 적은 없다. 그래서 유대인 속담에는 말조심에 대한 속담이 많다. 입은 늘 자기주장을 말한다. 귀는 다른 이의 주장을 듣는다. 사회생활을 하는 사람은 너무 말이 없는 것도 좋지 않다. 자기주장 없이는 살 수 없기 때문이다. 에고(ego)는 자기주장을 남에게 강요하려 한다. 그런 에고가 인간에게는 강하다. 수다 떨 때 이를 경계하지 않으면 안 된다. 동물도 입은 하나인데 눈과 귀는 둘씩이다. 주위를 잘 살피고 청각을 살려 주위 소리를 잘 들어야 살아남는다. 잘 보고 잘 듣고 하는 것이 동물의 본능이고 생존 비결이다. 그래서 유대 격언에 '입보다 귀를 상석에 앉혀라' 한 것이다. 우리 일상에서도 이런 태도가 큰 도움이 될 것이다.

102. 겉치레_겉치레 인사는 고양이처럼 핥는다. 그러나 모르는 사이에 남을 할퀸다.

현자로 널리 알려진 슈말케라는 랍비가 한 마을로부터 지도자가 되어 달라는 요청을 받았다. 그래서 랍비는 그 마을에 도착하여 곧 숙소로 들어가 몇 시간이 지나도 나오지 않았다. 기다리다 못한 마을 대표가 환영파티를 상의하려고 찾아갔다. 문 앞에 도착하니 랍비는 방 안을 서성이며 큰 소리로 자신에게 외치고 있었다. "랍비 슈말케, 그대는 위대하다! 그대는 천재이며 인생의 지도자다!" 얼마 후 마을 대표가 방 안으로 들어가서 그의 행동에 관해 물었다. 그러자 랍비는 대답했다. "나는 자신이 겉치레 인사나 칭찬에 약하다는 것을 알고 있소. 오늘밤 당신들은 내게 최상의 말로 칭송할 것이오. 그래서 지금부터 익숙해지려는 것이오. 당신들은 자기가 칭찬한다는 것이 얼마나 우스운지 잘 알 것이오. 그러나 오늘

밤 똑같은 말을 듣게 된다면 그러려니 하고 넘길 수 있지 않겠소?"
사람을 면전에서 칭찬하면 안 된다. 칭찬은 그가 안 보이는 곳에서
하라는 말이 있다. 남을 칭찬할 때 명심해야 할 격언이다.

103. 말하지 못하는 것_가장 큰 고통은 남에게 말하지 못하는 것이다.

남이 모르는 것을 알고 있다는 것은 우월감을 갖게 한다. 더욱이
그 정보가 상대방과 관련 있을 때 그것을 자기만 안다는 것이 우월
감을 갖게 하는 것이다. 이 우월감의 욕심 때문에 비밀을 지키기가
매우 힘들다. 또 인간은 고독에서 벗어나고자 하는 열망이 강하다.
남에게 따돌림받는 것은 괴로운 일이 아닐 수 없다. 인간이 남에게
말해서 안 되는 것을 누설하게 되면 그것을 남에게 이야기함으로써
자기와 같은 경험을 하게 되고 이로써 고독에서 벗어나려 하는 것
이다. 인간은 어떤 사물과 현상을 직접 경험도 하지만, 듣고 읽는
간접적 행위를 통해서도 경험한다. 남과 이야기하는 것도 상대방
과 경험을 공유하는 것이 된다. 인간끼리는 시간이나 자기가 소유
한 물건, 정보 등을 서로 공유하면서 친해지게 마련이다. 친하다는
것은 곧 서로 공유한다는 뜻이다. 인간에게 가까운 사람과 이야기
할 수 없는 것만큼 큰 고통도 없을 것이다.

104. 누에_이스라엘은 누에다.

이스라엘지도를 펴 놓고 보면 이스라엘은 지중해 연안에 누에처럼 길게 누워 있는 형상이다. 고대 이스라엘도 이와 비슷한 모양이었다. '이스라엘은 누에다'라 함은 그냥 있지 않고 늘 입을 놀리고 있다는 말에서 항상 기도하고 있다는 뜻이다. 경건한 유대인일수록 열심히 기도한다. 유대인의 배움은 하나님을 섬기고 기도하는 것이다. 그래서 유대인은 배움, 곧 교육에 열성적으로 매달렸다. 이 민족들이 무조건적으로 하나님을 경배하고 있을 때 유대인들은 배우고 있었다. 배움이란 그렇게 수천 년에 걸쳐 유대인의 삶에서 많은 부분을 차지해 왔으니 유대인의 교육 수준은 언제나 높았다. 이렇게 교육에 힘써 온 결과, 현재는 비록 유대교에서 떨어져 나간 유대인이라도 배움이 몸에 밴 습성이 되었다. 유대인은 지금도 쉼 없이 배우고 있다. 그래서 유대인은 머리가 좋다는 소리를 듣는다.

참 고 문 헌

김하. 탈무드 잠언집.

랍비 솔로몬. 유대인의 삶과 지혜.

마빈 토케이어. 탈무드.

마빈 토케이어. 유대인에게 길을 묻다.

마에지바 마코트 : 유대인 최고의 지혜.

서종인. 탈무드.

이동연. 그림과 함께 읽는 365일 탈무드.

이희영. 탈무드 황금률 방법.

장수경. 태교 탈무드.

최한구. 탈무드의 귀향.

Albin Michel. 탈무드 사전.

TALMUD BY SHAINIA

◆ 탈무드 원문의 핵심 내용인 랍비 문서들

0. 미슈나 : 제라임– 자손, 종족

1. 베라코트– 축복

2. 페아– 밭, 땅

3. 데마이– 십일조 안 내는 생산물

4. 킬라임– 다양한 종류

5. 쉐비이트– 안식년

6. 테추모트– 제물 바치는 것

7. 마아세로트– 십일조

8. 마아세트 쉐니– 제2 십일조

9. 할라– 떡반죽

10. 올라– 어린 나무 열매

11. 비쿠림– 맏물

0. 모에드 : 잔치배설

12. 사바트– 안식일

13. 에루빈– 합한 것

14. 데사힘– 유월절

15. 쉐칼림– 헤겔(돈)

16. 요마– 대속죄일

17. 수카– 초막, 초막절

18. 베차– 계란, 축일

19. 존쉬 하샤나– 신년

20. 타아니트– 금식

21. 메길라– 두루마리 에스더

22. 모에드 카탄– 소축제일

23. 하기가– 축제예물

    0. 나쉼 : 여인들

24. 예바모트– 시가집 형제들

25. 케투보트– 결혼

26. 예다림– 서약

27. 나지르– 나실인

28. 소타– 간통혐의

29. 기틴– 이혼증서

30. 키두쉰– 거룩한 구별

    0. 네지킨: 손해

31. 바바카마– 첫째 문

32. 기도서– S. Singer가 편집한 것

33. 바바 메치야– 중간 문

34. 바바 바트라– 마지막 문

35. 산헤드린– 법정

36. 마코트– 채찍

37. 쉐부오트– 맹세

38. 에부요트– 증언

39. 아보다자타– 우상숭배

40. 아보트, 피르케 아보트– 천조교훈

41. 호라요트– 교육

    0. 코다쉼 : 거룩한 물품

42. 제바힘– 희생제사

43. 메나호트– 곡식예물

44. 훌린– 식용동물

45. 베코로트– 맏아들, 맏배

46. 아라킨– 정한 값

47. 테무라– 예물교환

48. 케리로트– 축출하다

49. 메일라– 침해

50. 타미드– 매일 드리는 제사

51. 미도트– 성전 규모

52. 키님– 새 둥지

    0. 토호표트 : 성결

53. 켈림– 그릇

54. 오홀른트– 천막

55. 에가임– 전염병

56. 파라– 암소

57. 토호른트– 정결

58. 미크바오트– 목욕재계

59. 니다– 월경(여인)

60. 마크쉬린– 준비

61. 테블욤– 세례

62. 우크친– 과실취급

누구나
한 번은
꼭
읽어야 할
탈무드

초판인쇄   2018년 10월 01일
초판발행   2018년 10월 10일

엮은이   전재동
펴낸이   박찬후
기 획   성기덕
디자인   이지민

인쇄 제본   현주프린텍

펴낸곳   북허브
등록일   2008. 9. 1.

주소   서울시 구로구 구로중앙로 27다길 16
전화   02-3281-2778
팩스   02-3281-2768
이메일   book_herb@naver.com

ISBN 978-89-94938-50-9 (03160)

값 14,000원

*잘못된 책은 구입하신 서점에서 바꾸어 드립니다.